WESTEND

Sebastian Schoepp

MEHR SÜDEN WAGEN

Oder wie wir Europäer wieder zueinander finden

WESTEND

Mehr über unsere Autoren und Bücher:
www.westendverlag.de

Die Deutsche Nationalbibliothek verzeichnet diese Publikation in der Deutschen Nationalbibliografie; detaillierte bibliografische Daten sind im Internet über http://dnb.d-nb.de abrufbar.

FSC
www.fsc.org
MIX
Papier aus verantwortungsvollen Quellen
FSC® C083411

ISBN 978-3-86489-070-3

Satz: Publikations Atelier, Dreieich
Druck und Bindung: CPI – Clausen & Bosse, Leck
Printed in Germany

Inhalt

Die Entzauberung 7

Gran Tour 17
Über die Alpen! 19
Toskanische Lektionen 22
Kastiliens Wald aus Stein 30

Auf der Suche nach einer Himmelsrichtung 37
Mediterrane Kargheit 42
PIGS: Vom Sehnsuchtsort zum Schweinestall 47

Römische Familienbande 53
Padre Padrone 58
Cäsaren der Wirtschaft 65

Der spanische Mythos des Ziegelsteins 71
Barcelona: Aufbruch in der Stadt der Ankunft 71
500 Jahre Krise 87
Ende der Fiesta 90

Plaza, Forum, Agora 98
Portugal trägt Schwarz 98
Helden der Demontage 107
Die Empörten von Madrid 113
Italien wacht auf 127

Vom Denken des Südens 136
Mehr Kontext wagen 139
Max Weber und der katholische Kontrast 144
Turiner Traurigkeit 149
Krematorium an der Costa Blanca 158
Lob der Siesta 162
Der Traum von Lateineuropa 169

Gesunden am Süden 175
La Convivencia: Vom Zusammenleben der Kulturen 175
Pilgerfahrt nach Santiago 185
Kraftraum Mittelmeer 196
Vom Stolz, ein Grieche zu sein 206
Die große Wanderung 213
Miteinander reden 223
Europäisches Herz 231

Anmerkungen 243

Literatur 254

Die Entzauberung

»Und doch lässt sich allem Anschein zum Trotz ein vernünftiger Kern in all dem Irrsinn ausfindig machen.«
Angelo Bolaffi[1]

Er hatte alles erreicht – und das in atemberaubender Geschwindigkeit: 1889 hatte er in Jura promoviert, 1892 folgte die Habilitation in Handelsrecht. Im Jahr darauf wurde er außerordentlicher Professor in Berlin. 1894 erhielt er einen Lehrstuhl für Nationalökonomie in Freiburg, 1896 in Heidelberg. Eine steile Karriere nahm ihren Lauf. Auch privat lief es hervorragend für Max Weber. 1893 heiratete er eine entfernte Cousine, Marianne Schnitger, Tochter eines Leinenfabrikanten, wohlhabend, selbst Wissenschaftlerin und Frauenrechtlerin, in jeder Hinsicht eine gute Partie. Mit Anfang dreißig war Max Weber einer der geachtetsten Wissenschaftler Deutschlands, die akademische Welt riss sich um den Austausch mit dem vielversprechenden jungen Professor, der dazu ansetzte, die altehrwürdige, aber muffige Nationalökonomie zur modernen Sozialwissenschaft umzubauen. Was konnte ihm noch im Wege stehen? Nur sein stärkster Gegner – er selbst.

Weber arbeitet wie besessen, Tag und Nacht, »stopft sein Leben und sich voll, mit Terminen, Lektüren, Aufträgen, Arbeiten, Essen, Bier«.[2] Bis zum Zusammenbruch. Im März 1898 wird bei Max Weber eine »Neurasthenie in Folge jahrelanger Überarbeitung diagnostiziert«.[3] Er kann kaum noch sprechen, geschweige denn arbeiten. »Mir vergehen beim Blick auf mein Kollegheft einfach die Sinne«, klagt er. Einer der vielversprechendsten Sozialwissenschaftler Deutschlands sitzt nur noch da und »stumpft vor sich hin«. Sein Zustand, so heißt es, schließe »jeden geselligen Verkehr aus«.[4]

Ein klarer Burn-out, wie man heute sagen würde.

Max Weber verbringt Monate in Sanatorien und auf Kuren. Er wird therapiert mit frischer Luft, Ruhe, Hypnose, Alkoholverbot, Gymnastik, Tiefenatmung, Veronal, Heroin, Ermunterung zum Geschlechtsverkehr, wie sein Biograph Jürgen Kaube schreibt.[5] Doch nichts hilft, um ihn aus dem »Nervenbankrott« herauszuholen. Bis er sich zu einer folgenreichen Entscheidung durchringt. Weber beschließt, es in Italien zu versuchen, wo schon Johann Wolfgang Goethe lebenslange »Leitung, Fördernis« und geistige Heilung gesucht hatte.[6] In Rom, so Max Webers Hoffnung, könne auch er »Krankheit und Erdenschwere versenken in das gewaltige Meer der Eindrücke«. Der Kranke reist über die Alpen, nimmt über Monate Quartier in Rom, diskutiert mit Einheimischen, treibt sich in Künstlerkneipen und Archiven herum. Und siehe da: Jetzt, da ihn »die sonnenumflossene Daseinsfreude des Südens«[7] umweht, geht es ihm spürbar besser.

Ein Entschluss beginnt zu reifen: Er gibt die Hochschulkarriere auf und wird sozusagen Privatgelehrter. Aber nicht nur, dass Rom ihm Erholung, Muße und Abstand zu seiner bedrückenden Heidelberger Studierstube verschafft, das Ambiente gibt ihm auch neue Kraft für eine Aufgabe, die seine größte werden soll. »Als Weber allmählich aus diesen Qualen wieder herauskommt (…), beginnt fast schlagartig jene Produktion, die ihn berühmt machen wird.«[8] Das nun entstehende Werk wird den Titel *Die protestantische Ethik und der Geist des Kapitalismus* tragen und die Sozialforschung revolutionieren. Noch heute wird es häufiger zitiert als jedes andere, wenn es darum geht, die krankmachenden Mechanismen einer Wirtschaftsweise zu beschreiben, die das Prinzip der Gewinnanhäufung zum Selbstzweck erhoben hat.

War es ein Zufall, dass Max Weber sein Hauptwerk in Italien konzipierte? Viele seiner Biographen deuten an: wohl nicht. »In Italien hatte er eine Lebensweise kennengelernt, die diesen Druck zu negieren wusste und den Menschen unabhängig von seiner beruflichen Leistung beurteilte«, stellt etwa Silke Schmitt fest, die Webers Rom-Aufenthalt erforscht hat. »Hier wurde ihm eine weitere Option aufgezeigt, als Gegenteil zur Berufsethik, die er selber gelebt hatte und deren Folgen er in Rom auskurieren musste.«[9]

Jahrhundertelang war der Süden unsere Labsal, unsere Erholung, unsere Inspiration, unsere Zuflucht vor uns selbst und unserer Arbeitswut. Doch seit wir durch den Euro in einer Familie mit dem Süden leben, mögen wir ihn nicht mehr. Die Europäer haben wieder gelernt, sich zu hassen, konstatiert der italienische Politologe und Deutschland-Kenner Angelo Bolaffi.[10] Die neue Währung hat, anstatt uns zu vereinen, eine Bruchlinie durch Europa gezogen: Die Mittelmeerregion ist vom Sehnsuchtsziel zur Krisenmetapher herabgesunken. Die Sonntagsreden zur Euro-Einführung, die Griechenland als Wiege der Demokratie und Italien als Geburtsort der Renaissance priesen, waren noch nicht verklungen, da wurde das feierliche Gesäusel schon übertönt vom Hetzgeschrei: Nördliche Schlagzeilerei über »faule Südländer« lieferte sich publizistische Scharmützel mit südlichen Karikaturen von Angela Merkel mit Hitler-Bärtchen. Die Mexikanisierung Südeuropas, die gedankliche Abtrennung eines vermeintlich rückständigen von einem prosperierenden Teil des Kontinents, ist seitdem in vollem Gange. Im Krisenjahr 2012 wurde in der deutschen Presse bereits der baldige »Abschied vom Süden« verkündet, der wohl unrettbar verloren sei.[11] Tröstlich, dass sich auch die kundigsten Propheten manchmal irren.

Vielleicht hätte man beizeiten auf einen früheren Propheten der europäischen Einigung hören sollen: Als der französische Außenminister Robert Schuman 1950 in einer Rede die Schaffung einer Europäischen Gemeinschaft für Kohle und Stahl vorschlug, die der Vorläufer der Europäischen Union werden sollte, sagte er: »Europa lässt sich nicht mit einem Schlage herstellen und auch nicht durch eine einfache Zusammenfassung. Es wird durch konkrete Tatsachen entstehen, die zunächst eine Solidarität der Tat schaffen.«[12] Als sich fünfzig Jahre später die Euro-Länder zur Währungsunion zusammenschlossen, taten sie jedoch genau das, wovor Schuman gewarnt hatte: Sie schufen eine »einfache Zusammenfassung«, eine Ballung unterschiedlicher, teils konträrer Lebens-, Werte- und Wirtschaftssysteme, ohne sie einer genaueren Analyse unterzogen zu haben. Die gemeinsame Währung, der Konsum würden uns schon alle bald gleichmachen, so die Hoffnung.

Doch es kam anders. »Heute ist man sich weitgehend einig, dass die Entscheidung, den Euro entsprechend der im Vertrag von Maastricht vorgesehenen Fristen und Bedingungen einzuführen, eine Art Gründungsfehler darstellt (…)«, schreibt der Politologe Bolaffi.[13] Allerdings sei es – nicht zuletzt angesichts der durch die deutsche Einheit entstandenen Dynamik in Europa – wahrscheinlich unvermeidlich gewesen, diesen Fehler zu begehen. Und schien der Euro nicht tatsächlich die Bedürfnisse aller zu befriedigen? Die Länder, die bis dato mit Deutschland nur durch dauernde Abwertung ihrer Währungen konkurrieren konnten, erhofften sich einen raschen Aufschwung. Deutschland wiederum durfte eine Stärkung seines Exports erwarten. In den ersten Jahren nach der Euro-Einführung 2002 schienen sich die Hoffnungen zu erfüllen: Die Südländer profitierten von niedrigen Zinsen, ein mächtiger Kapitalfluss von Nord nach Süd setzte ein, an dem auch deutsche Banken prächtig verdienten. Der Süden gab das Geld für die Erneuerung seiner Infrastruktur und die Anpassung seiner Sozialsysteme an nord- und mitteleuropäische Standards aus; das war im Norden auch so gewünscht, denn man wollte ja einen gemeinsamen Wirtschaftsraum mit gleichartigen Lebensbedingungen und starken Konsumenten.

Doch dann schoss der Süden in seinem Erneuerungswillen über das Ziel hinaus und kollabierte, während Deutschland immer stärker wurde. Es hätte vielleicht gutgehen können, wenn der Süden mehr Zeit gehabt und der internationale Finanzkapitalismus ihn nicht gleichzeitig als schlachtbares Opfer ausgemacht hätte. Während Hedgefonds gegen ganze Volkswirtschaften zu spekulieren begannen, setzte für die Menschen im Norden wie im Süden das große Leiden ein: Die Südländer mussten nach einem flüchtigen Boom alles Aufgebaute wieder in Grund und Boden sparen. Und der Norden fühlte sich als Zahlmeister, weil er für die fälligen Notkredite bürgen musste, die wenigstens den Mindeststandard retten sollten. Und ist es nicht wirklich viel verlangt, ja empörend, wenn deutsche Steuerzahler für die windigen Immobiliengeschäfte spanischer Banken eintreten sollen, die eine Spekulationsblase aufpumpten, die platzen musste? Ja, es ist empörend, aber niemand, der den Süden vorher kannte, wird abstreiten, dass solche Entwicklungen voraussehbar waren. Man hätte rechtzeitig wirksamere Ventile installieren können, anstatt wie besinnungslos Geld in ein Fass ohne Boden zu pumpen. Dafür aber hätte es einer intensiven Auseinandersetzung mit den sozialen und wirtschaftlichen Mechanismen des Südens bedurft.

Die Länder, die nun auf Hilfe bei der Lösung ihrer Finanzprobleme angewiesen sind, waren bis in die 1960er Jahre arm. Anders als in der nördlichen Verklärung war das Leben im Süden nie leicht. Die Städte waren eng und grau, das flache Land verkarstet und verlassen, die von Diktaturen ererbte Bürokratie marode, die Wirtschaft immobil und patriarchalisch strukturiert. Das Wachstum um die Jahrtausendwende war buchstäblich auf Sand gebaut. Der französische Historiker Fernand Braudel hat lange vor der Euro-Krise festgestellt, dass der Mittelmeerraum mit seinen ererbten agrarischen Patronagestrukturen eine »verlockende Beute für diesen Kapitalismus mit seiner jugendlichen Kraft und seinen scharfen Zähnen« sei.[14]

Der Süden hat sich in seinem Erneuerungswillen einem hastigen Prozess der Vernordung unterzogen. Spanien erklärte die Siesta zum Museumsstück, Griechen, Italiener und Portugiesen ergaben sich einem durchgetakteten Lebensstil zwischen Computerarbeitsplatz und Neubauwohnung. Doch hinter den modernen Fassaden lebten die alten, undynamischen und patriarchalischen Wirtschaftsmodelle fort. Liegt die Rettung nun darin, dass die Länder des Südens noch schneller zu der puritanischen Askesemoral erzogen werden, deren krankmachende Dogmen Max Weber beschrieben hat? Glaubt man den Vorbetern aus Berlin und Brüssel, dann ist diese Lektion »alternativlos«. Tatsächlich sind im Süden mehr Menschen bereit, über sich zu reflektieren und überkommene Strukturen zu reformieren, als man nördlich der Alpen Norden glaubt. Doch sie pochen darauf, dass dabei ihre Geschichte, ihr Wesen und ihre Lebensgewohnheiten berücksichtigt werden. Es ist ein Postulat, das der katalanische Journalist Enric Juliana in eine Forderung an einheimische und ausländische Politiker gekleidet hat: »Ich akzeptiere die Härte der Zeiten, aber demütigt mich nicht!«[15]

Das Brüsseler Direktorium, wie Juliana es nennt, schert sich um solche Stilfragen nicht. Im blindwütigen Glauben an die Mechanismen des Marktes erheben Brüssel und Berlin radikale politische Forderungen und deklarieren sie als wissenschaftliche Wahrheit, der sich jedwede humanitäre Erwägung unterzuordnen habe: Man müsse den Arbeitsmarkt und das Rentensystem umbauen, sparen, sparen, sparen, den Kündigungsschutz aufheben, die öffentlichen Investitionen stoppen, kurz: das Erreichte opfern – dann werde alles wieder gut, so die Botschaft der Troika aus Internationalem Währungsfonds, Europäischer Zentralbank und EU-Kommission. Sie wird dabei sekundiert von Medien aus dem Norden, die den Euro zur Besserungsanstalt der Nationen erklärt haben.[16] Beide machen dabei einen verhängnisvollen Fehler. Sie verkennen, dass man jahrhundertelang gewachsene Systeme nicht von heute auf morgen umbaut. Und sie verkennen, dass der Umbau, wenn überhaupt, nur in einem dialogischen Prozess bewerkstelligt werden kann, der auf einem Mindestmaß an Empathie fußt und das Wertesystem und die historischen Rahmenbedingungen der zu Reformierenden einbezieht.

Das beginnt schon damit, dass, wer im Süden reüssieren will, sich der mediterranen Tradition von *forum, agora und plaza* stellen muss. Politik muss sich dort noch viel stärker als im Norden im öffentlichen Raum verständlich machen, rhetorisches Profil zeigen – und dazu, das weiß man seit Cicero, gehört es, sich mit dem Wesen dessen, den man überzeugen will, intensiv auseinanderzusetzen. Der mantrahaft vorgetragene Verweis auf das Vorbild Deutschland genügt nicht. Er zeugt vielmehr von einem besorgniserregenden Mangel an Einsicht in die simple Tatsache, dass Griechenland, Spanien, Italien oder Portugal nun mal nicht Deutschland sind.

Wie aber sind sie? Sind sie wirklich nur ökonomische Katastrophenfälle? Kann man über Jahrtausende gewachsene Kulturen auf ihre *Performance* an den Finanzmärkten reduzieren? Oder können ihre Werte und ihre Lebensvorstellungen nicht sogar das Ihre dazu beitragen, Europas Burn-out zu überwinden? Traurig genug, dass man im Europa des 21. Jahrhunderts überhaupt noch daran erinnern muss: an die wissenschaftliche Tradition Italiens von Galileo Galilei bis Leonardo da Vinci; daran, dass Portugal und Spanien lebendige Demokratien sind, die sich aus eigener Kraft und ohne Invasion in den 1970er Jahren von ihren Diktaturen befreit haben; daran, dass uns hellenische Gelassenheit noch bis vor kurzem als therapeutisches Gegenmodell zu selbstausbeuterischer Getriebenheit gepriesen wurde. Ja, aber die Wirtschaft? Glaubt man Max Webers Kollegen Werner Sombart, dann hat der Mittelmeerraum den Kapitalismus sogar erfunden.[17] Es war jedoch ein anderer Kapitalismus als der, den uns später die Puritaner lehrten. Es war die wertebewusste Patrizierwirtschaft der vorindustriellen Epoche, ein Kapitalismus, der nicht an Geldanhäufung als Selbstzweck interessiert war, sondern Baudenkmäler und Städte hinterließ, durch die wir heute so kulturbeflissen schlendern, wenn wir uns gerade mal wieder vom Geldanhäufen erholen.

Und mehr noch: Der Mittelmeerraum mit seinem historischen Netz von Hafen- und Handelsstädten, seiner segensreichen Vermischung von Kulturen und Talenten, hat die Mechanismen der Globalisierung im Kleinen vorweggenommen. Und er hat eine Lehre hinterlassen: Die Mittelmeerbewohner verstanden es, die kulturelle Vielfalt zum ökonomischen Vorteil zu nutzen, anstatt nach Einebnung zu streben wie die Apple- und Google-Globalisierung. Es war die *convivencia,* das Prinzip des Zusammenlebens in der Vielfalt, das es der Welt des Mittelmeeres ermöglicht hat, die »wichtigsten Übersetzungsleistungen der europäischen und der Weltkultur« zu erbringen, wie der Politologe und Kulturwissenschaftler Claus Leggewie feststellt.[18] Die *convivencia* ist die Seele des Mittelmeerraums geblieben, allen historischen Irrtümern und Angriffen zum Trotz. Sie lebt fort in Ländern, denen Rassismus grundsätzlich wesensfremd ist und die binnen weniger Jahre die Wandlung von Auswanderungs- zu Einwanderungsgesellschaften und zurück bewältigen mussten. Sie haben das überwiegend mit einer Integrationsfähigkeit bewerkstelligt, von der der Norden mit seiner anscheinend unausrottbaren Seuche der Fremdenfeindlichkeit nur lernen kann.

Gleichzeitig hat das soziale Gefüge des Südens einer Wirtschaftskrise standgehalten, die man sich in Deutschland nicht ausmalen mag. Was wäre hier los, gäbe es zwischen 40 und 50 Prozent Jugendarbeitslosigkeit? In Spanien, Italien, Griechenland oder Portugal protestieren die Menschen, vor allem die jungen, gegen Krisenrezepte, die ihnen alle Chancen zu nehmen scheinen – aber sie tun es in ihrer großen Mehrzahl mit Respekt für die demokratischen Institutionen. Diese Jugend ist entgegen einer häufig nachgebeteten Formel alles andere als eine verlorene Generation. Sie ist mobil, wissbegierig, umgänglich, gebildet, sozial hochkompetent. Sie wartet auf den Impuls, den sie braucht, um sich auch ökonomisch zu entfalten. Schwäbische Ingenieursbetriebe wissen das längst besser als die Politik. Sie heuern gut ausgebildete Griechen, Portugiesen, Italiener und Spanier an, die nicht nur gute Ingenieure sind, sondern Brücken bauen zu den Welten, aus denen sie kommen.

Diese junge Generation des Südens weiß auch – nicht zuletzt aus der Erfahrung durch die Krise –, dass zwischenmenschliche Solidarität und Familienzusammenhalt das soziale Gefüge letztlich besser stützen als individueller Erfolg und die biegsamen Versprechen staatlicher Institutionen, auf die der Norden sein

Gemeinwesen aufgebaut hat. Dies gilt vor allem in einer Zeit, in der der neoliberale Welttrend das Versprechen einer institutionellen Wohlfahrt mehr und mehr aushöhlt. Möglich, dass man sich bald im Norden auf den von Robert Schuman postulierten, sehr südlichen Wert der »Solidarität der Tat« wird besinnen müssen.

Doch durch die Euro-Krise erscheint der Süden wie gelähmt, er ist sich seines eigenen Potenzials nicht recht bewusst. Die Forderung an das geeinte Europa muss daher lauten, dieses Potenzial zu neuem Leben zu erwecken – durch Impulse und Anleitung, einerseits; und andererseits, indem man Ambivalenzen akzeptiert, den Süden in seinem Anderssein annimmt. In einem hat der Italiener Bolaffi zweifellos recht: »Die Einheit Europas herzustellen ist weitaus schwieriger, als Hass und Ressentiments unter den Völkern zu schüren.«[19] Doch paradoxerweise bietet genau der Konflikt die besten Voraussetzungen, Fortschritte auf dem Weg zur Einheit zu erzielen. Denn: Der Euro hat die »betulichen Rituale« Europas durcheinandergewirbelt.[20] In den 1990er Jahren, zu Zeiten der Toskana-Fraktion, als der Euro vorbereitet wurde, galt man schon als Kenner der mediterranen Welt, wenn man den Unterschied zwischen Rosso und Brunello di Montalcino benennen konnte. Die Krise hat Europa zu einer weit grundlegenderen Auseinandersetzung mit sich selbst gezwungen, die auf vielfältigen Foren stattfindet: über die digitalen Kanäle, beim Protest vor den Pleitebanken, im Billigflieger, wo spanische Akademiker neben deutschen Pauschaltouristen sitzen; in den Büros in Schwäbisch-Hall, wo deutsche und portugiesische Ingenieure an gemeinsamen Projekten tüfteln; und über jene neue kämpferische, spannende und zänkische europäische Innenpolitik, deren Entstehen wir beiwohnen. Das gemeinsame Ringen um Werte und Wirtschaftsformen, um einen europäischen »Gesellschaftsvertrag«, wie ihn Claus Leggewie fordert,[21] hat längst begonnen.

Dieses Buch soll einen Beitrag dazu leisten. Es lässt Philosophen und Politiker, Manager und Migranten, Schuhputzer und

Wissenschaftler, Gescheiterte und Erfolgreiche, Demonstranten und Blogger, Mütter und Töchter, Fürsprecher und Kritiker des Südens zu Wort kommen und ein wenig auch mich selbst in meinen Rollen als Student und als Reisender, als Journalist und als Pilger, als Malocher und als Müßiggänger, als Suchender und als Findender. Das Buch ist das Zwischenergebnis einer lebenslangen Reise von Adrianopel bis Santiago de Compostela, von Bilbao bis Dubrovnik. Ich habe im Süden gelebt und geliebt, geschuftet und gefaulenzt, geschwitzt und gefroren, ich habe Euphorie und Enttäuschung erlebt, doch ein Grundgefühl hat alle Höhen und Tiefen überdauert: das Gefühl, als Mensch angenommen zu werden, unabhängig von der beruflichen Rolle oder Lebenssituation. Es ist diese mediterrane Humanität und ihre integrative Kraft, die Europa in seinem Ringen um einen neuen Gesellschaftsvertrag so dringend braucht.

Gran Tour

»Du sitzt bei an Olivenbaam
Und du spielst di mit an Staan
Es is so anders als daham.«
STS[1]

Wir hatten diesen roten Simca 1500 ohne Aussicht auf neuen TÜV. Die linke Vordertür ging nicht auf, so dass der Fahrer auf dem Hosenboden zum Beifahrersitz rutschen musste, um ein- und auszusteigen. Auf dem Weg die alte Brennerstraße hinauf lockerte sich eine Zündkerze, die wir mit einem Schraubenschlüssel von der Tankstelle in Matrei wieder festzogen. Es war 1984, jene versunkene Epoche also, als es an Tankstellen noch keine Aufbackware aus Osteuropa gab, dafür aber Werkzeug. Wir brauchten vom Brenner aus drei Tage bis in die Toskana, wir hatten ja Zeit. Nachts schliefen wir im Simca oder auf entlegenen Parkplätzen, tagsüber vagabundierten wir barfuß durch San Gimignano oder Monteriggioni. Es war heiß, wir kauften billigen Chianti mit Kronkorken, tranken diesen, auf Treppen vor Kirchen sitzend. Wir bummelten durch zypressenbestandene Alleen und Weinberge, badeten nachts in den heißen Thermen von Saturnia und dösten unter knorrigen Steineichen.

Gerade waren Europawahlen gewesen, bei denen die PCI, die Kommunistische Partei Italiens, besonders gut abgeschnitten hatte. In den Dörfern wehten die roten Fahnen. Es sah aus wie nach einer Revolution, das fanden wir romantisch, denn wir kamen aus Bayern, wo die spießige CSU scheinbar auf ewig ihre tiefschwarze Macht zementiert hatte. Dass die Kommunisten in der Toskana auch spießig sein konnten, wussten wir nicht, wir wollten auch gar nichts wissen, was uns die Stimmung verdorben hätte. Wir verdienten uns ein paar tausend Lire durch Feuerspucken mit Duftpetroleum auf der Piazza de la Signoria in Florenz und glaubten, mit ein paar Brocken Italienisch tiefere Einsicht in die Lebenswirklichkeit der Einheimischen gewonnen zu haben, die wir uns locker und lebenslustig dachten, Leute eben, die »alles nicht so eng« sahen; Leute wie wir. Wir waren zwanzig und wähnten uns im Einklang mit der Welt um uns. Und der Simca lief.

Nach der Reise trat ich meinen Zivildienst in einem Erziehungsheim der katholischen Jugendfürsorge in Bayern an. Zu den Dienstpflichten gehörte es, in aller Frühe Brot aus der anstaltseigenen Bäckerei in die umliegenden Dörfer zu fahren. Ich hatte dafür einen Kombi mit defekter Lüftung zur Verfügung. Das Brot dampfte, die Scheiben beschlugen in Sekundenschnelle, man musste alle vier Fenster herunterkurbeln, um freie Sicht zu haben, und beim Fahren Mütze und Handschuhe tragen. Der eisige Wind fegte die Schneekristalle durchs Fenster. An einer Stelle gab die oberbayerische Hügellandschaft den Blick auf das Inntal frei, das verheißungsvoll die Alpenkette teilte. Im Radio lief dazu der aktuelle Hit der Austropop-Band STS: Steinbäcker, Timischl und Schiffkowitz trällerten vom letzten Sommer, den sie offenbar in einer griechischen Bucht verbracht hatten, »die Sonne wie Feuer auf der Haut«. Schon nach zwei, drei Wochen sei klar gewesen: Man habe »das Lebensgefühl dort inhaliert«. Die Sänger schoben sogleich nach, was das aus nordalpiner Sicht bedeutete: »Die Gedanken dreh'n si um. Was z'haus wichtig war, is jetzt ganz dumm.« Der Refrain brachte das Sehnen zum Überlaufen: »Und irgendwann bleib I dann durt«, summte ich vor mich hin, als ich die Brotkörbe durch den Schnee schleppte. Ich beschloss, auf meine persönliche *Gran Tour* zu gehen.

Über die Alpen!

»Das Ziel meiner innigsten Sehnsucht, deren Qual mein ganzes Inneres erfüllte, war Italien.«
Johann Wolfgang von Goethe[2]

Die Gran Tour war eine Erfindung des 17. und 18. Jahrhunderts. Unter sinnsuchenden Aristokraten und ausgebrannten Industriellen aus dem Norden machte sich damals die Gewohnheit breit, auf eine »Sentimental Journey« zu gehen, bei der eine Grundvoraussetzung gewahrt sein musste: Es sollte »Empfindsamkeit« beim Reisenden im Spiel sein, erst dann wird das Reisen »ein Schritt zu seiner Selbsterkenntniß seyn«, wie es der britische Schriftsteller Laurence Sterne nicht frei von Ironie ausgedrückt hat.[3] »Es war der Blick auf die Altertümer und die Werke der Kunst, das Interesse an der enzyklopädischen Erkundung seiner Besonderheiten, die Begeisterung für die Schönheiten der Natur und manches andere, was die Reise nach Italien zum umfassenden Curriculum der Welterfahrung und Selbstbildung« machte, schreibt der Germanist und Kulturwissenschaftler Dieter Richter in seiner *Geschichte einer Himmelsrichtung*.[4] Die Gran Tour »weitet sich zur existenziellen Metapher eines anderen, eines besseren Lebens«.[5] Allerdings reiste man anders als heute. Die Unternehmungen waren länger, intensiver, gefährlicher als die Urlaubsreise, und sie dienten oft persönlichen Forschungsprojekten, schließlich befand man sich im Zeitalter der Aufklärung: »Sie bedeutete Akklimatisierung an die Fremde (…), Thermometer und Barometer gehörten zum Gepäck.«[6]

Im 19. Jahrhundert folgten diesen touristischen Pionieren das zu Geld gekommene Bürgertum sowie Dichter und Denker. Goethe, Heine, Nietzsche, Keats, Shelley, Lord Byron brachen nach Venedig, Rom und Neapel auf. In aller Regel scheinen die Reisenden dort gefunden zu haben, was sie suchten, denn die Literatur, die aus den Unternehmungen entstand, war in der Mehrzahl schwärmerisch und hat unser Bild vom Süden geprägt: Goethe spricht von seiner »Wiedergeburt in Rom«, Herder möchte in Neapel »nur atmen«, hofft, »gesund und gestärkt zurückzukehren«. Schinkel fühlt sich auf Capri »unbeschreiblich glücklich« in der »ätherisch reinen Luft«.[7] Heinrich Heine schwärmt: »Ich bin den ganzen Tag in Florenz herumgeschlendert, mit offenen Augen und träumendem Herzen. (…) Wenn Italien, wie die Dichter singen, mit einer schönen Frau vergleichbar, so ist Florenz der Blumenstrauß an ihrem Herzen.«[8]

Und sogar der sonst so grimmige Nietzsche dichtete:

»Das weiße Meer liegt eingeschlafen,
Und purpurn steht ein Segel drauf.
Fels, Feigenbäume, Turm und Hafen,
Idylle rings, Geblök von Schafen –
Unschuld des Südens nimm mich auf!«[9]

Wenn nur, ach, die Menschen nicht gewesen wären!

Zwar gestanden die meisten Reisenden aus dem Norden den Südländern zu, besonders wohlgestaltet zu sein. Der Griechenland-Verehrer Johann Joachim Winckelmann schrieb 1764: »Dort, im Süden, lebten die schönsten Menschen, die vollkommensten Modelle für den Künstler.«[10] In der Tat hellten sich unter dem Einfluss der südlichen Sonne die bis dato recht düsteren Werke mitteleuropäischer Künstler auf. Doch charakterlich fällten viele Autoren ein Verdammungsurteil über die Menschen des Südens. »Die niedrigste Brut, die mir je untergekommen ist«, verwünschte der Bildhauer Ernst Rietschel die Neapolitaner in einem Brief 1830. Der preußische Assessor Gustav Nicolai verfasste 1834 gar ein ganzes Buch über *Italien wie es wirklich ist*, gedacht als »Warnungsstimme« für »alle, welche sich dahin sehnen«. Es sei »ein erbärmliches Land«, voller betrügerischer Gastwirte und unverschämter Bettler.[11] Für Goethe lebte inmitten der künstlerischen Schätze des reichen mediterranen Erbes eine »arme und primitive Gesellschaft«.[12] Dieter Richter folgert so kurz wie zutreffend: »Die Idealisierung der Menschen des Südens in der Literatur des Nordens musste mit der erlebten Realität in Konflikt geraten.«[13]

Noch das Mindeste war es, den Menschen des Südens »Nachlässigkeit im Hinblick auf ihre wirtschaftliche Zukunftsplanung« zu unterstellen, wie es der Genfer Schriftsteller Karl Viktor von Bonstetten tat, der Anfang des 19. Jahrhunderts als einer der ersten jene Art charakterliche Zweiteilung der Europäer in Nord- und Südmenschen vornahm, die in den Zeiten der Euro-Krise eine so mächtige Auferstehung erlebt. Der Mensch des Südens, so Bonstetten, handele mehr aus Antrieb, der des Nordens nach Überlegung. Anders als der »Mensch des Nordens« verabscheue der Südländer die Trunkenheit und den Selbstmord. Davor schütze ihn der Trost, den er im »Rausch der Liebe« finde.[14] Aus diesen Mutmaßungen entwickelte sich eine zwiespältige Haltung: Der Süden wurde zwar als rückständig angesehen, gleichzeitig aber als Hort »unverdorbener Authentizität, von Leidenschaftlichkeit und Natürlichkeit, von weiblichen Reizen und männlichem Heldentum«.[15] Er erfüllte eine doppelte Funktion: Einerseits konnten die Reisenden sich überlegen fühlen, weil sie ja aus materiell wohlhabenderen Gegenden kamen; gleichzeitig bot der Süden die Gelegenheit, sich von den belastenden Folgen dieses Wohlstands zu erholen, vor allem in der Epoche der Romantik des 19. Jahrhunderts, die im Ursprünglichen Zuflucht vor den Schloten des Fortschritts suchte.

Dass das 18. und 19. Jahrhundert auch in Italien eine Zeit tiefgehender Selbstreflexion und identitätsstiftender geistiger Produktion war, bekamen die wenigsten Nordländer mit. Dazu hätte es ja einiger Sprachkenntnisse und der Bereitschaft bedurft, sich mit den Geistesgrößen der Epoche – wie Ugo Foscolo, Alessandro Manzoni oder Giacomo Leopardi – auseinanderzusetzen. Die frühen Touristen aber betrachteten lieber ruinierte Tempel, neapolitanische Dienstmägde oder Lustknaben auf Capri. Aus der sozial bedingten Bildungsuntiefe ihres touristischen Servicepersonals zogen sie wie der moderne Urlauber leichtfertige Rückschlüsse auf die ganze Gesellschaft des Gastlandes.

Die Gran Tour war in jeder Hinsicht eine ichfixierte Unternehmung. Bonstetten etwa stellte nach intensiver Eigenbeobachtung fest, dass »jeder aufmerksame Beobachter seiner Empfindungen findet, dass er ein ganz anderer Mensch ist, wenn er sich diesseits oder jenseits der großen Barriere aufhält«.[16] Er grübelte: »Ich weiß nicht, warum man in Italien ein Gefühl von persönlicher Unabhängigkeit genießt, wie man es nie so vollständig im Norden hat?«[17] Nun, es ist anzunehmen, dass diese Wandlung nur mittelbar mit Italien zu tun hatte, schon eher mit der Tatsache, dass man sich auf einer Reise befand, in einer wohltuenden Ausnahmesituation, im Urlaub.

So wurde der Italiener, wie Dieter Richter zutreffend psychologisiert, für viele Nordländer zu einer Art »Alter Ego der eigenen Identität«. In der »Liebe zum fernen Fremden« sei der »Hass gegenüber dem unterdrückten Eigenen« zum Vorschein gekommen.[18] Oder, wie Thomas Steinfeld in seinem Buch über Axel Munthe, den schwedischen Arzt von Capri, schreibt: »Fast jeder dieser Besucher erfuhr das Leben im Süden als Offenbarung, als hätte ihre eigentliche Bestimmung von vorneherein im Süden gelegen und als wäre der Norden ein furchtbarer (...) Irrtum.«[19]

Wie der Süden das alles fand, darüber stellte als einer der wenigen Goethe Beobachtungen an: Die Neapolitaner glaubten, im Besitz des Paradieses zu sein, stellte er fest, machten sich im Gegenzug vom Norden aber ein reichlich trübes Bild: »Sempre neve, case di legno, gran ignoranza, ma danari assai« – »Immer Schnee, hölzerne Häuser, große Unwissenheit, aber Geld genug.«[20] In Italien kannte man die Deutschen bald unter ihrem bis heute gebräuchlichen Spitznamen: *grucchi* – sture Esel mit Scheuklappen.

Toskanische Lektionen

»Denn warum ein Volk von einem anderen geliebt werden will,
statt sich selbst so zu lieben, wie es ist –
das ist den Italienern vollkommen unverständlich.«
Kirstin Hausen[21]

In meine Gran Tour investierte ich das Entlassungsgeld vom Zivildienst – und zwar in einen Sprachkurs an der Scuola per Stranieri in Siena. Diese war eine von der örtlichen Bank Monte dei Paschi, dem angeblich ältesten Geldhaus der Welt, gesponserte halbakademische Bildungseinrichtung, deren Abschluss zum Studium an einer italienischen Universität berechtigte, weshalb von einer gewissen Ernsthaftigkeit des Lehrangebots auszugehen war. Die Kurse wurden besucht von deutschen Medizinstudenten, die zu Hause den Numerus clausus verfehlt hatten und nun in Italien studieren wollten, wo es keinen solchen gab; von Griechen aus guter Familie, bildungshungrigen Belgiern und Kanadiern, aber auch einer größeren Gruppe Somalier, die in den Pausen auf dem Gang ihre Teppiche zum Gebet ausbreiteten.

Zur Ernsthaftigkeit trug bei, dass der Kurs im Winter stattfand. Ich kam Ende September in Siena an, es war nachts empfindlich kalt, was sich umso stärker bemerkbar machte, als Heizen in Italien erst ab Mitte Oktober erlaubt war, wie der Zimmerwirt mitteilte. Auch ansonsten war von Lockerheit wenig zu spüren. Man musste bei diktatorischen Bürokraten auf der Questura wegen einer Aufenthaltsgenehmigung vorsprechen und in einem düsteren Verwaltungsbau um ein italienisches Krankenkassenheft anstehen. Das Befremdlichste aber war, dass die ortsansässigen Italiener an uns Sprachstudenten nur mildes Interesse zeigten. Dass das mit unseren noch rudimentären Italienischkenntnissen zu tun haben mochte, kam uns erst mal nicht in den Sinn. Anstatt auf Englisch zu parlieren, zogen junge Sienesen lieber in mittelalterlichen Kostümen trommelschlagend durch die Gassen. Viele verbrachten ihre Freizeit in den Komitees der Contraden, wie die Stadtviertel heißen, die im Sommer das weltberühmte Reiterfestival Palio veranstalten und einander in fanatischer Rivalität gegenüberstehen.

Gebrauchsitalienisch lernte ich vorerst von meinen Mitbewohnern, dem somalischen Pharmaziestudenten Abdi und Vahid, einem angehenden Arzt aus dem Iran, der in Italien Zuflucht vor Ayatollah Khomeinis islamistischen Revolutionswächtern gefunden hatte.

Am frühen Abend zogen die *sienesi* Kreise um die Piazza del Campo, jenen muschelförmigen Platz, auf dem wir zwei Sommer zuvor unsere Chiantiflasche geleert hatten. »Fare il giro« hieß die Abendbeschäftigung, eine Runde drehen, aus der meist viele Runden wurden. Hier gab es zwei Dinge zu lernen: Die Gesellschaft, in der ich mich bewegte, betrachtete Trachten und Bräuche nicht als verzopfte Hinterwäldlerei, sondern als gelebte Wirklichkeit. Und sie gab sich als Schmiermittel für stundenlange Geselligkeit mit einem winzigen Tässchen Espresso zufrieden, anstatt wie festgeschraubt auf Kneipenstühlen zu sitzen und literweise Bier in sich hineinzuschütten. Die verspäteten Touristen, die da in der spätherbstlichen Restsonne immer noch auf der Piazza saßen, wurden von den *sienesi* mit milder Herablassung betrachtet. Italiener sitzen nicht gern auf schmutzigen Treppen herum. Dafür lieben sie ihre Kleidung zu sehr. Und Rotwein trinken sie nur zum Essen.

Politisch schien dieses Italien immer noch so zu funktionieren, wie es der 50er-Jahre-Kintopp parodiert hatte: Es lebte der Gegensatz zwischen Don Camillo, dem Priester, der nicht zufällig die gleichen Anfangsbuchstaben trug wie die Regierungspartei Democrazia Cristiana, und Peppone, dem polternden kommunistischen Bürgermeister. Der Händel, den beide um die Herzen und Hirne der Bewohner eines Dorfes in der Emilia Romagna ausfechten, endet im Film stets in einem gutmütigen Unentschieden. In der politischen Wirklichkeit war es jedoch ein sehr schiefes Patt, aus dem die DC die Vorteile zog. Pate dieses Patts war der christdemokratische Strippenzieher Giulio Andreotti, der von 1945 bis 1999 an insgesamt 33 italienischen Regierungen beteiligt und siebenmal Ministerpräsident war. Er tarierte die Gewichte aus, kungelte mit der Mafia und sorgte dafür, dass trotz ständig wechselnder Regierungen in Italien stets alles beim Alten blieb.

Leute wie Andreotti waren Garanten dafür, dass in den fast vierzig Jahren dieses speziellen Zwei-Lager-Systems eine Seite, die linke nämlich, nicht ein einziges Mal die Macht in Rom eroberte. Man überließ den Kommunisten die ideologische Alimentierung rebellischer Studenten und Arbeiter, einen Fernsehsender und freundlicherweise die Regionen wie die Toskana, die sie – im Unterschied zu den konservativen Provinzregierungen von Latium oder Kampanien – auch sehr ordentlich verwalteten. Nur in bedeutungslosen Europa-Wahlen durfte die PCI sich landesweit als Sieger fühlen und ihre Fahnen hissen. Wohl nicht zu Unrecht vermuteten linke Intellektuelle finstere Geheimlogen und transatlantische Mächte als Drahtzieher im Hintergrund, die nie aufhörten zu fürchten, Italien könnte bei einem Sieg der Kommunisten eine fünfte Kolonne der Sowjetunion werden.

Das spezifische Kennzeichen des italienischen Eurokommunismus war seine Zahnlosigkeit, weshalb sich Dutzende Splittergruppen links von der PCI bildeten, deren zum Teil gewalttätige Aktivitäten das Bild Italiens in den 1970er Jahren verfinsterten. Doch auch sie spielten auf gewisse Weise ihre Rolle in diesem wohlaustarierten Gleichgewicht aus Anarchismus und Anpassung. Es bescherte Italien nicht nur ein beachtliches Wirtschaftswachstum, es sorgte auch für ein hohes Maß an Selbstzufriedenheit, denn ideologisch waren alle abgefüttert. Während die Industrie in der Hand konservativer Familieneliten erblühte, war die Linke zuständig für Kultur und revolutionären Symbolismus. In der Toskana manifestierte sich der Kommunismus in Gestalt der Feste dell'Unità[22], pastoralen Parteiveranstaltungen der PCI, auf denen man kräutergewürzten Schweinsbraten kaute, billigen Wein trank und ein Akkordeonspieler »Avanti Popolo« dudelte. Meinen Zimmerwirt Eugenio Bernabei hielt seine sozialistische Grundüberzeugung nicht davon ab, bei Monte dei Paschi Geldtransfers abzuwickeln. Seine Revolution bestand im Sammeln historischer Wahlplakate mit Jugendstiloptik, auf denen muskelbepackte Proletarier sehnsuchtsvoll die Beine voluptuöser, rotgewandeter Göttinnen des Klassenkampfs umklammerten. Die Poster schmückten sein zypressenumstandenes Backsteinhaus in den Hügeln südlich der Porta Romana. Abends saß er vor dem Kamin und ermahnte uns studentische Mieter mit Recht, die *pulizia*, die Sauberkeit im Bad, nicht zu vernachlässigen.

Im Januar 1987 wechselte ich an die Unversità per Stranieri in Perugia. Es gibt die Ausländeruniversität seit den 1920er Jahren, ihre selbstgestellte Aufgabe ist es, die italienische Kultur auf der Welt zu verbreiten. Sie residiert im Palazzo Gallenga, einem barocken früheren Adelssitz aus dem 18. Jahrhundert, wo schon der junge Dichter Carlo Goldoni seine aristokratischen Gastgeber unterhielt. Mehr als 2000 Ausländer studierten hier unter abblätternden Fresken und an zerfurchten Pulten.

In Perugia war das akademische Niveau höher als in Siena, dafür war es aber auf dem Felssporn, auf dem die mittelalterliche Stadt liegt, auch deutlich kälter. Blaugefroren zog man des Abends den Corso Vannucci auf und ab, der Januarwind pfiff waagerecht von den schneebezuckerten umbrischen Bergen herab. Ich wohnte in einem nur mühsam von einem alten Gasofen beheizten Zimmer, zog mich morgens unter schweren Wolldecken an, steckte von dort aus die Füße direkt in die vor dem Bett bereitstehenden Stiefel und rannte in der Hoffnung auf Warmwasser ins Bad. Gabriella, unsere Zimmerwirtin, rationierte jeden Tropfen. »Das richtige Frieren lernt man überhaupt nur im Süden«, schrieb Victor Klemperer, als er 1914/15 Lektor an der Universität Neapel war.[23] In den städtischen Bussen roch es aus den Pelzmänteln der alten Damen scharf nach Naphtalin, das die Motten vertreibt.

Um in unser Zimmer zu gelangen, mussten wir die Wohnhöhle der Wirtin durchqueren, die in einem riesigen Bett thronte und auf Gesprächspartner wartete. Die *chiaccheriata*, die Plauderei, mit der *padrona* vor dem Zubettgehen, war Pflicht, während in der Ecke der Fernseher flimmerte. Das war die nächste Lektion: Man mietete sich in Italien nicht irgendwo ein, um dann seiner Wege zu gehen. Ein Zimmer nehmen bedeutete, *zum* Vermieter zu ziehen, ein Mindestmaß an Anteilnahme war auf beiden Seiten erwünscht. Das war zwar anfangs etwas anstrengend, doch ich lernte, dass es Sprachkenntnisse und Integration eindeutig verbesserte, wenn man sich nicht wie ein nordischer Troll benahm und nicht nach Betreten der Wohnung sofort die Zimmertür hinter sich schloss. Das hätte im Übrigen auch gar nichts geholfen. Doppelzimmer waren damals die Regel in italienischen

Universitätsstädten, genau genommen mietete man ein Bett, ein *posto letto*. Mein Zimmergenosse hieß Giuseppe, er studierte Chemie, saß meistens über seine Bücher gebeugt und freute sich auf den Freitag, an dem er heim nach Taranto im äußersten Süden fuhr. Kaum ein italienischer Student hielt sich länger als unbedingt nötig in Perugia auf.

»Verbringst du denn nie ein Wochenende mit Freunden?«, fragte ich Giuseppe.

»Wozu? Ich habe doch meine Familie«, antwortete er.

Schon wieder eine Lektion: In Deutschland strebte man danach, so früh wie möglich dem Elternhaus den Rücken zu kehren. Hier sehnten sich die Studenten nach der Rückkehr ins familiäre Heim. Ich wollte Giuseppe fragen, ob es deswegen in Perugia an Studentenkneipen mangelte. Aber dann fiel mir auf, dass es im Italienischen gar kein Wort für Kneipe gab. »Ein Lokal wie eine Trattoria, aber ohne teures Essen, nur zum Biertrinken«, versuchte ich zu erklären. Das Konzept wollte Giuseppe nicht einleuchten. Wenn er schon Geld ausgebe, dann wolle er doch wenigstens gut essen!

Blieb doch mal mehr als ein Mieter am Wochenende in der Stadt, wurde nicht lange über Ausflüge nachgegrübelt, sondern Gabriella kochte für uns Pasta, Pollo, Panna cotta. Auf dem Weg zurück zum *pisolino*, zum Verdauungsnickerchen ins Bett, begriff ich die vielleicht wichtigste Lektion: Essen, das war der Grundpfeiler italienischen Soziallebens.

Ich versuchte, mich italienischer zu verhalten, nach dem Essen keinen Cappuccino zu trinken, sondern Espresso, dann aber an der Bar nicht »Espresso« zu sagen, sondern *caffè*. Ich übte, nicht schnell über die Piazza zu marschieren, sondern zu schlendern und die Sonnenbrille so auf der Stirn zu platzieren, dass sie nicht auf die Nase fiel. Doch unerreicht blieb die Meisterschaft eines Kommilitonen an der Ausländeruniversität: Der lief stets in italienischen Prachtklamotten neuester Mode herum (in jenem Winter waren es hellbeige Trenchcoats und gelbe Schuhe), er feilte an seinem Akzent und ließ sich »Enrico« nennen. Im Bus lästerte er gegenüber den befremdeten einheimischen Fahrgästen über die deutsche Mentalität, die ihm gar nicht gefalle. Er bastelte sich sogar eine Biographie mit südländischen Vorfahren zurecht (vorsichtshalber keine Italiener, um Nachfragen zu vermeiden) – dabei hieß er Heinrich, war Sohn eines protestantischen Pastors in Würzburg und so deutsch wie eine fränkische Bratwurst.

Natürlich erzielt solche Mimikry das Gegenteil des beabsichtigten Effekts. »Dieses Sich-anpassen, dieses Gefallen-wollen, genau das ist für die Italiener fatalerweise typisch deutsch«, schreibt die in Italien arbeitende deutsche Journalistin Kirstin Hausen: »Italiener tun im Ausland alles, um als Italiener erkannt zu werden. Deutsche tun genau das Gegenteil – und das ist verdächtig.«[24] Ist es deswegen so verdächtig, weil nicht ganz zu Unrecht hinter dem Buhlen um Anerkennung ein Komplex vermutet wird, der so gar nicht zum sonst zur Schau getragenen Überlegenheitsgefühl der Deutschen passen will? Die Deutschen, so schreibt Kirstin Hausen, wollten eben »nicht nur geachtet – sondern auch geliebt werden«.[25] Diesem Ziel kamen sie nie sehr nahe – seit der Euro-Krise sind sie weiter davon entfernt denn je. Auch ich fühlte mich von Italien nicht geliebt. Ich hatte eine lockerere Ausgabe Deutschlands mit besserem Wetter gesucht. Gefunden hatte ich eine Welt, in die man einheiraten musste, um wirklich dazuzugehören. So jedenfalls kam es mir vor. Und die Familie brauchte man offenkundig nicht nur für das Sozialleben. Eine deutsche Kommilitonin fuhr nach Rom, um einen Job zu suchen. Sie kehrte konsterniert zurück. »Meine Bewerbungsunterlagen haben sie kaum angeschaut. Weißt du, was sie mich stattdessen gefragt haben? – *Ma chi ti conosce?* Wer kennt dich?«

War die Schwärmerei vergangener Urlaubstage vielleicht nur eine Projektion unserer Träume eines anderen Lebens gewesen? Die wahre Lebensweise in Italien schien den Vorstellungen von Lebensfreiheit auf toskanischen Treppen diametral entgegengesetzt zu sein. Das hatte im Übrigen gar nichts mit den Italienern zu tun, sie waren einfach nur sie selbst, behandelten mich freundlich und in dem Maße integrativ, wie es ein Fremder, der weiter nach seinen eigenen sozialen Codices lebt, erwarten kann. Um tiefer in die Gesellschaft einzudringen, hätte ich ein paar von meinen individualistischen nordischen Schrulligkeiten ablegen und mich stärker auf die Lebensvorstellungen des Landes einlassen müssen. Gefragt waren dabei weder Mimikry noch Überheblichkeit, sondern ein gewisses Maß an Empathie, Offenheit für Selbstreflexion und Bereitschaft zur Veränderung. Italien hatte sich Mühe mit mir gegeben, doch die große Freiheit, die ich suchte, hatte es nicht zu bieten. Das war die letzte Lektion: Wer die Idylle will, bleibt besser auf toskanischen Treppen sitzen, träumt weiter und lernt bei der Volkshochschule eben so viel Italienisch, dass es zum Pizzabestellen langt.

Manchmal scheint es so, als wäre die gesamte europäische Einigungsidee aus solchen und ähnlichen Projektionen entstanden. Man hatte von Einheit, Frieden und Wirtschaftskraft geträumt und offenbar gehofft, dass sich historische und kulturelle Differenzen irgendwie von allein auflösen würden – so man sie überhaupt zur Kenntnis nahm. Dabei musste man nicht mal auf Gran Tour gehen, um ein paar Dinge über italienische Wirtschaft und Finanzen zu wissen: Dass Italien währungstechnisch nach einem völlig anderen Prinzip funktionierte als Deutschland, konnte jeder Tourist erleben, der im August vierzehn Tage in Bibione verbrachte und jedes Jahr mehr Lire für seine D-Mark bekam. Konnte man überrascht sein von den abweichenden Vorstellungen über Geldwert, Kredit- und Haushaltsdisziplin?

Doch der »Süden als Ziel der Sehnsucht« (…) stellt eben leider eine »Region fernab von den Sphären der eigenen Vernunft«[26] dar, wie zu Recht ein sozialwissenschaftliches Werk festhält, das leider erst nach der Euro-Einführung erschienen ist. Wobei dieser Sachverhalt weniger über den Süden aussagt als darüber, wie es um die Vernunft des Nordens bestellt ist, auf die er so viel hält.

Ich jedenfalls wollte einen anderen Süden. Also beschloss ich, es noch woanders zu versuchen.

Kastiliens Wald aus Stein

»In Italien kommt es einem oft so vor,
als wären die Schätze übereinander gehäuft,
das Auge wird trunken vom Schauen,
das große Füllhorn wird ausgeschüttet,
geht nie zur Neige. In Spanien (...) muss man selbst etwas tun (...),
das Land muss erobert werden«.
Cees Nooteboom[27]

Das Licht versank über der staubigen Einöde Aragoniens in tausend Tönen von dunkelblau bis violett. Hinter Zaragoza hörte die Autobahn auf und ging über in eine rumpelige Landstraße voller Schlaglöcher und fast ohne Markierung, die durch felsige Täler führte. Die Nacht fiel herab wie ein schwarzes Wachstuch. Riesige Lastwagen der Marke *Pegaso,* die halbe Häuser transportierten, quälten sich die Kurven entlang, nur der erste Wagen hinter ihnen hatte im Dunklen eine Chance zu überholen. Und das musste der Fahrer auch, wenn er dem Gewitter aus Gehupe und Blendblitzen der Ungeduldigen hinter ihm entkommen wollte. Irgendwann war ich erschöpft in einen Feldweg eingebogen und hatte mich auf der Ladefläche des Kombis schlafen gelegt.

Vom ersten Licht wachte ich auf und blickte ins – Nichts. Eine ungeheure, leere Fläche tat sich vor mir auf, nur das einsame, schüchterne Piepsen eines Vogels war zu hören, der auf dem einzigen Baum weit und breit saß, eigentlich nicht wirklich ein Baum, nur ein verkrüppelter Überrest davon. Die Sonne stieg am Horizont empor, ein roter Feuerball, dessen Strahlung eine Landschaft ins Licht setzte, die aussah wie die Palette eines Malers, der das ganze Spektrum der Brauntöne einzufangen versuchte.

Die Hochebene von Kastilien, die Meseta, bildet das Kernland Spaniens. 60 Millionen Touristen bereisen jedes Jahr die zugebauten Küsten des Landes, aber den Weg ins Innere finden die wenigsten. Den Eindruck, den die ariden Landschaften bei Fremden aus dem grünen, nassen Norden wachrufen, hat Cees Nooteboom in

Worte gefasst: »Der Reisende«, schreibt der Niederländer, werde »ein einsamer Schwimmer in einem Meer von Erde, das sich bis an den Horizont erstreckt, und diese Erde wird die Farben von Gebeinen, Sand, zerbröckelten Muscheln, rostigem Eisen, vermodertem Holz haben, doch sogar über den dunkelsten Farben liegt ein Licht, das in der Ferne zu einem Schleier wird.«[28] In Kastilien sei »die Zeit wirklich geschmolzen und danach für immer erstarrt«.[29]

Ich startete den Toyota und fuhr durch leere, halb verfallene Dörfer, deren Mauern Nooteboom wie »Visionen aus hitzegetränktem Ocker«[30] vorgekommen waren. Darüber »Tonnen Leere, Jahre Ruhe, Hektoliter Stille«.[31] Allerdings galt das nur für die heiße Zeit des Tages. Sobald der Abend kam, öffneten sich noch in den verfallensten Käffern rostige Tore und windschiefe Türen, um dahinter Bars mit riesigen Musikanlagen freizugeben, die die halbe Nacht die Gassen beschallten, in denen sich Menschen drängelten, von denen man sich fragte, wo sie plötzlich alle hergekommen waren.

Mein Ziel hieß Salamanca, neben Prag und Bologna eine der drei ältesten Universitätsstädte Europas. Einen »Wald aus Stein«[32] hat der frühere Rektor Miguel de Unamuno seine Stadt genannt, was ihm als ausreichender Ersatz für wirklichen Wald erschienen war. Wie ein petrifizierter Mammutbaum überragte die Kathedrale diesen sandsteinernen Hain, eigentlich zwei übereinander gebaute Kathedralen, die über dem Río Tormes thronten. Über den Fluss führte eine Römerbrücke. Hier gab es sogar etwas Grün, Eschen, Pappeln und Weiden, die ihre Äste in großer Melancholie in das träge, verzweigte Wasser tauchten. Am Ufer aufgereiht standen historische Häuser Spalier, die mit ihren leeren Fensterhöhlen und eingestürzten Dächern wie eine Reihe fauliger, hohler Zähne aussahen. Über Balken, Schutt und Steine kletterten verwahrloste Gestalten. Dass diese Häuser bald zu den begehrtesten Wohnlagen Salamancas gehören würden, war noch nicht abzusehen.

Trost bot die Plaza Mayor, für viele der schönste Platz Spaniens: Das barocke Rechteck mit seinen verspielten Fassaden, Balkonen und Medaillons und seinen 88 Arkaden umfängt eine gepflasterte Fläche voller Cafés, die wie ein gigantisches Wohnzimmer wirkte. Es war Sonntagmorgen, und alte Männer spritzten mit Wasserschläuchen das Pflaster ab, auf dem noch die Überreste der vorhergehenden Nacht lagen, Becher, Flaschen, Tüten, Reste von Schalentieren und Joints. Die Universität hingegen durchwehte eine Aura des Monumentalen und Großartigen, durchmischt mit einer ordentlichen Portion Staub der Jahrhunderte. Doch »nicht die kunstreiche Tradition bildet in Salamanca das verbindende Element«, wie der Spanienkenner Eberhard Horst geschrieben hat, »sondern eine Atmosphäre, die alles Museale wegscheucht und das Leben der Stadt in unablässiger Bewegung hält. Nicht umsonst wirkt die Stadt auf Studenten und junge Weltpilger ungemein anziehend.«[33] In Bewegung waren Weltpilger und Einheimische hier vor allem nachts. Einem skandinavischen Kommilitonen konnte ich nicht widersprechen, als er behauptete, in Salamanca gebe es mehr Bars und Kneipen als in ganz Schweden. Und ganz sicher mehr als in Perugia.

LA MARCHA

Ich bezog Quartier in einer Sozialbausiedlung aus den 1950er Jahren nahe der Plaza del Oeste. Die betagte Zimmerwirtin war wie so viele Salmantiner der Armut der Sierra durch Umzug in die Stadt entflohen. Sie vermietete nicht aus Weltoffenheit an Studenten, sondern weil sie das Geld brauchte. Ihre spanische Rechtschreibung war so lückenhaft wie ihr Gebiss; auf den Hinweiszetteln, die sie manchmal an die Tür heftete, etwa wenn man ihrer Ansicht nach zu viel Wasser beim Duschen verbraucht hatte, verwechselte sie regelmäßig die Buchstaben »b« und »v«. In der Nähe gab es eine Bar, die mal »Retiro« geheißen hatte, ein typischer Name für eine spanische Männerbar, die ihren Daseinszweck in der Funktion als Ort des Rückzugs vor der weiblichen Dominanz in der familiären Wohnung findet. Doch jemand hatte ein zweites Namensschild über den alten Schriftzug montiert, der in grellen Leuchtbuchstaben verkündete, dass diese Bar nun auch »Church Hall« heiße. Englische Namen waren im wenig anglophonen Spanien die Ausnahme, dieser aber war auch noch ironisch gemeint, denn die Bar »Church Hall« war nichts weniger als eine Kirchenhalle. Es lief dort Punk, spanischer Punk. Aus dem Geschrei konnte ich ein einziges Wort herausfiltern: *cojones*[34]. Außer Punkern mit bunten Haaren standen aber die gleichen alten Männer wie immer am Tresen, die das Getöse mit zerfurchtem Grinsen geduldig ertrugen. Ein Opa und sein Enkel zischten hier einträchtig ihr San Miguel. Sie klärten gern Fremde über die Bewandtnis auf, die es mit den zwei Barnamen habe. Beide seien gültig, sagten sie, denn hier träfen sich die Generationen. Diese Form von Familienzusammenhalt gefiel mir. Wenn Italien ein süßlicher San-Remo-Schlager gewesen war, dann war Spanien – Punk.

Die Bar Retiro-Church-Hall symbolisierte im Kleinen den gewaltigen Umbruch, den Spanien in den 1980er Jahren durchmachte und der sich unter Euphorie, aber auch unter Schmerzen vollzog. Das Land hatte gerade erst eine vierzig Jahre währende Diktatur überwunden. Nun versuchte es, deren Schatten zu entkommen, den bleischweren Katholizismus abzuschütteln und die tönerne Kruste der Rückständigkeit zu sprengen. Erdschwere, schwarzgewandete Frömmigkeit lebte weiter neben wildester Promiskuität und Freiheitsekstase; Theaterstücke und Filme mussten nach vier Jahrzehnten Zensur fast zwangsläufig explizite sexuelle Inhalte haben, um attraktiv zu sein. In Madrid war noch das Nachglühen der *movida* zu spüren, der wilden Partyzeit, deren letzte Überbleibsel heute die Filme von Pedro Almodóvar sind.

Den scharfen Kontrast von Alt und Neu konnte man direkt an der Außenfassade der Kathedrale Salamancas ablesen. Dort prangte noch immer in feierlichen roten Lettern der Schriftzug mit dem Namen des Diktators Francisco Franco. Der Schriftzug an der Kirche erinnerte daran, dass Franco sich in ihren Katakomben während des Bürgerkriegs (1936–1939) vor den Angriffen der republikanischen Luftwaffe versteckt hatte. Doch um die Schrift waren überdeutlich die Spuren von Farbbeuteln zu sehen. Während man also immer noch damit beschäftigt war, die Erinnerung an den 1975 gestorbenen Diktator zu übertünchen, buhlten nebenan schon seine Nachfolger um Stimmen. Von Wahlplakaten grinste siegessicher der sozialistische Ministerpräsident Felipe González herab, der das spanische Schiff nach seinem Wahlsieg 1982 politisch kalfatert und zielsicher in den europäischen Hafen bugsiert hatte. Daneben warb einer um Stimmen, der die Vorarbeit dazu geleistet hatte: der Konservative Adolfo Suárez, der Spanien nach dem Tod des Diktators zusammen mit dem jungen König Juan Carlos in einem Akt meisterhafter politischer Ingenieurskunst von den Ketten der Diktatur befreit und deren Statthalter buchstäblich mit Fußtritten durch die Hintertür getrieben hatte. 1989 machte Suárez Wahlkampf mit einem Werbespot, der ihn in seiner größten Stunde zeigte: Als 1981 Putschisten um den Guardia-Civil-Offizier Antonio Tejero das Parlament in Madrid stürmten, um Spanien mit Waffengewalt in die Vergangenheit zurück zu zwingen, blieb Suárez aufrecht am Rednerpult stehen und bot den um sich schießenden Eindringlingen die Stirn, während fast alle anderen Parlamentarier sich unter ihren Sitzen verkrochen. Doch gegen den jungdynamischen, gutaussehenden Sozialisten González, der die Sehnsucht Spaniens nach Aufgeschlossenheit und Modernität verkörperte, hatte Suárez nicht den Hauch einer Chance, er hatte seine Schuldigkeit getan. Noch ein paar Jahre auf seine Stunde warten musste ein anderer, der da schon forsch unter buschigen Augenbrauen von den Plakaten stierte: José María Aznar von der aus alten Franco-Seilschaften gebildeten rechtsgerichteten, nationalkatholischen Volkspartei (Partido Popular).

Britische Popschriftsteller hatten als erste entdeckt, welche Kraft diese sich reibenden tektonischen Platten der spanischen Erneuerung freisetzten, sie fühlten sich magisch angezogen von dem Land, das so viel Optimismus ausstrahlte und dabei mit einem Bein noch im ausgehenden Mittelalter steckte. »Es ist diese einzigartige und kraftvolle Kombination aus Alt und Neu, dem Radikalen und dem Traditionellen, die Spanien so besonders macht«, schrieb Robert Elms.[35] Spanien selbst erlebte ein bisschen verdattert, dass es plötzlich cool wurde.

Auf Kleidervorschriften gaben die Spanier anders als die Italiener wenig. Die Jugendkultur wirkte anarchisch, wild, sexuell durstig und vor allem laut, es gab eigentlich überhaupt keine Regeln außer der, nicht früh ins Bett zu gehen. *La marcha* nannte man das Nachtleben, die endlosen Züge von Feierwilligen, die von Kneipe zu Kneipe marschierten und erst im Morgengrauen vor einem Stand mit pappsüßen, frittierten *churros* ermattet, aber erfüllt mit *buen rollo*, guter Stimmung, aufgaben. Politromantiker behaupteten, der Begriff *marcha* stamme vom freiheitsdurstigen Marsch der anarchistischen Brigaden im Bürgerkrieg. Getrunken wurde beim Feiern bemerkenswert wenig, da ähnelte Spanien Italien, ein paar *cañas,* Gläschen voller Dünnbier, am Ende des Abends vielleicht ein Gin Tonic: Mehr Alkohol hätte gegen das Gesetz des Machismo verstoßen, wie der an andere Trinkmengen gewohnte Brite Elms feststellte. Demnach verliert ein Mann seine Ehre, wenn er sein Glas nicht mehr halten kann. Gekifft wurde dafür umso mehr, da war Spanien Marokko näher als Mitteleuropa, auch Heroin kursierte massenhaft, was manche spanische Innenstädte wegen der hohen Beschaffungskriminalität gefährlicher machte als südamerikanische.

Nur draußen vor den Städten lag noch immer diese Landschaft mit ihren leeren Dörfern, melancholischen Pappelalleen und Kirchturmen voller Storchennester, dieses Kastilien, das der spanische Dichter Antonio Machado (1875–1939) ein Land genannt hat, »so traurig und arm, dass es deshalb eine Seele hat«.[36] Einst habe Kastilien die Welt beherrscht, nun sei die frühere Gebieterin eine »Herrscherin in Lumpen«. Doch wo auch immer man in diesem leeren Spanien hinkam, eines gab es immer in der Nähe – eine Bar, in die man sich flüchten und einen *carajillo* zwitschern konnte, starken Kaffee mit dem Kognak, für den die riesigen Schilder mit den schwarzen Stieren an den staubigen Landstraßen warben.

Auf die deutschen Reisenden der Gran Tour hatte die heruntergekommene Gran Dama keine große Anziehungskraft ausgeübt –

anders als bei Engländern oder Franzosen, die sich von den Carmen-, Quijote- und Don-Juan-Klischees zu großer Dichtung und Musik inspirieren ließen. Im Vergleich zum lieblichen Italien hatten die Landschaften Kastiliens oder Aragoniens der deutschen Sehnsucht nach Romantik wenig zu bieten: Nur »karge Hügel und Hochsteppen, von der Sonne ausgedörrt, Oasen, winzige Grünflecken, in denen sich Wasser sammelt, umlagert von grauen, lehmfarbenen Mondbergen, die kein Leben, keine Pflanzen tragen«,[37] wie Eberhard Horst schrieb. Nur vereinzelt verirrte sich ein deutscher Bildungsreisender wie 1909 der Kunstkritiker Julius Meier-Graefe nach Iberien. Er fand nach anfänglicher Abscheu Gefallen an der kontemplativen Sehnsucht, die die Meseta wachzurufen in der Lage ist. »Wie man diese Leere liebt, wenn man länger im Lande ist«, jubilierte er. Spanien sei »ein Gelände für Leute, die sich nach Platz für ihre Gedanken sehnen. Mir erscheint die berüchtigte steinige Armut Spaniens immer mehr wie üppigster Reichtum.«[38] Er zog einen Vergleich zu Italien, der überraschend zu Ungunsten der Apenninhalbinsel ausfiel: »Mir ist des Italieners Lustigkeit lieber, wenn ich auf acht Tage in Italien bin. Auf die Dauer findet man sich besser mit der Diskretion des Spaniers ab.«[39] Der Niederländer Cees Nooteboom, der ebenfalls über den Umweg Italien nach Spanien gelangt war, stellte fest: »Unter derselben mediterranen Sonne schien die Sprache hart, die Landschaft dürr, das Leben derb. Es schien nicht zu fließen, war nicht angenehm, war auf widerspenstige Weise alt und unnahbar.«[40]

Am Ende meiner Gran Tour befielen mich Zweifel: Die Gemeinsamkeiten zwischen Italien und Spanien schienen, abgesehen von Familiensinn und Sonne, überschaubar zu sein. *Den* Süden hatte ich nicht gefunden. Gab es ihn überhaupt? Nicht mal die Sprachen waren kompatibel. Ich probierte es aus bei einem meiner ersten Einkäufe in Salamanca, als meine Spanischkenntnisse noch dürftig waren. Ich wollte 100 Gramm Schinken und probierte es mit Italienisch. Aber was bekommt man schon, wenn man »un etto di prosciutto« bestellt – es aber »cien gramos de jamón« heißt?

Auf der Suche nach einer Himmelsrichtung

Der Südwind ist ein warmer Wind und bezeichnet den Heiligen Geist.
Thomas von Aquin[1]

Es war die Euro-Krise, die mich erneut auf die Suche nach dem Süden gehen ließ. Ein guter Ort, sich ihm zu nähern, ist das Deutsche Historische Institut (DHI) in Rom. Es liegt an der Via Aurelia Antica, nahe der Villa Doria Pamphili, dem größten Park der italienischen Hauptstadt, und ist seit seiner Gründung 1888 ein Treffpunkt nördlicher Sinnsucher. Auch Max Weber versenkte sich bei seinem Heilungsaufenthalt dort in die Archive, weshalb es nur folgerichtig war, das Institut 2012 in die Max-Weber-Stiftung zu integrieren. Ebenfalls seit 2012 leitet der Historiker Martin Baumeister das DHI. Jeden Morgen radelt er zu seinem Arbeitsplatz durch die Villa Doria Pamphili, wo aus Fontänen das Wasser fröhlich in künstliche Teiche sprudelt, die Vögel zwitschern und ein paar ältere Herrschaften gemächlich an den Pfützen vorbeijoggen, die die sintflutartigen Regenfälle der letzten Tage hinterlassen haben. Der Februar 2014 ist ein äußerst nasser Monat in Rom. Baumeisters Engagement ist sozusagen Ergebnis einer Gran Tour. Er verbrachte ein Sabbatjahr in Rom, er selbst, seine Frau und die drei Kinder waren so begeistert, dass sie sich entschlossen zu bleiben. Doch nicht nur deswegen ist der Professor ein guter akademischer Lotse auf dem Weg durch den Süden. In seiner Zeit an der Ludwig-Maximilians-Universität in München stieg er zu einem der geachtetsten Spezialisten in spanischer Geschichte auf, und er ist mit einer Italienerin verheiratet. Er hat sozusagen den Überblick.

2013 hat Baumeister zusammen mit dem jungen italienischen Historikerkollegen Roberto Sala einen vielbeachteten Artikel geschrieben, in dem beide sich gegen die »die Exotisierung des Südens« wehren, gegen »abgestandene Völkerpsychologie«, die den Mittelmeerraum zur Rückständigkeit quasi verdammt.[2] »Die Deutschen« oder »die Schweden«, pünktlich, pflichtbewusst und effizient, aber auch gefühlskalt und ohne Freude am Leben; auf der anderen »die Italiener« oder »die Spanier«, chaotisch, unzuverlässig und korrupt, aber zugleich kreativ, gefühlsstark und den Freuden des Lebens zugewandt – das seien »starke Bilder, die tief im gesamteuropäischen kollektiven Bewusstsein gespeichert« seien, stellt das deutsch-italienische Historikergespann fest, befindet jedoch, dass solche »Deutungsmuster« eigentlich überholt sein sollten. Dass eine »Schieflage« innerhalb Europas eingetreten sei, das führen Baumeister und Sala nicht auf Mentalitäten, sondern darauf zurück, dass sich in Spanien, Portugal und Griechenland sozioökonomische Strukturen erhalten hätten, die typisch für Agrargesellschaften seien. Italien habe zwar sein »Wirtschaftswunder« erlebt, aber weiter unter der Unterentwicklung seines Südens gelitten. Während des Kalten Krieges habe das niemanden groß interessiert, solange »der Süden« sich nur klar »dem Westen« zuordnen ließ, politisch-militärisch also Gewehr bei Fuß stand. Erst seit dem Vertrag von Maastricht, der 1992 die Stabilitätskriterien in der EU festlegte, sei nun wieder von der Rückständigkeit des Südens die Rede. Dabei hätten sich Spanien, Griechenland, Italien und Portugal mit Hilfe von EU-Strukturinvestitionen enorm modernisiert. Doch leider sei das nicht einhergegangen mit einer Reform der Wirtschaftssysteme. Die Länder Südeuropas hätten einen Sprung gemacht von Agrar- zu Dienstleistungsgesellschaften, ohne den Zwischenschritt einer Ausweitung der Industrieproduktion. »Die Schuldenfalle in Südeuropa war vor allem die Folge der zu hohen Wachstumserwartungen, die mit jenem postindustriellen Wirtschaftsmodell zusammenhingen«, folgern sie.

Wegen dieses Artikels besuche ich Professor Baumeister in seinem römischen Büro. Er empfängt in dunklem Sakko zu Jeans, und er hat sich einen Bart stehen lassen. Baumeister sieht entspannt aus, bekennt aber gleich: »Ein Rausch in Rom« wie in seinem Sabbatjahr sei der Job als Institutsleiter nicht. »Jetzt stehe ich doch ziemlich unter Druck, die Idylle hat Risse gekriegt.« Er muss einen eng getakteten Stundenplan abarbeiten, heute Nachmittag noch Konsularangelegenheiten, davor eine Mitarbeiterbesprechung. Man lebt nicht gleich anders, nur weil man im Süden lebt. Es kommt darauf an, was man dort tut.

Während Baumeister in seinem schwarzen Kaffee rührt, stelle ich die Frage, die mich am meisten umtreibt:[3]

»Gibt es den Süden überhaupt?«
Baumeister antwortet: »Ich bin immer skeptisch, wenn man von dem Süden spricht. Wegen der Krise mit Griechenland und Spanien verglichen zu werden, das schockiert die Italiener – mit Recht. Letztlich haben die Länder des Südens viel gemeinsam, aber es gibt auch eine enorme Vielfalt, nicht zuletzt in der historischen Entwicklung: Griechenland hat sich als politisches Gebilde aus dem osmanischen Raum heraus entwickelt. Seine kulturelle Zugehörigkeit zur Orthodoxie gibt dem Land einen ganz eigenen Charakter mit Referenzpunkten im islamischen Raum. Spanien und Italien hatten beide faschistische Diktaturen. Doch war das mit aggressiver Sozialtechnik auf eine Gesellschaftsveränderung hinarbeitende Italien Mussolinis eine ganz andere Welt als das nationalkatholische, rückwärtsgerichtete und beharrende System Francos in Spanien. Auch innerhalb Italiens sind die Kontraste enorm. Piemontesen sind entsetzt, wenn man sie als Südländer bezeichnet. Die Gegend um Turin ist die Säule des italienischen Wirtschaftswunders. Man darf nicht alles in die Südtüte stecken.«

»Aber es existieren doch große Gemeinsamkeiten zwischen den Ländern?«
»Ja, etwa, dass man der Familie mehr zutraut als dem Staat. Als *cittadino,* als Staatsbürger, ist man hier in Italien oft nicht viel wert. Es war die Familie, die in den südeuropäischen Ländern die schlimmsten Krisenfolgen aufgefangen hat.«

»Woher kommt diese Tradition mit ihren patriarchalischen Strukturen?«
»Ich habe einen Kollegen, der behauptet, es liege an den Erdbeben, ganz im Ernst; weil sich die Menschen dann um einen Anführer geschart hätten. Das halte ich für abwegig. Diese Strukturen sind zweifellos vorhanden und besitzen eine enorme Beharrungsmacht. Allerdings darf man das nicht auf den Süden reduzieren. Es gibt sie auch in Bayern.«

»Aber man kann doch nicht abstreiten, dass der Süden Europas sich wirtschaftlich anders entwickelt hat als der Norden?«
»Das liegt in zivilgesellschaftlichen Machtverhältnissen begründet. Andererseits kann man auch nicht behaupten: Das sind alles Loser der Industrialisierung, da passiert nichts. Es hat vielerlei Ansätze gegeben zur ökonomischen Spezialisierung der Mittelmeerländer, denken Sie an ertragreiche Agrarregionen wie bei Palermo oder in der Extremadura in Spanien, wo es eine funktionierende Latifundienwirtschaft gegeben hat. Das sind keine Passivräume. Sie verändern sich nach ihren jeweiligen natürlichen Möglichkeiten und passen sich dem Kapitalismus an.«

»Gibt es eine andere Betrachtung des Lebens im Süden?«
»Der Süden ist längst ein Instrument in unseren Köpfen, er wird benutzt. Für die einen ist er eine Krisenmetapher, für die anderen eine Projektionsfläche ideologischer Hoffnungen. Ich war verblüfft, wie auch hochrangige Kollegen Klischees positiv bewerten, etwa dass im Süden die Antwort auf den Kapitalismus liege. Dabei sind diese Gesellschaften in ihrem täglichen Überlebenskampf äußerst kapitalistisch. Italien, das ist nicht der Fischer, der sich die Sonne auf den Bauch scheinen lässt.«

»Liegt das nicht auch daran, dass der Süden verzweifelt versucht hat mitzuhalten? Gerade in Spanien stellt man ja einen enormen Erneuerungswillen fest.«
»Durch seinen großen Rückstand nach vierzig Jahren Diktatur hat Spanien in den 1980er Jahren in der Tat ein fast aggressives Entwicklungsbedürfnis an den Tag gelegt: Die Geschlechterverhält-

nisse etwa haben enorme Fortschritte gemacht. Dazu noch die Auberge-Espagnole-Romantik[4] und die Brückenfunktion der Sprache nach Lateinamerika: Das alles hat dem modernen Spanien bei Erasmus-Studenten einen enormen Popularitätsschub verschafft. Auch die intellektuellen Versuche der Krisenbewältigung, etwa durch Schriftsteller wie Rafael Chirbes, sind beträchtlich.«

»Und Italien? Das war ja eigentlich mal der Sehnsuchtsort.«
»Italien hat leider etwas den Anschluss verpasst. Die Universitäten haben zwar eine Riesentradition, jedoch fehlt es an Dynamik. Den Unterschied kann man schon in der Infrastruktur sehen. Letztes Jahr bin ich im Urlaub von dem etwas versifften römischen Flughafen Fiumicino ins spanische Valencia geflogen. Da war alles nagelneu. Auch im eigentlich armen Andalusien muss man genau hinsehen, wo die Krise ist. In Kampanien zwischen Rom und Neapel hingegen brennt der Müll.«

»Sehen Sie Ansätze zur Besserung?«
»Doch ja, der Oligarchismus, die Korruption werden inzwischen aggressiv hinterfragt.«

»Aber es überwiegen populistische Äußerungen. Wo ist Italiens linke Tradition geblieben?«
»Aus dem Eurokommunismus ist vorläufig die Luft raus. Es ist zwar noch ein Bestand in den Köpfen da, aber man muss sehen, was davon aktiviert werden kann. Derzeit hört man vor allem die Klage über eine zukunftslose Generation. Die Menschen sind hilflos. Sie machen lieber die kulinarische Weltrevolution. Man kocht und zieht sich in die Küche zurück.«

»Aber viele entschließen sich auch, ins Ausland zu gehen. Eröffnet die Mobilität Möglichkeiten zur Erholung?«
»Die EU ist bei allen Ressentiments sicher eine große Hoffnung. Die Leute bewegen sich wie selbstverständlich hin und her. Es gibt ganz allgemein ein Virtuosentum im Umgang mit krisenhaften Herausforderungen. Ich habe insgesamt Vertrauen in die gesellschaftlichen Strukturen Italiens und Spaniens.«

»Was können Norden und Süden tun, um aufeinander zuzugehen?«
»Die Herausforderung besteht darin, die Frage zu klären – wie redet man über den anderen? Zurzeit wird der Dialog ja eher verweigert.«

»Wie kommt man aus der Falle heraus?«
»Ich habe auch kein Rezept, würde aber sagen: Man muss lernen, mit den Ambivalenzen zu leben, die Unterschiede wahrzunehmen, mit dem Anderssein umzugehen, es sogar zu genießen. Es gibt viele Deutsche, die kommen hierher, schimpfen über Italien und lassen es sich doch gutgehen. Die antideutschen Ressentiments in den Medien werden zum Glück auf persönlicher Ebene nicht bestätigt. Da gibt es die Bereitschaft, über die Grenzen hinauszuschauen. Für mich steht fest: Wir können ohne den Süden nicht mehr auskommen.«

Mediterrane Kargheit

»Wenn wir von menschlicher Vervollkommnung träumen,
vom Stolz und Glück der Humanität,
dann wendet sich unser Blick dem Mittelmeer zu.«
Georges Duby[5]

Das größte Werk über die Welt des Mittelmeers ist weit entfernt vom Mittelmeer entstanden. 1940 geriet der französische Offizier Fernand Braudel in den Vogesen in deutsche Kriegsgefangenschaft. Er wurde auf die Festung Mainz gebracht, ins Offizierslager Oflag XIIB. Fünf Jahre musste er bis zu seiner Befreiung ausharren. Offiziere waren zwar von der Zwangsarbeit befreit, hatten dafür umso mehr Zeit, angesichts von Untätigkeit und Hoffnungslosigkeit in Depression zu verfallen. Es seien »tragische Zeiten« gewesen, schrieb Braudel später, er habe nach einem Weg gesucht, all die aus dem Krieg kommenden, schlimmen »Nachrichten zurückzudrängen und zu verleugnen«.[6] Braudel tauchte weit zurück in die Vergangenheit, suchte in seinen Erinnerungen nach Dingen, die ihm Halt geben konnten. Er fand ihn in einer weit entlegenen Epoche: der mediterranen Welt zu Zeiten des spanischen Königs Philipp II. (1527–1598). Vor dem Krieg hatte Braudel, der Gymnasiallehrer in Französisch-Algerien gewesen war, umfangreiche Recherchen über das Mittelmeer in dieser Epoche angestellt, war nach Spanien, Jugoslawien und Italien gereist und hatte dort in Archiven Material gesammelt. Beim Sichten überraschte ihn der Kriegsausbruch.

Braudel muss ein enzyklopädisches Gedächtnis gehabt haben. Rein aus dem Gedächtnis, ohne Zugriff auf sein Archiv in Frankreich, schrieb er in der Festungshaft sein monumentales Hauptwerk: *La Méditerranée et le monde méditerranéen à l'époque de Philippe II* – in Schulhefte, die er an seinen Mentor, den Historiker Lucien Febvre, nach Paris schickte. Als *Das Mittelmeer und die mediterrane Welt in der Epoche Philipps II.* nach dem Krieg veröffentlicht wurde, hatte das Werk 1 160 Druckseiten. So entstand in Oflag XIIB eines »der originellsten und einflussreichsten Geschichtswerke des 20. Jahrhunderts«[7], schreibt etwa der Brite David Abulafia, der ein ähnliches monumentales Werk über das Mittelmeer verfasst hat. Die Faszination mag damit zu tun haben, dass Braudel den Mittelmeerraum zum einen erstmals als Ganzes – fast wie eine Person – beschreibt und zum anderen einen beinah schöngeistigen, für Historiker auf jeden Fall ungewöhnlichen Stil pflegt. Er formuliert kühn und zugespitzt, aber auch warm und ein wenig melancholisch, er lässt sich von der Empathie für sein Forschungsgebiet tragen. »Ich habe das Mittelmeer leidenschaftlich geliebt, zweifelsohne weil ich aus dem Norden kam«, vermutete der 1902 in Lothringen geborene Braudel.[8]

Dabei porträtiert er den Mittelmeerraum anders als Goethe und Konsorten keineswegs als Idylle oder Vorstufe zum Paradies, im Gegenteil: Er stellt ihn als den harten, kargen Lebensraum dar, der er immer war und ist und dessen wahre Lebensbedingungen den meisten nördlichen Reisenden bei ihren Schwärmereien offenbar entgangen sind.

Laut Braudel funktioniert der Mittelmeerraum wirtschaftlich in der »Dreiheit Ölbaum, Wein und Getreide«.[9] Und er schränkt sofort ein: »So viel sehr wohl, aber kaum viel mehr.« Zur Ernte sei ein beträchtlicher Aufwand nötig, denn das Klima sei alles in allem dem »pflanzlichen Leben abhold und feindlich«. Im Winter, »wenn die Kälte der Vegetation Einhalt gebietet, trifft der Regen reichlich ein. Und kommt erst Hitze auf, ist kein Wasser mehr da.«[10] Fisch, so teilt Braudel dem durchaus überraschten nördlichen Leser mit, habe eine wesentlich geringere Rolle gespielt als gemeinhin angenommen, denn das Mittelmeer leide von Natur aus an »biologischen Mangelerscheinungen«.[11] Im ganzen Mittelmeer werde nur ein Drittel dessen erwirtschaftet, »was allein Norwegen aus seinen Gewässern erntet«.[12]

Das mediterrane Leben schildert der Franzose als »karg, schwierig, und sein Gleichgewicht schlägt letztlich regelmäßig gegen den Menschen aus, indem es ihn zur Mäßigkeit verdammt. Für ein paar Stunden oder Tage Schwelgerei (wenn überhaupt) wird er jahrelang, ein Leben lang auf knappe Ration gesetzt.«[13] Das habe die Bevölkerung genügsam gemacht.[14] Es ist genau diese materielle Genügsamkeit, die viele Betrachter später den Menschen des Mittelmeerraums vorgehalten und ihnen als Antriebslosigkeit ausgelegt haben.

Was diese Lebensumstände angeht, besitzt die Mittelmeerwelt laut Braudel eine »unleugbare Homogenität«. Das Klima habe überall die gleiche Form der Herrschaft des Menschen über die Natur hervorgebracht, »eine spröde Landschaft, ganz von Menschenhand erschaffen: terrassenförmige Anbauflächen und dann die Mäuerchen, die immer wieder neu errichtet, die Steine, die mit Eseln oder Mauleseln heraufgeschleppt werden, und die Erde, die in Körben über die Hänge transportiert und hinter dem Wall terrassiert wird«.[15] Die Länder hätten alle »die gleichen Kornspeicher, die gleichen Weinkeller, die gleichen Ölmühlen, die gleichen Werkzeuge, die gleichen Herden, ja oft die gleichen landwirtschaftlichen Traditionen, die gleichen Alltagssorgen«.[16]

Jedoch weigert sich Braudel, den Mittelmeerraum als ein Gebiet endemischer Rückständigkeit zu sehen. Klar hebt er seine

»zivilisatorischen Leistungen, seine wechselnden kulturellen Erfindungskräfte« hervor, die trotz der Unbill – oder gerade ihretwegen – die Region kennzeichneten. »Der Mittelmeerraum ist die Wahlheimat reifer, aus einer langen Vorgeschichte hervorgegangener Zivilisationen.«[17] Deren Bindeglied ist die Familie, ihr Ort öffentlicher Äußerungen sind *forum, agora, plaza* oder *piazza*. Der Mittelmeermensch bevorzuge das Leben in Städten, das mehr Freiheit geboten habe als die ländliche Latifundienwirtschaft. So blieb das Land öde – und die Städte wurden kompensatorisch zur Wiege der modernen Urbanität. Deren ästhetische Kriterien, der Schachbrettgrundriss etwa, wurden in der Antike entwickelt und in der Renaissance wieder aufgenommen. Von Italien sei das Prinzip der modernen Stadt ausgegangen,[18] das sich über die ganze Welt verbreitete. Urbanes Zusammengehörigkeitsgefühl und starker Familiensinn waren mithin die Antwort der mediterranen Menschen auf die Verletzlichkeit eines vom Meer verbundenen Raums für Piratenüberfälle und andere Formen unfreundlicher Landnahme.

Wenn man eine Landkarte Spaniens betrachtet, sieht man auf den ersten Blick, dass Braudel recht hat. Es gibt im Grunde nur Großstädte und ein weites Land mit winzigen kleinen Pünktchen – den Dörfern. Die den Norden kennzeichnende Kleinstadt als Mittelzentrum findet sich selten. Für die meisten Bewohner des europäischen Südens ist – von wenigen Ausnahmen abgesehen – traditionell alles, was jenseits ihres Ortsschildes liegt, eine fremde Welt. Landausflüge sind nicht beliebt, denn was gibt es da draußen schon außer Hitze, Disteln und Schlangen? So entstand der *Campanilismo*, das Lebensprinzip, wonach alles, was jenseits des eigenen Kirchturms liegt, wenig Anziehungskraft besitzt.

Wenn der Mensch des Mittelmeers sich bewegte, dann übers Wasser. Seit der Antike, seit den Handelsfahrten der Phönizier und den Eroberungen der Griechen, Karthager und Römer, entstand ein Netz von Hafenstädten und daraus ein Wirtschaftsraum mit großer Kraft. Braudel schreibt: »Die Schiffe der italienischen Städte werden die unangefochtenen Statthalter des

Meeres in seiner ganzen Breite« seit dem 11. Jahrhundert. Sein Historikerkollege Maurice Aymard erklärt, warum der Handel im Mittelmeerraum größere Reputation genießt als die im Norden so geschätzte Arbeitsproduktivität. Der Grundstein dafür sei in der mediterranen Stadt der Antike gelegt worden, in der körperliche »Arbeit die Sache der anderen«, also der Sklaven war.[19]

Der Eingriff des Menschen hat sich auf die Ökologie des Mittelmeerraums fatal ausgewirkt. Die extreme Abholzung für die Gewinnung von Bau- und Brennholz hat die Region annähernd baumlos gemacht. Zu Zeiten der Maurenkriege hieß es in Spanien noch, ein Eichhörnchen könne die ganze iberische Halbinsel von Baum zu Baum durchqueren. Was davon geblieben ist, kann beobachten, wer bei Ronda in Südspanien einen Ausflug in die Sierra de las Nieves macht. Man schnürt die Wanderschuhe und macht sich auf die Suche nach den letzten Pinsapos, die auf Deutsch »Igeltannen« heißen wegen ihrer spitzen, kräftigen Nadeln. Man muss ein Stück steigen, um sie zu finden. Dort oben, im Nationalpark, auf fast 1900 Meter auf dem Weg zum Torrecilla, dem höchsten Berg weit und breit, haben sie ihr letztes Refugium: knorrige, starke, schwarzgrüne, dem stetigen Wind trotzende Bäume mit bestem Holz, das bei Schiffbauern beliebt war. Es gab sie mal überall in der Gegend, doch heute blickt man ringsum, so weit das Auge reicht, nur auf kahle Wüstenberge, auf denen die Wolken ihre Schattenspiele veranstalten. Der größte Teil des spanischen Igeltannen-Bestandes endete in der Armada – und auf den Meeresgründen der Karibik oder des Ärmelkanals. Noch heute, so Maurice Aymard, schreite die »Zerstörung eines fossilen Waldmantels«[20] jeden Sommer unaufhaltsam voran – durch die Waldbrände, aber auch durch die ungebremste Bebauung.

Braudel und seine Kollegen gelten außerhalb Frankreichs als wissenschaftliche Einzelgänger. In der deutschen Geschichtsforschung fehlt eine Disziplin »Südeuropäische Geschichte« – im Gegensatz zur Osteuropäischen oder sogar Südosteuropäischen. Wer sich als Deutscher wissenschaftlich mit Spanien und Portugal befassen will, wendet sich der iberoamerikanischen Geschichte zu. Griechenland wird der Levante zugerechnet, Italien eher in seiner Klammer mit dem Heiligen Römischen Reich Deutscher Nation untersucht. Für die deutsche historische Wissenschaft also gibt es den Süden nicht. Und auch auf den kognitiven Landkarten der meisten Deutschen war er stets eher ein sentimentaler Begriff, der sein »Residuum auf den Katalogseiten von Touristikunternehmen«[21] fand. Durch den Fall der Berliner Mauer 1989 und die Osterweiterung der EU rückten die europäischen Mittelmeerländer noch weiter an die Peripherie des politischen Bewusstseins – bis *der* Süden in der Euro-Krise mit Macht in einer neuen Rolle auftaucht, die seine historische Bedeutung als »Himmelsstrich der vitalen Freiheit«[22] aufs hässlichste konterkariert. Er wird vom »Hort der Zivilisationen« zum ökonomischen Problemfall.[23]

PIGS: Vom Sehnsuchtsort zum Schweinestall

»Wir waren schon auf dem Weg nach Südosten,
aber dann haben wir die Bremse gezogen.«
Mario Monti, Silvesteransprache 2011

Im Süden war der Süden nie beliebt. Schon den Völkern der Antike, Phöniziern und Karthagern, erschien alles, was weiter südlich ihrer Territorien lag, als nicht sehr verlockend. Im Süden lauerten Hitze, Feuer, Sandstürme, Vulkane, feindliche Stämme und andere Unbilden. Er war »die Himmelsrichtung, die ins Unbekannte führte«.[24] Die alten Römer lobten sich darob ihre »Mittellage« zwischen Süd und Nord, »in der eine wohltätige, in jeder Hinsicht fruchtbare Mischung aus beiden Zonen« stattfinde, wie Plinius schrieb.[25] »Alles trägt hier das Gepräge der gehörigen Gleichmäßigkeit (…) Hier gibt es auch Staatseinrichtungen, wie sie unter den Völkern der äußeren Zonen niemals existierten (…).« In der Regel wird die Konnotation des Südens negativer, je weiter man nach Süden kommt. In Bolivien im Herzen Südamerikas ist es der Südwind, der Regen und Kälte in tropische Regionen bringt – schließlich weht der gefürchtete *Sur* von der Antarktis, dem Südpol, herauf.

Für die Griechen der Antike war nicht der Süden, sondern der Osten das lockende Reiseziel, von dort kam das Licht, dort vermuteten sie »märchenhaften Überfluss«.[26] Dass Griechenland dereinst selbst einmal zu den »äußeren Zonen« gehören würde, war damals noch nicht absehbar. In diese rutschte das alte Hellas im Mittelalter hinab, als die Seemacht Venedig den Peloponnes kolonisierte und venezianische Beamte Berichte über Griechenland verfassten, die sich ähnlich anhören wie die heutigen der EU-Troika. Die Griechen seien unfähig, Ressourcen zu nutzen, hieß es da, es gebe weder Zusammenhalt, Institutionen noch Selbstkontrolle, stattdessen regierten Trägheit, Unwissenheit und Verschlagenheit.[27] Ein frühes Nord-Süd-Gefälle tat sich auf.

Der Westen blieb im System der Himmelsrichtungen bis zur Eroberungsfahrt des Christoph Kolumbus für Europa die große *Terra incognita*, jenseits der Straße von Gibraltar vermutete man das Jenseits. Erst seit der Welthegemonie der USA gilt »der Westen« als Hort der Freiheit und des Fortschritts – jedenfalls im Westen selbst.

Der Norden bildete im Beliebtheitsranking der Himmelsrichtungen nicht überraschend das Schlusslicht. Wie er sich aus Sicht römischer Legionäre anfühlte, kann nachempfinden, wer bei Rengsdorf am Rhein den nachgebauten Limesturm erklimmt. In der einen Richtung liegt der dichte Westerwald, durch dessen schwarzgrünes Dickicht sich ein mystisches Zwielicht mühsam den Weg bahnt; ein perfektes Versteck für Wildschweine und finstere Germanenhorden. Dreht man sich um, bietet sich ein ganz anderes Bild: Dort breiten sich die fruchtbaren Auen des Neuwieder Beckens am Rhein mit seinen Weinbergen und Obstgärten aus: ein Erbe Roms und beinah südliches Ambiente – auch wenn es sich hier im Westen des Beobachters befindet. Wo der Süden liegt, ist eben nicht immer eine Frage der Himmelsrichtung.

Erst die Erfindung des Kompasses in Italien verlieh dem Norden aus mediterraner Sicht eine positivere Konnotation, er wurde die Himmelsrichtung, an der man sich ausrichtete, wenn auch vorläufig nur nautisch. Auf Spanisch sagt man »perder el norte«, den Norden verlieren, wenn man sich in einem Problem scheinbar ausweglos verheddert hat. Die Karriere des Nordens als Inbegriff wirtschaftlicher Überlegenheit begann spät. Noch im Mittelalter dominierten die italienischen Städte Genua und Venedig den europäischen Handel. Spanien wetteiferte mit dem Osmanischen Reich um die Rolle der bedeutendsten Militärmacht. Die bekannte Welt wurde von den romanischen Nachfolgern des alten Rom auch tausend Jahre nach dessen Untergang weitgehend dominiert. Es waren die britischen Kaperfahrten im Atlantik, die dieses Gefüge ins Wanken brachten. Die Piraten der Krone griffen das spanische Weltreich an und brachten es in die Defensive. Vor allem aber die zäh erkämpfte Freiheit Flanderns vom spanischen Kolonialjoch markierte einen Wendepunkt. Achtzig Jahre lang dauerte der Unabhängigkeitskrieg, an dessen Ende sich die sieben nördlichen Provinzen der Niederlande im Januar 1579 zur protestantischen Republik zusammenschlossen. Deren wirtschaftliche Dynamik und ihr ökonomisches Geschick beim Anhäufen von Geld und weltweiten Niederlassungen begannen, die Machtgewichte zu verschieben. Die technisch überlegenen holländischen und britischen Schiffe dominierten bald auch das Mittelmeer. »Die weltweite Infiltration des nordischen, atlantischen, internationalen Kapitalismus mit seinem Hauptsitz Amsterdam konnte sich das reiche Mittelmeer nicht entgehen lassen«, schrieb Fernand Braudel.[28] Die Stadtrepubliken Venedig und Genua hauchten ihre politische Eigenständigkeit im Zuge der napoleonischen Kriege aus. Mitte der 1920er Jahre stellt der italienische Denker Giacomo Leopardi resigniert fest: »Es scheint, dass die Zeit des Nordens gekommen ist.« [29]

Und der Süden? Wurde »im Zeichen der aufsteigenden westeuropäischen Moderne marginalisiert, aus Europa ausgegrenzt, das heißt abgewertet und exotisiert«, wie Martin Baumeister anmerkt. Die italienischen Staaten hätten noch im 16. Jahrhundert im Zentrum der ökonomischen und kulturellen Entwicklung Europas gestanden, von nun an hieß es: »Italien, das ist nichts.« [30] Durch den Beitritt zur EU und später die Euro-Einführung gab der Süden sein angestammtes Bezugsgebiet auf und wurde selbst Teil des Nordens. Als Preis dafür zahlten die Beitrittsländer allerdings, dass sie sich von nun an mit den Maßstäben nördlicher Produktivität messen lassen mussten – mit den bekannten Folgen. Es war die britische Finanzpresse, die *den* Süden schließlich zu einem geopolitischen Gebilde neu zusammenfügte. Im Mai 2008 stand in der *Sunday Times* ein Artikel zu lesen, in dem es darum ging, dass ausbleibende Reformen in Südeuropa den Euro gefährdeten.[31] Für die betroffenen Länder – Portugal, Italien, Griechenland und Spanien – benutzte der Autor ein Akronym, von dem es heißt, dass es in Finanzkreisen zuvor schon länger die Runde gemacht hatte: PIGS. Der Süden war von der Wiege der Zivilisation zum Saustall herabgesunken. Alle Versuche der betroffenen Länder, der verachtenden Kollektiv-Etikettierung zu entgehen, waren zum Scheitern verurteilt. Da konnten Spaniens Medien noch so verzweifelt titeln: »Spanien ist nicht Griechenland!« Gekontert wurde weiter nördlich mit der nur scheinbar rhetorischen Frage: »Ist Spanien das nächste Griechenland?«[32] Es schien nicht viel zu fehlen, bis es – wie im Frankreich des 19. Jahrhunderts – wieder heißen würde: »Jenseits der Pyrenäen beginnt Afrika.«[33] Nur den Griechen blieb wie üblich niemand weiter südlich, auf den sie noch mit dem Finger hätten zeigen können.

DIE STRAFENDE SONNE

Ziemlich alt ist die Vermutung, das Klima sei für wirtschaftliche und kulturelle Klüfte verantwortlich. Es war der Philosoph Charles de Secondat, Baron de Montesquieu, der im 18. Jahrhundert in seinem universalen Werk *Vom Geist der Gesetze* die Überzeugung formulierte, dass der kalte Norden andere charakterliche Eigenschaften generiere als der heiße Süden. Während die Hitze die Energie der Menschen schwäche, zwinge sie die Kühle zu Tätigkeit und planender Vorsorge.[34] Daraus leitete Montesquieu ab, dass sich auch die politischen und juristischen Verhältnisse eines Landes dem Klima anpassen müssten: »Wenn es wahr ist, dass der geistige Charakter und die Leidenschaften des Herzens in verschiedenen Klimazonen äußerst unterschiedlich sind, dann müssen die Gesetze sowohl zu der Verschiedenheit dieser Leidenschaften wie zu der Verschiedenheit dieses Charakters in Beziehung stehen.«[35] Johann Gottfried Herder erweiterte in seinen 1791 vollendeten *Ideen zur Geschichte der Philosophie der Menschheit* Montesquieus Begriff des Klimas, schloss darin »die Höhe oder Tiefe eines Erdstrichs, die Beschaffenheit desselben und seiner Produkte, die Speisen und Getränke, die der Mensch genießt, die Lebensweise, der er folgt, die Arbeit, die er verrichtet, Kleidung, gewohnte Stellungen sogar, Vergnügungen und Künste nebst einem Heer anderer Umstände« ein.

Heute gilt die Klimatheorie als wissenschaftlich überholt, man legt lieber sozialwissenschaftliche und historische Parameter an, um das Werden einer Gesellschaft zu beschreiben als schöneres oder schlechteres Wetter. Der Kulturwissenschaftler Dieter Richter, der die Beispiele gesammelt hat, verteidigt jedoch die klimatologische Betrachtung: »Man kann mit Recht über die Spezifika dieser Zuschreibungen lächeln, sie als Klischees oder Konstruktionen begreifen. Ihre Wahrheit erweist sich wie die Wahrheit jeder ethnografischen Theorie darin, wie hilfreich sie sein können, um Fremdes mit anderen Augen zu sehen, es verstehen zu lernen.«[36]

In der Tat kann nur, wer nie bei großer Hitze gearbeitet hat, behaupten, Hitze habe keine Auswirkungen auf Konzentration und Arbeitsleistung – jedenfalls, wenn man sie in rein numerischer Produktivität bemisst, was möglicherweise der Kardinalfehler bei der nördlichen Betrachtung des Südens ist. Im Juli 1999 reiste ich nach Mallorca, um beim Aufbau einer deutschsprachigen Zeitung zu helfen. Geldgeber für den kurzlebigen *Palma Kurier* war ein Verleger aus dem Ruhrgebiet, der der Meinung war, die deutsche Gemeinde von Mallorca, immerhin 40 000 Köpfe stark, brauche eine Qualitätszeitung, die den existierenden deutschsprachigen Inselboten Konkurrenz machen sollte. Die Redaktion war in winzigen, verwinkelten Büroräumen in der Altstadt von La Palma untergebracht. Dort wurde die braungebrannte deutsche Klientel vorstellig, um sich selbst als

Thema für Artikel, Porträts und Homestorys ins Gespräch zu bringen: malende Ehefrauen, Unternehmer im Ruhestand, aktive Immobilienhaie, alte Sänger ohne neue Lieder und Pornofilmproduzenten, die sich für Promis hielten.

Eine Klimaanlage war im knappen Redaktionsbudget nicht vorgesehen. Die Server kollabierten regelmäßig bei mehr als 45 Grad Raumtemperatur, den Mitarbeitern schwollen Hände und Füße an, man musste mehrmals täglich das verschwitzte Hemd wechseln, empfindliche und frisch aus Deutschland eingeflogene Kollegen waren dem Kollaps nah. Manche steckten die nackten Füße in mit Wasser gefüllte Papierkörbe, um die Hitze zu ertragen. Trat man abends ins Freie, war es kaum besser. Die Mauern der Stadt hatten die Sonneneinstrahlung gespeichert, es war, als würde man den Kopf in einen Backofen stecken. Die Nacht brachte keine Linderung. Morgens streifte man die nassgeschwitzten Laken ab und schlich eng an der Hausmauer durch die sich neu formierende Betonglut zur Arbeit. Wir lernten, dass schönes Wetter ein sehr relativer Begriff sein kann – und Hitze ein mächtiger Stressfaktor. Über Spanien tobt im Juli eine »Sonne, die straft«, wie es der spanische Schriftsteller Rafael Chirbes ausgedrückt hat[37] – vor allem den, der sich zu viel bewegt.

Erst die flächendeckende Einführung der Klimaanlage hat es möglich gemacht hat, dass der Süden Europas sommers wie winters nördlichen Bürozeiten nacheifern kann. Doch nicht nur, dass sich mit den Kälteapparaten Arbeitszeiten und Lebensrhythmus grundlegend änderten und wegen der eisigen Zugluft in den Büros die Zahl von Sommergrippen sprunghaft gestiegen ist: Auch die Energiekosten sind gewaltig. Im Jahr 2010 verursachten Klimaanlagen in Spanien 11 Prozent der gesamten Stromkosten.[38] Der Süden mag von der Vernordung im globalen Wettbewerb profitiert haben, aber er hat auch teuer dafür bezahlt.

Römische Familienbande

»Die südländische Familie hat sich als
Akteur des Ausgleichs im Wandel erwiesen.«
Martin Baumeister[1]

Von María Luisa Aguilar Lozas Terrasse in El Palo hat man einen weiten Blick auf die Bucht von Málaga und die blinkenden Schiffe, die in den Hafen einlaufen. Gegenüber versinken die kahlen Berge im Dunst, davor funkelt die Silhouette der südspanischen Hafenstadt mit ihren in der Sonne glänzenden Hochhäusern und nach Jasmin duftenden, palmenbestandenen Aveniden. María Luisa hat sich ihre Terrasse schön eingerichtet, Kakteen, Zitronenbäumchen, Kräuter, alles fein säuberlich aufgereiht auf dem warmen Terrakottaboden, dazu Liegestühle, ein Essplatz unter einer Pergola. Doch wenn sie hier sitzt, ist María Luisa Aguilar Loza weniger am Blinken der Schiffe oder der Stadt interessiert als am Blinken des Computers. Über Skype und Facebook hält die Sechzigjährige Kontakt zu ihren Kindern, die dieser mediterranen Traumkulisse den Rücken gekehrt haben. Der Computer verbindet sie mit Robert, dem promovierten Physiker, der in Paris lebt; oder mit Paula, die zehn Jahre lang in Deutschland Marketing für das spanische Fremdenverkehrsamt machte, dann vollkommen umsattelte und jetzt für die deutsche Entwicklungshilfe in Bolivien arbeitet. Nur der jüngste Bruder Hector wohnt noch in Málaga, allerdings am anderen Ende der Stadt.

So viel Mobilität ist ungewöhnlich für spanische Familien. Ins Ausland gehen, das wurde in Spanien noch bis vor kurzem mit Not, Trennung und Entfremdung in Verbindung gebracht. Umziehen bietet Chancen, klar, vor allem berufliche. Aber es zerreißt auch Bindungen und Lebensgewohnheiten. Und die sind

Südländern traditionell besonders wichtig. Die daraus resultierende geringe Mobilität spiegelt sich in Zahlen wider: Nur 22 Prozent der Spanier zwischen sechzehn und dreißig haben eine eigene Wohnung, Tendenz fallend seit Beginn der Krise. Das liegt nicht nur an der Familienbande, sondern auch am Durchschnittseinkommen. In dieser Altersklasse beträgt es 13 700 Euro im Jahr, zu wenig, um sich selbständig zu machen.[2] In Portugal, Griechenland und Italien ein ähnliches Bild. Im Februar 2014 veröffentlicht die italienische Zeitung *La Repubblica* eine Studie[3], wonach 70 Prozent der italienischen Mädchen zwischen 18 und 29 nach der Ausbildung nach Hause zurückkehren, bei den Männern sind es gar 77 Prozent, die Zahlen nehmen von Norden nach Süden hin zu. Fast 42 Prozent der 25- bis 34-jährigen Italiener leben 2014 bei ihren Eltern, 1993 waren es nur 33 Prozent; dieser Rückschritt ist eine Krisenfolge. Auch wenn sie sich selbständig machen, bleiben die meisten in der Nähe der Eltern. *La Repubblica* berichtet, dass 42 Prozent der jungen Italiener Ende zwanzig bis Anfang dreißig, die eine eigene Wohnung wollen, diese in weniger als dreißig Minuten fußläufiger Entfernung vom Elternhaus nehmen. Man weiß nicht recht, was Ursache und was Wirkung ist: Ob junge Spanier, Griechen, Portugiesen und Italiener so spät flügge werden, weil die Löhne so schlecht sind – oder ob Arbeitgeber selbstverständlich davon ausgehen, dass die Berufsanfänger aufgrund der hohen Familienbindung bei ihren Eltern wohnen, weshalb man ihnen prekäre Löhne zahlt.

Doch die alten Gewissheiten geraten ins Wanken. Im Zuge der Angleichung der Lebensverhältnisse im zusammenwachsenden Europa sind auch Südländer mobiler geworden. Paula Barceló Aguilar etwa ging lange vor der Krise nach Deutschland – mit einem Stipendium, um Deutsch zu lernen. Damals blickte man sie zu Hause noch verwundert an. Wozu weggehen? Spanien befand sich doch im Boom. Eine Wohnung kaufen und hierbleiben, so lautete die Devise. Später beneideten Freunde und Verwandte sie darum, rechtzeitig die Chance ergriffen zu haben. Nun müssen ihr viele in den Norden folgen, gezwungenermaßen allerdings und deshalb mit weniger Enthusiasmus und Integrationsfreude.

María Luisa Aguilar Loza ist stolz auf das, was ihre Kinder erreicht haben. Und sie hat auch selbst etwas davon: »Durch sie lerne ich die Welt kennen.« Im Internet informiert sie sich über die Orte, an denen Paula oder Robert leben, sie findet das inspirierend; die Mutter hat ihre Kinder auf ihrem Lebensweg gewissermaßen virtuell begleitet. Und natürlich besucht sie die Kinder auch, sie war in München, Oxford, Paris. Gemeinsam hat man dann Ausflüge bis in die Nachbarländer unternommen, so hat die sechzigjährige Andalusierin halb Europa kennengelernt. Aber natürlich macht sie keinen Hehl daraus, dass ihr die Kinder fehlen, dass sie sich freuen würde, wenn alle wie früher sonntags um eine Tafel auf der Terrasse säßen, wie das in Spanien üblich ist, wenn die Paella aufgetischt wird und wenn Tanten und Onkel, Omas und Opas, Vettern und Cousinen mit Anhang, ihren jeweiligen *novias* und *novios*, und der wuselnden Kinderschar anreisen. Wer je an einem Wochenendausflug mit einer südeuropäischen Familie teilgenommen hat, egal, ob in Spanien, Griechenland, Portugal oder Italien, weiß, dass es sehr viel wichtiger ist, möglichst viele Verwandte, auch unter Inkaufnahme gewaltiger Umwege, mitzunehmen, als irgendein Ziel am Meer oder Gebirge zu erreichen. Zur Not wird auf dem Parkplatz gepicknickt, Hauptsache, man ist zusammen.

Genau dieses Lebensgefühl vermisst Sohn Robert. Im Zuge verschiedener Postgraduiertenstipendien konnte der Wissenschaftler in Oxford und Paris forschen. Doch so richtig gefallen will ihm die Lebensweise nicht. Ihn stören die Hektik und der ganz auf berufliches Fortkommen zugeschnittene Individualismus. Nur zu Weihnachten kommen alle nach Hause, die mütterliche Wohnung ist der Hafen, dann frittiert María Luisa *croquetas*, gart *albondigas* (Fleischklößchen) oder grillt *lomito* (Filetstücke), all die Sachen, von denen sie annimmt, dass sie in Deutschland, Frankreich oder gar Bolivien nicht zu kriegen sind. Gäste sind gern gesehen, vor allem bei solchen Anlässen beweist die mediterrane Familie ihre enorme integrative Kraft.

Robert berichtet beim Festtagsmahl, wie wenig ihm die totale Unterordnung unter Zeitpläne in Paris gefällt. Gern erzählt er dann ein Gleichnis, das in Spanien die sozialen Netzwerke erobert hat, allerdings wissen die wenigsten, dass es ausgerechnet aus Deutschland stammt. Es ist die »Anekdote zur Senkung der Arbeitsmoral« von Heinrich Böll.[4] Darin stößt ein Tourist aus dem Norden beim Spazierengehen am Strand eines mediterranen Dorfes auf einen Fischer, der in seinem Boot döst. Der Fremde will wissen, warum der Fischer nicht öfter ausfährt, um mehr Fische zu fangen, um sich vielleicht eines Tages einen Kutter mit Funk, ja, eine Flotte leisten zu können. Er könnte reich werden.

»Ja, und was dann?«, will der Fischer wissen.

»Dann«, sagt der Fremde mit stiller Begeisterung, »dann könnten Sie beruhigt hier im Hafen sitzen, in der Sonne dösen – und auf das herrliche Meer blicken.«

»Aber das tu ich ja schon jetzt«, sagt der Fischer.

Robert hat seine Konsequenz gezogen: Sobald das Stipendium in Paris ausgelaufen ist, möchte er nach Andalusien zurück. Er will Lehrer werden, zieht die Nähe zur Familie der steilen Wissenschaftskarriere vor, die ihm in Paris winkt. Auch Paula möchte nicht für immer im Ausland bleiben. Derzeit ist sie so weit weg wie nie zuvor, in Bolivien, sie spielt aber mit dem Gedanken, nach Spanien zurückzukehren. In all den Jahren des selbstgewählten Exils war sie froh, dass sie in Málaga stets verlässlichen Rückhalt und Zuspruch fand. Der Familienanker hielt, wenn rundum die Stürme tobten. Paula ist als Bloggerin aktiv, sie hat sich Gedanken gemacht über die Unterschiede zwischen den Welten, in denen sie gelebt hat, und deren soziales Gefüge. Sie hat in Deutschland ein System kennengelernt, das auf der Beziehung des Menschen zu Institutionen fußt. Das habe Vorteile, auf das Gesetz könne man sich jederzeit verlassen, sagt sie. Dafür sei der Mensch aber auf seine juristische Person reduziert. In Deutschland, sagt die Mittdreißigerin, »beruht die Solidarität auf Institutionen, in Spanien auf Menschen«. In deutschen Firmen, klagt sie, werde man oft behandelt wie eine Nummer. »Erst kommt das Gesetz, dann kommt der Mensch.« Das könne bedrückend sein und hebe sicher nicht die Arbeitsmoral. Als sie krank war, forderte die Chefin als erstes eiligst das Attest des Arztes ein, erst dann erkundigte sie sich nach ihrem Befinden.

Die Regeln hätten natürlich ihr Gutes, sagt Paula, sie schafften einen Rahmen der Verlässlichkeit; andererseits ließen sie keinerlei Raum für Verhandlungen. Das Verhandeln aber sei ein zentrales Element der mediterranen Welt. Wenn Marokkaner miteinander feilschten, dann diene das oft nur in zweiter Linie dem Geschäftsabschluss. Im Vordergrund stehe die Anknüpfung einer zwischenmenschlichen Beziehung, so flüchtig sie auch sein möge. Deutsche fühlten sich dann oft betrogen. Sie seien es nicht gewohnt, dass man Dinge verhandle, wollten klare Regeln, klare Preise. Das Leben im Norden findet sie aus diesem Grund uniformer als das im Süden, es lasse weniger Spielraum. Es gebe nur Ja und Nein, Schwarz und Weiß, keinerlei Grautöne. Letztlich sei vielleicht eine Mischung am besten, meint sie: nördliche Gesetzestreue und zwischenmenschliche Solidarität, wäre das nicht auch die beste Antwort auf die Krise in Europa?

In der Tat haben der Familienverbund und informelle zwischenmenschliche Beziehungen die schlimmsten Krisenfolgen in Südeuropa weitgehend aufgefangen. Wenn es in Spanien, Griechenland oder Portugal nicht zu sozialen Revolten kam angesichts der Demontage des Sozialstaates und der extremen Arbeitslosigkeit, dann kann man das auf die krisenabfedernde Kraft des Clans zurückführen. Man hilft einander aus, mit Geld, mit Wohnraum, mit Nähe, mit Jobs. Und ist es nicht in der Tat riskant, sich wie in Deutschland ganz und gar auf ein System zu verlassen, dass nicht auf persönlichen Bindungen, sondern auf dem abstrakten Versprechen eines Staatsgebildes ruht, in der Not für die zu sorgen, die sich nicht allein helfen können?

Der Individualismus hat im Norden zu einer weitgehenden Erosion von Familienbeziehungen geführt, Freundschaften werden auf Facebook reduziert. Auf was aber will sich der Mensch des Nordens verlassen, wenn der Staat sein Versprechen eines Tages aufkündigt, so wie es die marktliberalen Feinde des Sozialstaates mit wachsendem Erfolg predigen? Sind zwischenmenschliche Beziehungen am Ende nicht möglicherweise das haltbarere soziale Netz, wenn alles andere versagt?

Padre Padrone[5]

»Die Klienten stellen einem politischen Anführer Wähler, Claqueure und Demonstranten. Ihr Favorit hat dies jedem Einzelnen mit Fürbitte bei der Obrigkeit und Gefälligkeiten aller Art zu honorieren.«

Rudolph Chimelli[6]

Anfang der 1960er Jahre stellte eine anthropologische Studie über Griechenland fest: Griechischer Individualismus werde, »verglichen mit dem westlichen personalisierten Individualismus, kollektiv und familienbezogen gedacht«.[7] Griechen setzten den Erfolg des Individuums mit dem Erfolg der Familie gleich. Er sei nicht ichbezogen, sondern schließe stets die engere Gemeinschaft ein. Die Studie wird zitiert in einem gelehrten Sammelband, in dem Historiker und Sozialwissenschaftler das Sozialgefüge des Mittelmeerraums untersuchen und den Ursprung für die starke Familienbindung des Südens in den »tributären Herrschaftssystemen« der Antike verorten. »Ihr Grad der Institutionalisierung war gewöhnlich gering und die Tendenz zur Ausbildung von Formen personalisierter Sozialbeziehungen dadurch stark ausgeprägt«, schreibt der Grazer Historiker und Anthropologe Karl Kaser. So ein tributäres Herrschaftssystem war zum Beispiel das frühe Römische Reich, in dem sich das Interesse der Führungseliten »auf die Sicherstellung der von ihnen geforderten Tribute, Steuern, Abgaben (…)«[8] beschränkte. Mit anderen Worten: Die Herrscher kassierten, erbrachten aber wenig Gegenleistung. Meistens ließen tributäre Systeme »traditionelle Einrichtungen auf gewohnheitsrechtlicher Basis weiter bestehen«.

In tributären Systemen gibt es keinen fürsorglichen Staat, sondern die Beziehung zwischen »Patron und Klientel« sorgt für das Wohlergehen des Einzelnen. Die Ursprünge dieses Systems verortet Kaser in den Zeiten des antiken römischen Prekarium, einer »jederzeit widerrufbaren Landleihe der patrizischen Großbauern an landlose (...) kleinbäuerliche Siedler«. Der Bauer, also der »Klient«, trat durch das Prekarium »in ein persönliches Abhängigkeitsverhältnis« zum Patron. Und nicht nur das: Er wurde »durch die Unterwerfung auch gleich Mitglied des Verwandtschaftsverbandes des Patrons (...)«, war mithin zur »Gefolgschaft (...) verpflichtet; der Patron schuldete als Ausgleich dem Klienten Schutz und Hilfe in Notsituationen«.[9] Eine wesentliche Rolle bei der Herausprägung der Patronage spielte das römische Erbrecht mit der Tradition der Erbteilung, die zu einer Zersplitterung des Besitzes der Kleinbauern führte. Im Norden Europas hingegen setzte sich später »das karolingische System der bevorzugten Unteilbarkeit des Bodenerbes« durch, das »die Herausbildung eines wohlhabenden, selbstbewussten Bauernstandes begünstigte«.[10]

Im Laufe der Jahrhunderte wandelte sich im alten Rom das tributäre immer mehr zum intervenierenden Herrschaftssystem. Der Einzelne fühlte sich nun nicht mehr einer konkreten, sondern einer abstrakten Gemeinschaft zugehörig, dem Staat eben, der sich um die Belange seiner Bürger kümmerte, sich aber auch stärker in die sozialen Abläufe einmischte. Dieses Staatsverständnis entwickelte sich nach dem Zusammenbruch Roms jedoch wieder zurück, Kaser spricht von einer »Re-Personalisierung der Sozialbeziehungen in den mediterranen Gesellschaften (Griechenland, Italien, Spanien, Portugal)«.[11] Zwar gebe es »personalisierte Beziehungen« auch woanders, etwa in Nordamerika. »Es lässt sich allerdings nicht leugnen, dass diese Art der asymmetrischen Beziehungsgeflechte eine außerordentliche Bedeutung für die Denk- und Handlungsmuster mediterraner Gesellschaften besaß.«

Der Süden blieb beim Klientelismus, auch als sich im Norden Europas immer stärker die intervenierenden Systeme durchsetzten: Letzteres war vor allem Folge der Feldzüge Napoleons, der die alten tributären Herrschaftsformen Mitteleuropas rabiat durch seine auf gesellschaftliche Durchdringung setzende Staatsvorstellung ersetzte. Während dort der Code Napoléon akzeptiert und in Teilen sogar begrüßt wurde, wehrte sich etwa Spanien mit aller Gewalt dagegen.

So holzschnittartig die Unterteilung Europas in »Süden« und »Norden« mitunter wirken mag: Es ist dieses Festhalten an einer tributären, staatsskeptischen Gesellschaftsordnung, das die Länder südlich der Alpen von Portugal bis Griechenland bis heute prägt – allen gesellschaftlichen Umwälzungen und Modernisierungen zum Trotz. Umgekehrt bildet die »intervenierende« Staatsvorstellung ein gemeinsames Charakteristikum von kulturell so unterschiedlichen Ländern wie Großbritannien, den Niederlanden, Finnland oder Deutschland, die ansonsten lediglich die geographische Zuordnung gemeinsam haben, dass sie eben nördlich der Alpenkette liegen.

Und erinnern die prekären Arbeits- und Lebensverhältnisse im Süden, von denen nun im Zuge der Euro-Krise die Rede ist, nicht in der Tat weit über das Begriffliche hinaus an das Prekarium des frühen römischen Reiches? Der Politologe Claus Leggewie erklärt, wieso es trotz des Patronagesystems zur Herausbildung gewaltiger Staatsbürokratien im Süden kommen konnte, die Generationen Versorgung ohne Produktivität garantierte: »Dezentrale politische Gemeinschaften haben sich dem Zentralstaat von jeher widersetzt und mussten durch ihn zur Loyalität verpflichtet werden – eben durch einen Posten im Staatsdienst, durch Stimmenkauf oder durch Vetternwirtschaft.«[12] Der Norden hat den südlichen »Klientelismus« stets verachtet, dabei aber geflissentlich übersehen, dass nepotistische Beziehungen keine rein mediterrane Domäne sind, man denke an den »Kölner Klüngel« oder das effiziente Patronagesystem der bayerischen CSU, das das Gemeinwesen des Freistaats bis in die letzte kapillare Verzweigung durchdringt.

In Miesbach und am Mittelmeer stehen Patronagesystem und interventionistischer Staat in ständigem Wettstreit miteinander. Hier wie dort sieht man im Klientelsystem auch keineswegs nur Nachteile. Der in Paris lebende deutsche Journalist Rudolph Chimelli, einer der besten Kenner des Mittelmeerraums, hält fest, dass, wo Staatsgewalt wie Fremdherrschaft empfunden wird, es verlässliche Hilfe für den Einzelnen nur in der Familie, der Großfamilie, dem Clan oder in der religiösen Gruppe gibt. »Sie springen da ein, wo der Staat versagt.«[13] Chimelli nennt eine Reihe von Beispielen aus dem Raum südlich des Mittelmeers: »Als in Algerien die Erde bebte, waren ihre Helfer mit Schaufeln, Zelten, Nahrung und Wasser zugegen, drei Tage bevor sich ein staatliches Hilfswerk sehen ließ. Wenn in einem Armenviertel Ägyptens oder Marokkos ein Kind erkrankt, sind die Islamisten da mit einem Gratisarzt und kostenlosen Medikamenten. Überall beruht ihr Ansehen auf einem sozialen Netzwerk, das sich bei Wahlen in Stimmen umsetzen lässt.«

Die Patron-Klientel-Beziehung brachte nach den Worten des Wissenschaftlers sogar einen bestimmten Menschentyp zum Vorschein: den »Macho als prototypische repräsentative Figur«.[14] Korruption gilt ihm als lässliche Sünde, denn – wie der Journalist Chimelli ergänzt – »in diesem Spiel ist Unbestechlichkeit nicht unbedingt eine Tugend. Ein Mann, der nicht einmal für sich, seine Familie und seine Freunde etwas tun kann, verdient in jenen Breiten nur bedingt Vertrauen.«[15] Das Clansystem kann durch seine gut geölten Mechanismen sogar mittelfristig bedeutende Leistungskraft entfalten und seinen Mitgliedern Wohlstand und Stabilität verschaffen. Allerdings stößt es da an seine Grenzen, wo – vielleicht sogar bedingt durch seine wirtschaftlichen Leistungen – eine breite Mittelschicht entsteht, die beginnt, Dinge einzufordern, die die adynamische patriarchalische Kommandowirtschaft nicht bieten kann: Transparenz, Basisdemokratie, Mitwirkung, sauberes Wirtschaften. Doch das Aufbegehren gegen den Clan, wie es 2013 und 2014 in der Türkei oder Bulgarien zu beobachten ist, stellt ein noch junges Phänomen im

Süden dar. Es ist der Digitalisierung der Gesellschaft geschuldet, die rasend schnell voranschreitet und die Transparenz in einer grundlegenden und allumfassenden Weise einfordert, an die Clanchefs und Patrone sich nur schwer gewöhnen können.

ALLEIN GEGEN DIE MAFIA

In seinem Sizilien-Epos *Der Leopard* legt Giuseppe Tomasi di Lampedusa seiner Hauptfigur, dem Fürsten Salina, einen Vortrag über das gestörte Verhältnis der Sizilianer zu ihren Herrschern in den Mund: »Wir Sizilianer sind von einer langen, sehr langen Führerschaft von Regierenden her, die nicht von unserer Religion waren, die nicht unsere Sprache sprachen, daran gewöhnt, uns mit Winkelzügen durchzuhelfen. Hätte man das nicht so getan, so wäre man den Steuereintreibern aus Byzanz, den Emiren aus der Berberei, den Vizekönigen von Spanien nicht entronnen. Jetzt hat es diese Wendung genommen, nun sind wir einmal so (…).« Der Fürst leitet daraus wesentliche Grundzüge der sizilianischen Mentalität ab: »All die Regierungen, Fremde in Waffen, gelandet von wer weiß wo, denen man sogleich diente, die man rasch verabscheute und nie begriff, die sich ausdrückten nur in Kunstwerken, die für uns rätselhaft blieben (…) – alle diese Dinge haben unseren Charakter gebildet, und darum bleibt er bedingt von äußeren Schicksalsfügungen, weit mehr noch als von dieser entsetzlichen Insularität des Geistes.«[16]

Der Fürst ist selbst ein Patriarch, ein Latifundist, ein Macho, er steht einer der tonangebenden Familien der Insel vor, die jedoch in der zweiten Hälfte des 19. Jahrhunderts im Zuge der italienischen Einigung Macht an neureiche Emporkömmlinge abtreten müssen. Salina sympathisiert sogar insgeheim mit der Revolte Garibaldis. Doch letztlich ist die neue Herrschaft für den Fürsten nur eine andere Erscheinungsform der alten, mit der es sich zu arrangieren gilt. In diesem Zusammenhang fällt der Schlüsselsatz des Romans, der in Italien sprichwörtlich ist: »Wenn wir wollen, dass alles bleibt, wie es ist, dann ist nötig, dass alles sich verändert.«[17]

Die italienische Einigung erforderte von den Kräften der Beharrung allerdings raschere Anpassung als jede andere Veränderung zuvor. Sehr plötzlich schaltete der in Turin erfundene Staat auf »interventionistisch« um, fegte in Süditalien das verschlafene tributäre System der spanischen Bourbonen hinweg. Damit trotzdem »alles bleiben konnte, wie es war«, sammelten sich Gegenkräfte. Aus dem jahrhundertealten sizilianischen Clansystem formierte sich die extremste Ausprägung des Familismus – die Mafia.[18] Sie konnte aufbauen auf ein weiterverzweigtes Briganten- und Banditenwesen und einen Ehrenkodex, der jedes Mitglied des Clans gegenüber Außenstehenden zur *Omertà* verpflichtet, zum Schweigen. Rudolph Chimelli vermutet die Vorläufer der Mafia schon im frühen Mittelalter: »Ursprünglich dürfte Mafuat (arabisch: Schutz) nicht mehr als ein Geheimbund gegen die Herrschaft der Araber über Sizilien gewesen sein.«[19]

Wenn es überhaupt mal jemand schafft, das Patronagesystem der Mafia in die Defensive zu zwingen, dann starke Führungspersönlichkeiten, die sich gewissermaßen als Gegenpatrone in Stellung bringen. In Sizilien war es etwa Benito Mussolinis eiserner Präfekt Cesare Mori, der die Mafia fast besiegte. Der Diktator ging so hart gegen die Clanstrukturen vor, weil sie in Konkurrenz zu seinen Plänen standen, einen intervenierenden Staat zu schaffen. Die Amerikaner brachten die Mafia bei der Invasion 1943 dann zurück. Die amerikanischen Ableger der »Cosa Nostra« landeten im Schlepptau der GIs und rissen sich sogleich das lukrative Geschäft der Verteilung von Hilfsgütern unter den Nagel, womit sie ihren früheren Nimbus der Unverzichtbarkeit für die Versorgung der Menschen erneuerten. Der italienische Nachkriegsstaat ließ sie gewähren, er gebärdete sich auf Sizilien wieder so permissiv und tributär wie einst die Bourbonen.

Erst in den späten 1980er Jahren musste die Mafia einen neuen Rückschlag hinnehmen, als eine von ehrgeizigen Einzelpersonen dominierte Staatsanwaltschaft im Zusammenwirken mit einer Bürgerbewegung gegen die Verbrecherorganisation mobil machte. Ermittler wie Giovanni Falcone und Paolo Borsellino oder Palermos Bürgermeister Leoluca Orlando mit ihrer persönlichen Integrität, ja ihrem Heldenmut, wurden zur ernsten Bedrohung des Clansystems. Die Bande reagierte auf ihre Art, sie ermordete Borsellino und Falcone – und hätte damit beinah Selbstmord begangen. Denn nun hatte die Antimafiabewegung Märtyrer, es gibt seitdem eine vorher nie gekannte Antimafiastimmung. Der Staat ist eifrig bemüht, sich den Heldenmythos zunutze zu machen, indem man – eingedenk des starken sizilianischen Sinns für Symbolismus – Denkmäler aufgestellt, Straßen, Plätze, Orchester, Stadien, Parks und den Flughafen von Palermo nach Borsellino und Falcone benannt hat.

Palermos Bürgermeister Leoluca Orlando überlebte. Allerdings musste er rund um die Uhr geschützt werden. Ich traf ihn Mitte der 1990er Jahre in Palermo, als er gerade die Wahl an der Spitze einer Bürgerbewegung mit 75 Prozent der Stimmen gewonnen hatte. Bis zur letzten Sekunde wurde Geheimniskrämerei betrieben, wo das Interview stattfinden sollte, wir kurvten durch die halbe Stadt, um letztlich doch im Rathaus zu landen. Orlando wollte den Eindruck vermeiden, er müsse sich verstecken. In seinem Amtszimmer schilderte er die Taktik, die er angewendet habe, um die Stimmung umzudrehen: »Die Mafia«, sagte Orlando, »hat unsere Tradition und unsere Geschichte gegen uns benutzt.« Jetzt gelte es, die sizilianische Identität von der Mafia zu trennen. Wie er das anstellen wolle? »Ich sage den Leuten: Die Bosse sind keine Sizilianer, weil sie Sizilien kaputtmachen. Das wirkt.«

Er begann damit, den Bürgern die Augen zu öffnen, wie teuer sie für die Mafiaherrschaft bezahlten, nicht nur, was die Kriminalität, sondern auch die Lebensqualität betraf. Die Altstadt Palermos, die die mit der Mafia verbandelten früheren Stadtregierungen dem Verfall preisgegeben hatten, wurde unter Orlando restauriert. Die Mafia hatte ihr Geld jahrzehntelang nur im Westen der Stadt in endlose Betonquartiere investiert und aus den Orangenhainen der berühmten *conca d'oro*, der goldenen Muschel, eine graue *conca di cemento* gemacht. Günstige kommunale Darlehen für Altbausanierungen sollten nun Anreize schaffen, in das fast entvölkerte Zentrum zu ziehen. Die Mafia bekam keine Aufträge mehr. Theater- und Musikfestivals sollten Touristen anlocken. Eine Reise nach Palermo werde bald »kein Abenteuerurlaub mehr sein«, versprach Orlando.

Der Berlusconismus bedeutete dann einen schweren Rückschritt für die Antimafiabewegung, weil er den Familismus und den Tributismus in übelster Form restaurierte. Im traditionell konservativen Süden liefen dem neuen Patron Italiens die Wähler in Scharen zu. Auch Leoluca Orlando musste das Bürgermeisteramt zwischenzeitlich abgeben. Er machte jedoch als Regionalpolitiker Karriere und heimste eine Reihe von Preisen ein, vor allem in seiner früheren Wahlheimat Deutschland. Doch seit Berlusconis erzwungenem Rückzug aus der Politik erstarkt auch die sizilianische Bürgerbewegung neu. Seit 2012 ist Orlando wieder Bürgermeister von Palermo – zum vierten Mal. Bei seinen Versuchen, die Stadt sicherer zu machen, muss er allerdings nun wieder ganz unten anfangen. Die Verbrechensrate in Sizilien hat erneut sprunghaft zugenommen, allerdings nicht ausschließlich bedingt durch die Umtriebe der Mafia. Es sind Krise, Hoffnungs- und Arbeitslosigkeit, die so manchem jungen Sizilianer die nächstgelegene Touristenhandtasche als ein verheißungsvolleres Ziel erscheinen lassen als das örtliche Arbeitsamt.

Cäsaren der Wirtschaft

»Als ich noch als Verkäufer arbeitete,
dachte ich mir: Es ist nicht richtig,
dass sich nur Menschen mit viel Geld gut anziehen können.«
Amancio Ortega[20]

»Wir machen eine Stadtführung«, hatte der Pressesprecher am Telefon versprochen. Eine Stadtführung? Eigentlich wollte ich doch nur den Hauptsitz einer Bank besuchen, den von Banco

Santander, neben Banco Bilbao Vizcaya Argentaria (BBVA) das größte Geldhaus Spaniens. Aber die Zentrale von Banco Santander ist eben eine ganze Stadt. Die »Ciudad Financiera« steht draußen vor den Toren Madrids, in Boadilla del Monte, wo bis vor wenigen Jahren der Wind trockene Grasbüschel durch die dornige Einöde wehte. Am Ziel gibt es eine Rezeption so groß wie die Abfertigungshalle eines kleinen Flughafens, und ähnlich streng wie beim Fliegen sind auch die Kontrollen. Ist man drin, führen einen rote Roboter durch die Gänge. 7 000 Menschen arbeiten hier. Es gibt Friseure, eine Krankenstation, elf Restaurants, Fitnesszentrum, Golfplatz und Kindergarten. Auf dem Freigelände hat Verwaltungsratschef Emilio Botín – hier ehrfurchtsvoll *El Presidente* genannt – tausendjährige Olivenbäume aus Sizilien und Marokko antransportieren und einpflanzen lassen. Er habe eben ein Herz für die Natur, heißt es.

Botín ist ein echter *patrón.* Er übernahm die Bank 1986 von seinem Vater und revolutionierte Anfang der 1990er Jahre das spanische Bankwesen, indem er Banco Santander nicht nur stärker auf den Kunden ausrichtete, er expandierte auch stark ins Ausland, vor allem nach Lateinamerika – eingedenk der Tradition seiner Heimatstadt Santander am Atlantik, seit jeher eines der Tore Spaniens zur Neuen Welt. Die Bank wurde bereits Mitte des 19. Jahrhunderts dort von einer Gruppe von Kaufleuten gegründet. Ursprünglich wechselte der Vorsitz unter den Eigentümerfamilien. Doch als die Reihe an die Botíns kam, blieb der Posten in der Familie, die sich als am leistungsfähigsten und am machtbewusstesten erwiesen hatte. Emilio Botín I. machte die kleine Sparkasse zur größten Bank der Region. Sein Sohn, Emilio II. sozusagen, der von 1950 bis 1986 die Bank führte, baute ein Filialnetz in ganz Spanien auf. Emilio III., der jetzige Chef, steigerte die Bilanzsumme des gesamten Unternehmens um das 67-Fache auf 1,27 Billionen Euro im Jahr 2014. Santander machte durch spektakuläre Deals in Europa von sich reden, etwa als man die Royal Bank of Scotland übernahm und damit direkt ins Stammland des Finanzkapitalismus durchstach. In Deutschland kaufte die Bank die 173 Filialen der schwedischen SEB (Skandinaviska Enskilda Banken AB). Weltweit zählt die Santander Group im Jahr 2014 insgesamt 187000 Angestellte, die in zehn Ländern 102 Millionen Kunden betreuen. Sie ist die drittgrößte Bank der Welt. Der Familie gehören nur 2 Prozent der Anteile, doch hat sie die Konzernführung weiter fest in der Hand. Als Nachfolgerin an der Firmenspitze hat der 1934 geborene Botín seine Tochter Ana Patricia auserkoren, es bleibt also alles in der Familie.[21] Für Leute wie Botín ist das Dynastische Garantie für Kontinuität. Der Erfolg scheint ihm recht zu geben.

Aus den Bankenskandalen der spanischen Krisenjahre ist Santander relativ sauber hervorgegangen. »Bei uns gibt es keine *malas prácticas*«, versichert Banksprecher Peter Greiff, ein ehemaliger Korrespondent des *Wall Street Journal,* bei meinem Besuch. Nicht einmal er selbst habe auf Anhieb einen Kredit bekommen, erzählt er und lacht. »Man hat mit mir eine Risikoprüfung gemacht wie noch nie in meinem Leben.« In Spanien überlebe nur, wer konservativ wirtschafte. Emilio Botín ist stockkonservativ. Er gilt als vorsichtig, im Führungsstil gönnerhaft und streng. Im Herbst 2008 verpasste das Urgestein der spanischen Finanzwelt in einer Rede auf einer Bankentagung in Madrid den internationalen Kollegen einige simple Lektionen: Nur ein Geschäftsmodell, das auf langfristigen Kundenbeziehungen beruhe, könne sehr profitabel sein. Investments in undurchschaubare Finanzstrukturen brauche er dagegen nicht, sagte Botín.[22] Er ist – wie alle spanischen *patrones* – öffentlichkeitsscheu. Wenn er auftritt, dann, um sich als Wohltäter zu präsentieren. Botín hat eine Stiftung gegründet, die Stipendien vergibt, er ließ in seiner Heimatstadt ein Kunstzentrum des Stararchitekten Renzo Piano planen, das trotz Immobilienkrise unverdrossen weitergebaut wurde. Es soll der Stadt ein neues Profil geben.[23]

Dass an der Spitze erfolgreicher Unternehmen Patriarchen mit einsamen Entscheidungen triumphieren, ist typisch im Süden, man denke an die Italiener Ferrari, Agnelli, Zegna, Benetton, den Griechen Onassis oder an den Spanier Florentino Pérez, Baulöwe und Präsident des Fußballclubs Real Madrid. Entscheidend für ökonomische Initiative ist fast immer *el ingenio*, der Geist eines Einzelnen, der die Kraft aufbringt, quasi im Alleingang einen Traum zu realisieren. Das haben spanische moderne Unternehmer mit ihren geistigen Ahnen gemeinsam, die als selbständige Unternehmer in die Neue Welt segelten, Armeen ausrüsteten, auf eigene Kasse handelten und dem König am Ende den Zehnt Steuern überließen.

Der erfolgreichste dieser modernen Konquistadoren ist Amancio Ortega, der drittreichste Mann der Welt mit einem Vermögen, das die Zeitschrift *Forbes* für 2013 mit 57 Milliarden Dollar angab, das wären 19,5 Milliarden Dollar mehr als im Vorjahr. Ist es ein Widerspruch zur Krisenlogik, dass der reichste Mann Europas ein Spanier ist? Es ist wohl eher ein Beleg, wie lückenhaft diese Krisenlogik ist. Von Krise jedenfalls spürt Ortega nichts. Sein Inditex-Konzern hat die Welt erobert. Den Namen Inditex kennt diesseits der Börse zwar kaum jemand, seine Marken aber sind weltbekannt: Zara, Pull&Bear, Massimo Dutti, Bershka, Stradivarius, Oysho beherrschen die Fußgängerzonen von Frankfurt bis São Paulo. Sogar Spaniens Regierung hat Ortega zum Vorbild erkoren, sucht Inspiration in seinem Führungsstil und der Struktur des Konzerns. Ortega ist ein klassischer Selfmademan. Er kam 1936 in Galicien an Spaniens windiger Nordwestspitze zur Welt, in Padrón, wo die schrumpligen, scharfen Paprikas herkommen, die in Spaniens Küche geschätzt sind. In der nahen Hafenstadt La Coruña begann der Eisenbahnersohn Ortega vor einem halben Jahrhundert mit einem sehr bescheidenen, sehr spanischen Geschäft für bestickte Batas de Guatiné, Morgenmäntel, wie sie ältere Spanierinnen gern den ganzen Tag lang zu Hause tragen. Nicht gerade ein Produkt mit Sex-Appeal. Die Inspiration für ein jugendlicheres Sortiment soll Ortega von seinen Töchtern erhalten haben. Er nutzte die Nachfrage nach Mode im italienischen Stil, die in Spanien nach den grauen Franco-Jahren einsetzte.

Noch beim Börsengang 2001 waren Zara und Co. Geheimtipps, mit deren Produkten modebewusste Spanien-Urlauber zu Hause punkten konnten. Zehn Jahre später war es eines der größten Bekleidungsunternehmen der Welt mit einem Jahresumsatz von etwa 15 Milliarden Euro. An der Börse ist Inditex im Jahr 2013 fast 63 Milliarden Euro wert. Sein Geld investierte Ortega in Immobilien oder spanische Global Player, da ist er Patriot – allerdings nur in solche, die ihm keine Konkurrenz machen: Hotels, Energieversorger, Banken und Schiffbau. Das Hauptaugenmerk des Textilgeschäfts gilt inzwischen den Schwellenländern, vor allem Brasilien. Doch noch immer wird das Inditex-Imperium mit knapp 6000 Läden in 86 Ländern verwaltet wie ein Familienbetrieb – von der Provinzstadt La Coruña aus, wo alles begann. Das Geheimrezept Ortegas ist die konservative Strategie. Er verzichtete auf das modische Franchisesystem, alle Läden werden straff geführt, patriarchalisch eben. Flexibel ist man dafür beim Angebot. Die Erfolgsformel lautet *Fast Fashion*: Die Kollektion wird alle paar Tage erneuert und vermittelt stets den Eindruck, auf der Höhe der Zeit zu sein. Auf Reklame wird verzichtet. Das Geld gibt man lieber für Geschäfte in den besten Lagen aus, die Schaufenster sind die Werbung.

2011 zog sich Spaniens erfolgreichster Unternehmer mit 75 Jahren von der Konzernspitze zurück. Von den fast 100000 Beschäftigten verabschiedete Ortega sich väterlich mit einem Brief, der mit den Worten »Geschätzter Mitarbeiter, lieber Freund« beginnt. Er übergab die Leitung seinem bisherigen Vize, Pablo Isla, behielt aber die Mehrheit der Anteile. Wie bei Banco Santander soll die Führung langfristig in der Familie bleiben – und wieder ist es eine Tochter, die als Nachfolgerin auserkoren wurde. Ortegas Tochter Marta soll irgendwann die Firma übernehmen, bis dahin übt sie in der Verwaltung des Familienvermögens. Seit seinem Rückzug sieht man Ortega noch seltener als vorher, obwohl er dem Vernehmen nach weiter mitmischt. Jahrelang gab es überhaupt nur ein Passbild von ihm, erst nach seinem Rückzug lichteten ihn Paparazzi als Rentner auf seiner Sechs-Millionen-Euro-Yacht ab.

Mitarbeiter berichten von einem familiären Führungsstil. Amancio Ortega aß zu Mittag mit seinen Leuten, hielt sie über Entscheidungen auf dem Laufenden. Er fuhr seinen Wagen selbst und trug nie Krawatten. Selbst die Gewerkschaften haben wenig an Inditex auszusetzen. Im Ausland allerdings gab es Ärger. 2011 etwa war bei einer Razzia in drei Werkstätten eines Zara-Zulieferers in São Paulo festgestellt worden, dass die Arbeiter, viele davon bolivianische Einwanderer, unter »sklavenähnlichen Bedingungen arbeiten mussten«, wie die brasilianische Staatsanwaltschaft feststellte. Inditex wies die Verantwortung zurück, trotzdem wurde ein Verfahren eingeleitet, Zara sollte 8,2 Millionen Euro Strafe zahlen. Schließlich einigte man sich, dass der Konzern eine Millionenzahlung für soziale Zwecke leisten sollte. In brasilianischen Medien wurde das als »Schuldeingeständnis« gewertet. Der Aufdeckung solcher Zustände folgt stets geschwind das Bekenntnis zu baldiger Besserung. Amancio Ortega ist um seinen Ruf besorgt. Nach der Havarie des Tankers *Prestige* vor Galiciens Küste 2002 spendete er 6 Millionen Euro an die Leidtragenden der Katastrophe. In der Wirtschaftskrise 2012 gab er 20 Millionen Euro an die Caritas, um Opfern zu helfen. Und noch ein Superlativ ist mit dem Namen Ortega verbunden. Seine inzwischen verstorbene Exfrau Rosalía Mera, Mitgründerin von Inditex, war lange Zeit die reichste Frau Spaniens. Was sie nicht daran hinderte, Verständnis für die Demonstranten zu äußern, die gegen sozialen Kahlschlag protestierten. Reiche, die sich mit Armen solidarisieren, auch das ist Realität im südlichen Kriseneuropa.

Der spanische Mythos des Ziegelsteins

»1992, mit den Olympischen Spielen in Barcelona und der Weltausstellung in Sevilla, war das Jahr, in dem sich bestätigte, dass Spanien nun ein modernes Land geworden war und vollkommen zu Europa gehörte.«
Fernando García de Cortázar[1]

Barcelona: Aufbruch in der Stadt der Ankunft

Durch Barcelona ziehen sich die baumbestandenen Ramblas wie eine grüne Zentralachse, die die Altstadt in zwei Teile teilt: auf der einen Seite das gotische Viertel, hübsch für Touristen und Kommerz herausgeputzt; und auf der anderen Seite das Raval, das »Viertel am Rande«, seit jeher Refugium von Armen und Immigranten. Dorthin war ich unterwegs. Ich war in die Carrer Hospital eingebogen und ein paar hundert Meter die Gasse entlanggelaufen, die immer tiefer in die düstere, enge Kasbah mit ihren winzigen Geschäften und Bars hineinführte. Doch plötzlich war Schluss mit dem so anheimelnden wie beunruhigenden Halbdunkel. Eine riesige Fläche tat sich auf. Es fehlten nicht nur ein paar Häuser, das halbe Viertel samt Straßenzügen war weg. Was war hier los? Ich betrat die Buchhandlung »Las Dueñas«, die gegenüber der Brache lag, und fragte nach einem Stadtplan. »Ich suche eine Adresse, aber ich finde das Haus nicht mehr, die ganze Straße ist weg.« Der Verkäufer zuckte die Schultern. »Da geht es Ihnen wie vielen. Aber aktuelle Stadtpläne gibt es noch nicht.«

Mitte der 1990er Jahre verwandelte sich Barcelona so rasend schnell, dass die Verlage nicht mit dem Drucken von Stadtplänen hinterherkamen. Wo früher Gassengewirr den Spaziergänger verschluckt hatte, entstanden neue Plätze, mitten im Raval sogar eine weitere Zentralachse der Altstadt. Es sah noch ziemlich öde aus auf der »Rambla del Raval«. Nur ein paar frisch gepflanzte, etwas zerzauste Palmen kämpften gegen die Leere an. 62 Häuser aus dem 18. und 19. Jahrhundert waren hier abgerissen worden. Was wirkte wie ein städtebaulicher Gewaltakt, entsprang einem wohldurchdachten Plan zur Sanierung eines der faszinierendsten, aber auch konfliktreichsten Altstadtbezirke des Mittelmeerraums. *Barrio Chino,* »Chinesisches Viertel«, nannte früher der Volksmund das Raval. Weil der Name noch in Reiseführern auftaucht, vermuten manche Touristen hier eine Art Chinatown. Tatsächlich gibt es inzwischen eine Menge chinesischer Textilhändler und Kleinsupermärkte. Doch die kamen erst im Zuge des wirtschaftlichen Aufschwungs nach dem EU-Beitritt 1986. Eigentlich beruht der Name auf einem Missverständnis: Im 19. Jahrhundert gingen im Raval Prostituierte aus der damaligen spanischen Kolonie der Philippinen ihrem Gewerbe nach. Und alles, was asiatisch aussah, war für die Spanier *chino*, chinesisch. Der katalanische Journalist Àngel Marsà schrieb in den 1920er Jahren, der Name sei so oder so passend, denn dicht gedrängt wie in chinesischen Großstädten lebten hier die Menschen.

Bis Anfang des 19. Jahrhunderts durfte Barcelona auf Weisung der verhassten Zentralregierung in Madrid nicht über seinen mittelalterlichen Mauerring hinauswachsen, man lebte wie in einem Ghetto. Also wuchsen die Häuser in die Höhe, der letzte Quadratmeter wurde zugebaut. Als die Mauern endlich fallen durften, breitete sich Barcelona explosionsartig in die Umgebung aus: 1850 begann der visionäre Architekt Ildefons Cerdà dort die *Eixample*, die »Erweiterung«, im Reißbrettstil der Renaissance zu bauen, doch mit einem modernen städtebaulichen Konzept: An jeder Kreuzung schnitt er die Ecken der Häuser an, so dass platzähnliche Situationen entstanden. Die Straßen machte er breit, weil Cerdà davon überzeugt war, dass eines Tages jeder Bewohner Barcelonas mit seiner eigenen Dampfmaschine herumfahren würde. Die Folge der Öffnung war, dass das Bürgertum in die neu entstehende Reißbrettstadt zog. Im Raval blieben lärmende Textilfabriken und Industriearbeiter, die Lebens- und Arbeitsbedingungen waren abgründig. Gegen das Barcelona des 19. Jahrhunderts sei das London des Charles Dickens geradezu eine Idylle gewesen, schrieb der Historiker Robert Hughes. Zu Beginn des 20. Jahrhunderts trafen dann immer mehr Einwanderer aus dem armen Süden ein, die sich Jobs im industrialisierten »Manchester Kataloniens« erhofften, die im armen Murcia oder in La Mancha fehlten. Dazu kam eine explosive Melange aus Seeleuten, Prostituierten, Ganoven, Scharlatanen und anderen Halbweltgestalten. Der französische Poet Jean Genet hat im *Tagebuch eines Diebes* seine rauschenden »Aschehochzeiten« beschrieben, die er hier mit Matrosen und Soldaten feierte.

1937 konstatierte eine Gruppe fortschrittlich denkender Architekten, unter ihnen Le Corbusier, eine totale Übervölkerung des Raval, in dessen maroden Mauern Seuchen und soziales Elend nisteten: ein morbides Erbe, nur schwer zu sanieren. Es war von Totalabriss die Rede. Doch allen Plänen zur Umgestaltung setzte der Sieg des Putschgenerals Franco im spanischen Bürgerkrieg ein Ende. Erstens hielt der Diktator nicht viel von sozialrevolutionärer Architektur. Außerdem lebten im Hafenviertel vor allem die proletarischen Bürgerkriegsverlierer, die man dort schön konzentriert beisammen hatte, was die Kontrolle erleichterte. Das Elend diente den Franquisten als Mittel der Unterdrückung.

Als 1976 erstmals wieder eine demokratische Verwaltung ins Rathaus von Barcelona einzog, war das Raval eine vernachlässigte Sozialruine, in der Drogenhandel und Prostitution blühten. Das Gewerbe breitete sich auch auf die andere Seite der Ramblas aus, an die palmenbestandene, elegante Plaça Reial, wo vormittags die Junkies auf dem Pflaster dösten, Schuhputzer die Cafés nach Kunden abklapperten und zahnlose alte Gitanas für ein paar *perras* sangen, 2-Peseten-Stücke. Wenn ein Polizeiauto sich ins Viertel wagte, wurde es mit Steinen beworfen. Im Vorfeld der

Olympischen Spiele 1992 konzentrierte sich der Eifer der Stadtverwaltung auf die Sanierung der touristisch und wirtschaftlich interessanten Teile Barcelonas: Bis dahin hatte die Hafenstadt mit dem Rücken zum Meer gelebt. Die Küstenlinie war verbaut mit maroden Lagerhallen, Zollgebäuden, Gleisanlagen, rostigen Kränen und Ölcontainern. Im Meer ruhten Schlick und Unrat, die Strände waren zugemüllt. In einer gewaltigen Sanierungsaktion wurde der ganze Schrott abgetragen, Barcelona zum Meer hin geöffnet. Am heute bei Touristen so beliebten Strand der Barceloneta stieg Bürgermeister Pasqual Maragall persönlich ins Wasser, um seinen noch skeptischen Bürgern zu beweisen, dass die Kloake saniert sei. Im Osten der Stadt, im Poble Nou, wurde beinah das gesamte industrielle Erbe abgetragen. Wo früher die Webstühle in den Textilfabriken gerattert hatten, wuchs nun eine Business-Stadt mit Hochhäusern und Bürogebäuden in die Höhe. Wer darauf hinwies, dass für die runderneuerten Gewerbeviertel wie La Sagrera oder @22 schlüssige Nutzungskonzepte fehlten und man dabei war, einen ungeheuren Leerstand hochzuziehen, wurde im allgemeinen Enthusiasmus als Nörgler abqualifiziert. Barcelona war wild entschlossen, sich neu zu erfinden.

Nur das Raval vegetierte am Rande des Booms dahin. 6000 Altstadtwohnungen hatten kein Bad und viele keinen Strom. Dort wohnte damals eine Freundin in einer Wohnung, die die ausgediente Hülle eines Wassertanks auf dem Dach eines heruntergekommenen Hauses in der Carrer Abat Safont war. Im schmutzigen Treppenhaus reflektierten die Scherben farbiger Fensterscheiben den vergangenen Glanz des Jugendstils. Um nachts vom Zentrum nach Hause zu kommen, musste man das *Barrio Chino* durchqueren. Vor den Restaurants stapelten sich die Müllsäcke, aus denen grünliche Lachen rannen. Es roch nach Frittierfett, Urin und billigem Rotwein. In einer finsteren Nische blinzelte eine kleinkindgroße Madonnenstatue in den rötlichen Schein einer Grabkerze, die ihr jemand zu Füßen gestellt hatte. Durch Rundbögen blickte man in tunnelartige Gänge, an deren Enden sich kleine Höfe öffneten, aus denen Stimmengewirr drang. An den Ecken lungerten finstere Grüppchen herum, jederzeit begegneten einem Prostituierte und ihre *chulos*, man konnte sich einbilden, die Spitze eines gezückten Messers im Rücken zu spüren. Auf einem Platz schlichen in völliger Stille ältere Freier um afrikanische Prostituierte herum. Es war so, wie es der Sänger Manu Chao, der diese Kasbah zu seinem Habitat gemacht hat, besungen hat: »Heute hatte ich Angst vor meinem Schatten an einer Ecke des Raval.«

Doch die Atmosphäre von Laster, Lust und Gefahr besaß auch etwas Identitätsstiftendes. In den Büchern der Schriftsteller Manuel Vázquez Montalbán – ein erbitterter Gegner des olympischen Booms – und Marruja Torres findet sich das Leben an der Bruchstelle zwischen Barrio-Nestwärme und Bohème wieder: Man ging in die Bars »Almirall« oder »Marsella«, die Absinthbars, in denen über ein Stück Zucker das grünliche Getränk tropfte, das Dichter und Maler der Jahrhundertwende in den Abgrund von Suff und Sucht gerissen hatte. Absinth war damals außerhalb Spaniens in Europa verboten. Das »Marsella« gibt es immer noch, es steht in jedem Reiseführer als Geheimtipp mit dem erwartbaren Ergebnis: Es ist längst das Museum einer Bar voller Touristen und kurzbehoster Erasmus-Studenten, der Absinth, der dort ausgeschenkt wird, ist nur noch eine nachgemachte Plörre ohne den halluzinogenen Effekt der geheimnisvollen Wurzel aus einem Tal des Schweizer Jura. In den 1990er Jahren konnte man im »Marsella« zwischen abgehalfterten Jazzmusikern, Intellektuellen in löchrigen Pullovern, Schnorrern und Transvestiten auch Halbweltgestalten wie Gonzalo treffen, einen so zwielichtigen wie herzlichen Macho mit der Aura eines Gangsters, der dem Fremden das mysteriöse Motto des Viertels beibrachte: »Estás en el Chino, quien aquí no corre vuela.« – »Du bist im Chino, wer hier nicht rennt, fliegt.« Einmal wurde ich von einer so abgerissen wie entschlossen wirkenden Gestalt gestoppt, die mit Flackern in den Augen befahl: »Fuera!« – »Raus aus unserem Viertel!« Fremde, so befürchtete die Subkultur des Barrio nicht zu Unrecht, würden unweigerlich die Polizei nach sich ziehen, das einzigartige Biotop sozialer Verflechtungen, das Uneingeweihten verschlossen blieb, austrocknen.

Um zu erfahren, was mit dem Raval passiert war, suchte ich 2001 den Stadtplaner Pere Cabrera auf, der sein klimatisiertes Büro an einer schmucklosen Ecke der Carrer Pintor Fortuny hatte. Er verantwortete als Teil einer Planungsgruppe im städtischen Auftrag die Metamorphose des Raval. »Unsere Absicht ist es, das Raval zu dynamisieren und zu durchlüften.« Man wollte andere Gesellschaftsgruppen ins Viertel bringen, erklärte er. Mit Eifer gingen die Planer daran, halb zusammengestürzte und für nicht sanierbar erklärte Gebäude abzureißen, vielerorts ließ man Plätze frei, um dem Viertel die Enge zu nehmen. Die Rambla del Raval wiederholte eine Idee des frühen 20. Jahrhunderts. Damals hatte man bereits weiter westlich eine Schneise durch die Altstadt geschlagen, die Via Laietana, an der Bankpaläste und repräsentative Bauten des in Kuba reich gewordenen katalanischen Geldadels emporwuchsen. Bei der Sanierung des Raval wurden zwischen 1992 und 2001 in der Altstadt 500 Gebäude mit 4200 Wohnungen abgerissen. 3000 Familien wurden in Neubauten umgesiedelt. Kindergärten, Schulen, ein Studentenwohnheim, Gesundheitszentren, eine Aids-Beratungsstelle, Hotels und andere, bis dato völlig fehlende soziale Einrichtungen zogen ins Raval ein. Den Brückenkopf der Stadtplaner bildete Richard Meiers Museum für Gegenwartskunst, ein weiß leuchtender Kubus, der unaufhaltsam in Barcelonas düsterstem Stadtteil emporwuchs und die schlammgrauen Quartiere verdrängte. Heute zieht das Museu d' Art Contemporani (Macba) jedes Jahr Zehntausende Touristen und Kunstliebhaber in ein Viertel, in das sich zuvor nicht mal die Polizei gewagt hatte. In seinem Umfeld gibt es Designhotels, vegane Restaurants und Shops mit buntem Eso-Tand aus Nordafrika und Asien.

Das Wort »Gentrifizierung« hatte noch nicht Einzug in die spanische Sprache gehalten. Doch in der Tat verfolgten viele Bewohner des Raval die Planungen der Stadt mit Argwohn. Ich besuchte die örtliche Nachbarschaftsvereinigung. *Asociaciones de Vecinos* waren noch zu Francos Zeiten als erste basisdemokratische Regung entstanden, sie erfüllen noch immer eine wichtige Funktion als Repräsentanz der Bewohner, die den ungestümen Erneuerungswillen von Stadtverwaltungen in verträgliche Bahnen zu lenken versuchen. Im Büro der *asociación* des Raval traf ich Carmen, sie rauchte schwarzen Tabak, an den Wänden stapelten sich Kisten mit Hilfsgütern und Spenden für die Armen, manches sei auch Diebesgut, dessen Rückgabe sie organisiere, sagte Carmen mit einer von zu vielen Ducados-Zigaretten gebeizten Stimme. Aus dem ersten Stock klang wummernd Rockmusik, von dort sendete »Radio Raval« von Amateuren produzierte Beiträge in die Nachbarschaft. Vieles sei positiv, sagte Carmen: »Mehr Licht, mehr Luft, mehr Sicherheit.« Sie erzählte die Anekdote von dem Dieb, der wie jeden Tag im südlichen Teil des Raval seinem Tagewerk nachging. »Er hat einer Frau eine Handtasche weggerissen und ist die Nou de Rambla entlanggerannt – genau den Beamten des neuen Kommissariats in die Arme. Wissen Sie, was er gesagt hat, als die Polizisten ihm Handschellen anlegten?« – »Verdammt, ich hatte gar nicht mitgekriegt, dass ihr jetzt hier seid.«

Doch es fühlten sich auch viele Alteingesessene vertrieben, denn Apartments im Raval wurden nun für die neue Mittelklasse als Anlageobjekt interessant. Dabei blieb das Raval trotz allem ein Viertel der Ankunft: Neben den katalanischen Spezialitätengeschäften, den *xarcuterias*, und den *pulperias*, den Fischläden der galizischen Einwanderer früherer Generationen, begannen überall islamische Metzgereien und Delis zu öffnen, in denen es nach asiatischen Gewürzen roch. Marokkanische und pakistanische Einwanderer kauften leerstehende Ladenlokale in den noch nicht sanierten Bereichen, so dass eine bunte Mischung entstand, von der Architekt Cabrera allerdings nicht sicher war, ob sie funktionieren würde: »Sie sollten sehen, wie ein achtzigjähriges Paar im Raval reagiert, wenn in ihrem Haus plötzlich fast nur noch Schwarze wohnen.« Grundsätzlich hielt Cabrera die Einwanderung aber für ein positives, weil belebendes Element, die dem Raval seine alte Bedeutung wiedergebe.

Treibende Kräfte der Sanierung waren der sozialistische Bürgermeister Pasqual Maragall und sein Nachfolger Joan Clos. Clos sagte im Juni 2002 auf einer Pressekonferenz, die Sanierung geschehe eingedenk der Verantwortung, die gerade die mediterrane Stadt als traditioneller Ort der Begegnung habe. Im Zuge der abnehmenden Bedeutung des Begriffs Nation gewännen die Städte mehr und mehr die Rolle der eigentlichen Identifikationsräume der Bürger zurück. Sie seien zuständig für die Organisation des Zusammenlebens, »Bannerträger der Kultur«.

DER GUGGENHEIM-EFFEKT

Stadtsanierungen wie die Barcelonas sind in ganz Südeuropa das sichtbarste und nachhaltigste Ergebnis des Zuflusses von EU-Mitteln. Von Málaga bis Turin wurden Altstädte saniert und zuvor unbegehbare und konfliktreiche Zonen saniert und geöffnet. Ein ähnliches Leuchtturmprojekt wie Richard Meiers Prachtbau im Raval war das Guggenheim-Museum des Stararchitekten Frank Gehry in der alten baskischen Industriestadt Bilbao am Atlantik. Es hat einer ganzen Region zu einem Strukturwandel verholfen, von dem in den 1980er Jahren niemand zu träumen wagte. Früher wurde Bilbao auf Baskisch *El Botxo,* »das Loch«, genannt – und das nicht nur wegen der Lage der Stadt im tiefen Tal des Nervión. Bilbao war das Duisburg Spaniens, ein Dreckloch voller Schlote, Qualm, Gestank, Dreck, Abwasser, Lärm. Die Stadt lebte im metallischen Rhythmus ihrer Fabriken und Werften. Im Zuge der europaweiten Krise von Kohle, Stahl und Erz Ende der 1980er Jahre tat sich ein neues, ein wirtschaftliches *botxo* auf. Die Fabriken machten dicht, der Hafen wurde draußen an der Mündung des Nervión neu angelegt. Architekt Gehry füllte das von der Schwerindustrie hinterlassene Vakuum mit seinem fischig-glänzenden, amorph verschachtelten, dekonstruktivistischen Museumsgebilde, das 1997 eröffnet wurde. Mehr als 10 Millionen Besucher kamen in den ersten zehn Jahren seines Bestehens ins Guggenheim-Museum. Nahezu 5 000 Arbeitsplätze hängen direkt oder indirekt von Guggenheim ab. Gehry folgten weitere namhafte Architekten:

Santiago Calatrava spannte eine Brücke über den Nervión, Norman Foster baute eine öffentliches Verkehrssystem, Isozaki Arrata Hochhäuser, und Cesar Pelli stellte Bürotürme in den ehemaligen Industriehafen. So wurde aus der alten Industriemeile am Nervión ein Themenpark zeitgenössischer Architektur. Guggenheim-Effekt wurde diese gelungene Sanierung genannt.

Das Problem: Plötzlich wollten alle ein Guggenheim. Quijoteske Dörfer in La Mancha, windumtoste graue Atlantikhäfen und Provinzstädte in der aragonesischen Öde – jeder brauchte den Prestigebau eines Stararchitekten. Und hatte Spanien nicht genug Geld auszugeben? Kein anderes Land hat so von EU-Subventionen profitiert: Vom Beitritt 1986 bis 2013 wurden 150 Milliarden Euro an Strukturhilfe aller Art aus Brüssel nach Spanien gepumpt, rechnet der Architekturkritiker und Spanien-Spezialist Klaus Englert vor. In der Tat halfen die avantgardistischen, gewagten, aber stets geistreichen Museumsprojekte dem postfranquistischen Spanien aus seiner kreativen Lähmung. Und sie waren die Avantgarde einer grundlegenden Erneuerung der gesamten Infrastruktur. Es gab ja auch eine Menge nachzuholen: Straßen mussten gebaut, Siedlungen angelegt, Flughäfen modernisiert, Zugtrassen gebahnt und touristische Einrichtungen verbessert werden. Der Museumsbau sollte eine Art Exzellenzinitiative in dieser Umwälzung sein. Der Architekturkritiker Kenneth Frampton hat an der neuen spanischen Architektur die »Poesie der Konstruktion« gelobt, das Antispektakuläre, die Fähigkeit, Alt und Neu zu versöhnen. Doch der Versuch, den Guggenheim-Effekt zu wiederholen, sei »praktisch immer missglückt«, sagt Architekturkritiker Englert. Den Erfolg solcher Projekte könne man eben nicht planen. Die Entwicklung lief vollkommen aus dem Ruder – befördert von überehrgeizigen Lokalpolitikern und Brüsseler Kontrolleuren, die sich nach einem zweistündigen Mittagessen in einem modernistischen Restaurant am Atlantik mit Weißwein und Meeresfrüchten jedwede Förderzusage abschmeicheln ließen, wie spanische Beamte hinter vorgehaltener Hand erzählen.

Denn was anfangen mit so viel ambitioniert ummauerter Luft? Es gibt in ganz Spanien nicht genügend archäologische Objekte, um die archäologischen Museen Nordspaniens sinnvoll zu füllen. In Aviles stand jahrelang das riesige Oscar-Niemeyer-Zentrum ohne Konzept da, weil ein politischer Streit um die Verwendung des Namens des brasilianischen Architekten tobte. Für die Cidade da Culturas de Galicia des New Yorker Architekten Peter Eisenman in Santiago de Compostela trug man einen ganzen Hügel ab, um einen gewaltigen Leerstand, größer als die Altstadt, anzulegen. Doch woher 500 000 Bände für die Bibliotheken nehmen in Zeiten der Digitalisierung? Die vor Ort verantwortlichen Architekten zuckten bei solchen Fragen gewöhnlich nur die Schultern. Zerknirschung und Einsicht ob dieses Über-das-Ziel-Hinausschießens sind in Spanien durchaus vorhanden. Der Kulturjournalist Llátzer Moix von der in Barcelona erscheinenden Tageszeitung *La Vanguardia* schildert in seinem Buch *Wundersame Architektur*, wie Provinzpolitiker den Guggenheim-Effekt als »Schlüssel für die eigene Zukunft betrachteten«. Das Ergebnis: »eindrucksvolle Bauten, vielfach aber völlig überdimensioniert und untragbar«.

Die großen Ratingagenturen machten nach dem Zusammenbruch des Immobilienmarktes 2008 die Großmannssucht spanischer Regionen als eine Hauptursache der Misere aus. Am schlimmsten traf es die Region Valencia, die wegen ihrer katastrophalen Finanzen in der Presse häufig das Griechenland Spaniens genannt wird. Die drittgrößte Stadt des Landes wollte heraus aus dem Schatten Barcelonas und Madrids, nirgends fielen Projekte so pharaonisch aus wie in der Heimatstadt des Architekten Santiago Calatrava, der dort in einem trockenen Flussbett eine »Stadt des Wissens und der Künste« baute – ein zusammengewürfelter High-Tech-Budenzauber mit Aquarium, Kinderspielplatz, Palmengarten und Forschungspark, dessen Kosten das Budget um mehrere 100 Millionen Euro überstiegen. Danach musste die Landesregierung die Gehälter der öffentlichen Bediensteten kürzen. Neue Einkommensquellen wurden aufgetan, wie etwa astronomische Strafen für das Radfahren auf Bürgersteigen. In der Wissensstadt gingen die Lichter aus, man musste Strom sparen und Forscher entlassen.

In Valencias Lokalpresse wurden allerdings auch Stimmen laut, die voller trotzigem Stolz sagten: »Es hat uns anderthalb Nieren gekostet, aber es hat Valencia auf die Landkarte gebracht.« Ein Sprecher der Landesregierung deklamierte: »Wenn wir die Bürger fragen würden, ob die Stadt der Künste verschwinden soll, wenn dafür die Schulden weg wären, so würden die meisten dafür stimmen, dass die Stadt der Künste bleibt.« Immerhin 3,7 Millionen Besucher hatte das Bauwerk 2011. Das gilt auch für die Museen Madrids, Prado, Reina Sofia, Thyssen-Bornemisza, die ebenfalls im Boom ausgebaut wurden. Trotz Etatkürzungen hätten die Besucherzahlen 2011 um 11 Prozent zugenommen, sagte Prado-Direktor Miguel Zugaza zu *El País*. Es ist, als suchten die Menschen in der Krise Zuflucht bei der Kultur.

Und die Investitionen haben die Städte ja nicht nur für die Bewohner attraktiver gemacht. Jeder, der im Urlaub durch die Gassen Málagas, Barcelonas oder Sevillas schlendert und die perfekte Infrastruktur genießt, sollte entscheiden, ob er das für Geldverschwendung hält oder ob Europa hier nicht letztlich in sein gemeinsames kulturelles Erbe investiert hat. Bei einer Veranstaltung am Münchner Instituto Cervantes im Krisenjahr 2012 zum spanischen Museumsbau hob Direktor Ibon Zubiaur nicht zu Unrecht zu einer wütenden Verteidigungsrede an: Spanien habe fast aus dem Nichts eine bewundernswerte Infrastruktur geschaffen. Das sei keine Verschwendung, sondern eine Investition – »nachweisbar eine der rentabelsten und nachhaltigsten«. Zum Schluss zog er einen gewagten Vergleich: »Auch Bayerns Ludwig-Schlösser galten zu Bauzeiten als Investitionsruinen.« Und vom Berliner Flughafendebakel war 2012 noch gar nichts bekannt.

ES GEHT UNS GUT

Durch den Bauboom ist das alte, archaische Spanien praktisch verschwunden. Aus dem löchrigen Karrenpfad von Zaragoza nach Madrid, auf dem ich einst Richtung Salamanca gerumpelt war, wurde eine moderne Autobahn, parallel dazu verkehrt ein Hochgeschwindigkeitszug, in der Luft bringt der *Puente Aéreo* jeden Tag mehrmals die Geschäftsleute von Madrid nach Barcelona und zurück. Antonio Machados Herrscherin in Lumpen hat sich fein herausgeputzt – konnte sich die neue Garderobe allerdings nicht wirklich leisten. Warum zündete die Immobilienspekulation so in einem Land, dem das spekulative Denken an sich fremd ist? Der französische Historiker Maurice Aymard führt die Sehnsucht der Südeuropäer nach ummauerter Sicherheit auf die sehr spät überwundene Feudalzeit zurück. Wo jahrhundertelang Leibeigenschaft herrschte, ist »ein eigenes Haus Symbol der Unabhängigkeit«.[2] Es ist mehr wert als jeder andere materielle Besitz, mehr als Auto und Urlaub, weil es der Familie Sicherheit bietet.

Der Diktator Franco machte sich den Mythos des Ziegelsteins zunutze. Franco habe eine Mittelklasse schaffen wollen, die ihr Selbstverständnis nach schlimmen Erfahrungen mit Inflationen auf Eigentum gründen sollte, sagt der Madrider Politikprofessor Ramón Cotarelo.[3] Und natürlich sollte Francos Wohnungspolitik auch die Gesellschaft zur Ruhe bringen nach dem Bürgerkrieg. Francos Industriepolitik setzte regelrechte Massenwanderungen von Süden nach Norden in Gang. Die Regierung baute Siedlungen und förderte das Eigentum, Wohnraum war spottbillig nach heutigen Maßstäben. Deshalb besitzt fast jede spanische Familie mindestens eine meist ererbte Immobilie, die inzwischen ein Vielfaches vom Kaufpreis wert ist – weshalb in Statistiken die Spanier manchmal reicher erscheinen als die Deutschen.

Heute beginnen Spanier schon im Alter von zwanzig Jahren über den Kauf einer Wohnung nachzudenken, was dann meist dauert, bis sie 35 sind. Ein Mietmarkt ist kaum vorhanden und mehrmals umziehen im Lebensplan nicht vorgesehen. Für die spanischen Banken waren Immobilien daher stets das Kerngeschäft. Noch nach der Finanzkrise von 2008 wurden sie international gelobt, weil sie so wenig in Hochrisikoprodukte investiert hätten, anders als die strauchelnde Konkurrenz in den USA, in Deutschland, Zypern, Slowenien oder Irland, wo man darum wetteiferte, wer dem internationalen Spekulationskapital die günstigsten Bedingungen verschaffen konnte. Allerdings hatten spanische Banken Immobilien in ein Hochrisikoprodukt verwandelt.

Der kurzlebige Boom war eine direkte Folge der ultraliberalen Bodenpolitik des konservativen Präsidenten José María Aznar. Als Aznar 1996 nach sechzehn Jahren sozialistischer Regierung an die Macht kam, durchlebte Spanien eine Wirtschaftskrise. Aznar erbte eine Arbeitslosigkeit von um die 20 Prozent, sie war endemisch in Spanien, was zwei Gründe hatte: Zum einen machte sich die gewaltige soziale Umwälzung nach der traditionell-klerikalen Franco-Zeit bemerkbar, Millionen Frauen drängten auf den Arbeitsmarkt. Gleichzeitig litt die Wirtschaft an einer eklatanten Strukturschwäche.

Ein neues Wirtschaftsmodell sollte her, und Aznar kramte eines hervor, das im Prinzip ein altes war. Er setzte auf die traditionelle Vorliebe seiner Landsleute für Immobilien. Ganz falsch lag er nicht: Der Bedarf an Wohnraum wuchs durch den steigenden Wohlstand enorm. Die Spanier, die jahrhundertelang Großstädter gewesen waren, drängten in die Vorstädte auf der Suche nach Entfaltungsmöglichkeiten für ihre Familien. Man wollte nicht länger wie früher mit dem kompletten Clan in einer engen Wohnung hausen, Familiensinn hin oder her. Die Spanier begannen zu pendeln, auch wenn es dafür bis heute kein spanisches Wort gibt. Vor den Toren der Städte walzten sich Reihenhaussiedlungen in die staubige Einöde. Mangels eigenen Stils für diese Art Bebauung bediente man sich holländischer, britischer und deutscher Vorbilder. Aus der wasserlosen Meseta wuchsen hektarweise Schweizer Chalets oder belgische Klinkersiedlungen empor, daneben gigantische Trabantenstädte wie das »Manhattan von La Mancha«, Senseña. Spanien wollte modern werden – und das hieß in erster Linie: modern aussehen.

Aznar befeuerte diese Entwicklung, indem er jeden Boden für im Prinzip bebaubar erklärte – es sei denn, es war ausdrücklich etwas anderes vorgeschrieben. Das spornte nicht nur die Bauindustrie an, es trieb auch Korruption und Bodenspekulation in die Höhe. Die *Ley del Suelo*, das Bodengesetz, leitete eine für Spanien beispiellose Wirtschaftsentwicklung ein, die allerdings buchstäblich auf Sand gebaut war. Zeitweise wurden in Spanien mehr Wohnungen gebaut als in England, Frankreich und Deutschland zusammen, wie Aznar stolz verkündete. Der Schriftsteller Cees Nooteboom hatte noch Mitte der 1980er Jahre festgehalten, Spanien habe eine »so gut erhaltene Vergangenheit, als würden die Bewohner von der Internationalen Kommission dafür bezahlt, damit sie alles so lassen, wie es vor tausend Jahren war«.[4] Nur zwei Jahrzehnte später sah Spanien so aus, als würde es von einer internationalen Kommission dafür bezahlt, möglichst jede verfügbare Fläche zuzubauen und dafür zu sorgen, dass ja nichts mehr so aussehen würde wie auch nur fünf Jahre zuvor. Und eine internationale Einrichtung, die Spanien dafür bezahlte, fand sich ja: die Europäische Union.

»España va bien«, Spanien geht es gut, lautete Aznars Mantra. Die Grundstücks-, Haus- und Wohnungspreise stiegen in absurde Höhen. Verkäuflich war praktisch alles, weshalb die Bauqualität stark zu wünschen übrig ließ. Spekulieren wurde Volkssport. Spanische Baufirmen wuchsen ebenfalls ins Unermessliche und streckten ihre Greifarme auf dem internationalen Markt aus, sicherten sich Megaaufträge von London bis Saudi-Arabien. Das alles setzte nicht nur die Spanier, sondern auch Millionen Immigranten in Arbeit. Aus Marokko und Senegal, aus Ecuador und Bolivien strömten die Massen nach Spanien, das binnen weniger Jahre vom traditionellen Auswanderungs- zum Einwanderungsland mutierte. Das Pro-Kopf-Einkommen verdoppelte sich innerhalb eines Jahrzehnts.

Als 2008 der Crash kam, war Aznar schon nicht mehr Ministerpräsident. Die Blase, die er aufgepumpt hatte, explodierte in den Händen seines Nachfolgers. Von 1996 bis 2002 wurden in Spanien 4 Millionen Arbeitsplätze geschaffen – und seit 2008 durch die Immobilienkrise wieder vernichtet.

PYRAMIDENSPIELE

Hinter dem Madrider Bahnhof Atocha liegt ein einfaches Wohnviertel, in dem im Jahr 2012 die Schilder »Zu verkaufen« an Türen,

Balkons und Fenstern besonders häufig sind. Hier leben junge Familien, Rentner, Einwanderer, Menschen, die den Traum vom eigenen Heim träumten, den die Immobilienkrise in einen Alptraum verwandelt hat. Dort, in der Calle Embajadores, zwischen einem Geschäft mit Kloschüsseln und Waschbecken und einem billigen China-Restaurant hat der spanische Verband der Kunden von Versicherungen, Banken und Sparkassen (Adicae) seinen Sitz.

Auf dem Weg kämpft ein älterer Herr mit einem Parkautomaten. »Können Sie mir mal erklären, wie diese Dinger funktionieren«, bittet er. Kurze Zeit später steht er in der Schlange der Hilfesuchenden im Büro von Adicae, wo Menschen beraten werden, die ihre Hypotheken nicht mehr bezahlen können oder sich von ihren Banken dubiose Geldanlagen haben aufschwatzen lassen. Man fragt sich unwillkürlich: Wie soll ein Mann hochriskante Anlageformen verstehen, der nicht mal versteht, wie ein Parkautomat funktioniert?

Seit Beginn der Krise 2008 bis 2012 hat sich die Mitgliederzahl des Verbandes auf 120 000 verdoppelt. Während der Jahre des Immobilienbooms waren Geldhäuser äußerst freigiebig mit Hypothekenkrediten an Habenichtse, nach Sicherheiten wurde kaum gefragt. »Kleinsparer wurden zu Spekulanten gemacht«, sagt Fernando Herrero, Generalsekretär von Adicae in seinem winzigen, mit Papieren vollgestopften Büro. Die Spanier seien in den Boomjahren einfach zu vertrauensselig gewesen, sagt er.

Seit der Finanzkrise 2008 und dem Einbruch der Nachfrage sitzen viele Menschen auf unverkäuflichen Immobilien. Eine Million Wohnungen pro Jahr wurde in der Boomzeit hochgezogen, als man nur 400 000 gebraucht hätte.

»In einem Pyramidenspiel ist der letzte der Dumme«, sagt Francisco Herrero. »Bauen und konsumieren, das war hier zwanzig Jahre lang die einzige Botschaft. Jeder, der keine Wohnung kaufte, wurde für verrückt erklärt.« Laut Adicae konnten 2012 fast 500 000 spanische Familien ihre Hypotheken nicht mehr bezahlen. Da auf einen Schlag fast nichts mehr gebaut wurde, kollabierte der aufgeblähte Arbeitsmarkt. Jede Wohnung hatte im

Durchschnitt zwei Arbeitsplätze geschaffen. Junge Spanier brachen ihr Studium ab, um auf dem Bau zu arbeiten oder Wohnungen zu verkaufen. Sie bilden jetzt das Heer der Arbeitslosen.

Ich gehe mit Fernando Herrero in die Bar La Perla vor dem Sitz des Verbandes. Er bestellt sich einen Magenbitter. Die Gläser klirren hart auf dem Metalltresen, wie das in einer spanischen Bar üblich ist. Es herrscht rauhe Freundlichkeit. Der Kellner drückt einem Penner die übriggebliebenen *Bocadillos* in die Hand. »Die Banken haben sich verantwortungslos verhalten«, sagt Herrero und nippt an seinem Glas. Jeder, der es wollte, bekam einen Immobilienkredit, nicht 70 bis 80 Prozent der Kaufsumme, sondern gern auch 20 Prozent mehr als nötig. »Kaufen Sie sich doch gleich noch ein Auto und Möbel.« Dazu drei Kreditkarten mit Mindestumsatz, Rentenplan, Versicherung. »Bei uns kam einer an, der hatte vier Lebensversicherungen.« Gutachter wurden bestellt, um Wohnungen zu hoch einzuschätzen, damit die Kreditsumme noch ein wenig stieg. Es waren aber nicht nur die *malas prácticas* der Banken, auch bei den Kunden sei viel Naivität im Spiel gewesen, sagt Herrero. »Manche haben verdrängt, dass sie 500 000 Euro zurückzahlen müssen, wenn sie 350 000 aufnehmen.« Kaum jemand beachtete die mitunter horrenden Konditionen. Das Wichtigste sei, jetzt den mitdenkenden Konsumenten heranzubilden, fährt Herrero fort. »Auch die einfachen Bankangestellten durchblickten das System nicht.« Nun machen die Geschädigten nicht das System verantwortlich, sondern den, der ihnen das Produkt verkauft hat. »So zerbrechen Familien und Freundschaften.«

Der spanische Philosoph und Schriftsteller Juan Goytisolo hat den Absturz in einem Artikel mit der Überschrift »Wir haben in einem Traum gelebt« so beschrieben: »Es waren die Zeiten des Ziegelsteins, des schnellen Kredits, der glücklichen Ankunft des Euro, der pharaonischen Projekte und des verschwendeten Geldes.« Doch der Übergang von der Armut zum fiktiven Reichtum habe sich zu abrupt vollzogen, ohne Wandel in Kultur und Bildung. Und nun sei dieses »verschwenderische Land der Kaziken, Frucht der Megalomanie der Spekulanten, wieder der kranke Mann Europas«.[5]

500 Jahre Krise

»Ich habe diese Geschichte mit den Anleihen
und Zinsen nie begriffen. Es ist mir nie gelungen,
das in meinen Kopf hineinzubringen.«
Philipp II[6]

Begoña Prieto Peral lehrt interkulturelle Kommunikation an der Münchner Hochschule für angewandte Wissenschaften, wie die altehrwürdige Fachhochschule heute – in Zeiten akademischer Marktwirtschaft – etwas hochtrabend heißt. Die Historikerin versucht, ihren Studenten Spaniens Vergangenheit und Lebensform nahezubringen, ein manchmal durchaus schmerzlicher Prozess für sie. Sie stammt aus Salamanca, ist mit einem Deutschen verheiratet und lebt bei München. Der Abstand zur Heimat ermögliche ihr vielleicht eine klarere Sicht, sagt sie. Doch sie weiß, dass sie mit manchem, was sie sagt, zu Hause sehr schlecht ankommen würde. Man gerät leicht in den Ruch, eine *leyenda negra* zu verbreiten, eine schwarze Legende, ähnlich der, die zur Zeit der Reformation ein Bild Spaniens als düsterem Inquisitionskerker in mitteleuropäischen Köpfen verankert hat. Trotzdem stellt Begoña Prieto Peral klar: »Von mir werden Sie keine Anklagen gegen Deutschland, die Banken oder unsere politischen Eliten hören«, sondern eine Reflexion über unsere Geschichte, unseren »Sonderweg«, sagt sie, den man auch auf Spanisch mit dem deutschen Wort benennt.[7]

Dieser Sonderweg habe tiefliegende historische Wurzeln, erklärt die Historikerin. Spanien sei »ein Land, das nicht erobert worden war von den Werten der Industriegesellschaft und dem Prozess der kapitalistischen Akkumulation«. Der Philosoph Juan Goytisolo, auf den Begoña Prieto Peral sich oft beruft, hat diesen Sonderweg eingehend beschrieben in seinem Buch *Spanien und die Spanier*, das 1969 erst nur im Ausland erscheinen konnte, weil die franquistische Zensur es verbot. Seine Analyse ist schonungslos, die Lektüre tut weh, vor allem wenn man Spanien liebt.

Goytisolo hat die Vertreibung von Mauren und Juden nach 1492 als die spanische »Erbsünde« identifiziert. Beide Gruppen waren für Handel und Handwerk zuständig, während dem christlichen Ritter produktive Arbeit durch einen bizarren Ehrenkodex verboten war. Die katholischen Könige hätten nicht nur den wirtschaftlichen Sachverstand aus Spanien vertrieben, sondern auch das »Fundament unserer politischen Kultur gelegt«, sagt Begoña Prieto Peral säuerlich, »eine Kultur der Ausgrenzung, Vertreibung und Aussperrung von Ideen, Denkweisen, Religionen und vermeintlichen Ketzereien, die vom offiziellen Diskurs abweichen«. Während Europa allmählich die Denkstrukturen des Mittelalters ablegte, verschanzte sich Spanien in ihnen.

Ein neuer »Homo hispanicus« sei entstanden aus der fatalen »rassischen Reinwaschung«. Die Historikerin zitiert Antonio de Guevara, einen Schriftsteller des 16. Jahrhunderts, der den christlichen Hidalgo schildert als »großzügigen und noblen Edelmann, der alles Materielle[8] ablehnt, der sich einzig und allein der Verwaltung und der Vermehrung seiner eigenen Güter widmet, seine einzige Aufgabe ist der Krieg.« Diese Haltung spiegle sich in »unserem traurigen und geliebten Quijote« wider, sagt Begoña Prieto Peral.

Die Inquisition verfolgte 300 Jahre lang alles als Ketzerei, was nach Produktivität aussah. Als in Mitteleuropa während der Aufklärung die Naturwissenschaften erblühten, stritten sich spanische Gelehrte darüber, ob Engel beim Fliegen Seelen transportieren können. Nach dem Ende der Inquisition lebte die Fortschrittsfeindlichkeit im Nationalkatholizismus fort. Über das spanische 19. Jahrhundert schrieb Goytisolo: »Der Homo hispanicus lebt in seiner Mehrheit ohne Verständnis für die Antriebskräfte des modernen Homo oeconomicus. Wer etwas besitzt, sucht sein Eigentum nicht zu mehren und will auch nichts investieren.« Jeder, der in diesen Tagen versucht hat, in Spanien Geschäfte zu machen, weiß, dass sich daran wenig geändert hat. Geld bewegt sich träge. Gewinne werden in Immobilien einbetoniert.

Ein dynamisches, merkantiles, politisch bewusstes Bürgertum entstand im 19. Jahrhundert nur in Ansätzen, einzig Landarbeiter und andere Proletarier stellten sich der reaktionären Herrscherkaste aus Militär und Klerus mit wachsender Gewaltbereitschaft entgegen. 1936 bis 1939 kam es zum Bürgerkrieg, der ein Kampf des modernen gegen das rückwärtsgewandte Spanien war, ein Kampf Arbeiter gegen feudale Eliten, Stadt gegen Land. Der Sieg des Putschisten Franco 1939 katapultierte das Land zurück ins Mittelalter. Erst in den 1960er Jahren öffnete Francos Tourismusminister Manuel Fraga Spanien für den Fremdenverkehr.

Francos bescheidener Wohlfahrtsstaat und der Tourismus genügten für ein kleines Glück. »Es entsteht das Spanien, das wir so gut kennen: das der saturierten Mittelschicht, mit Sonntagsausflügen aufs Land, sonntäglicher Paella im Winter, des Seat 600 in der Garage«, sagt Begoña Prieto Peral.

Der Philosoph Goytisolo schildert, wie dadurch die Isolation endete, aber wie das Land auch spät und stolpernd in die Moderne eintrat, »erregt und hastig wie ein Gast, der als letzter zum Bankett kommt, das Versäumte nach Kräften nachzuholen«. Der Geldsegen durch den Tourismus begann die von Armut gezeichnete Gesellschaft radikal zu verändern. »Überrascht von dem Manna, das da vom Himmel gefallen ist, steht der Spanier der neuen Situation ohne angemessene moralische und soziale Vorbereitung gegenüber«, schrieb Goytisolo. Plötzlich habe Spanien »die Werte der fortschrittlichen Gesellschaften entdeckt, und es pflegt sie nun mit dem Eifer eines Neubekehrten«.[9]

Zwanzig Jahre später fiel in Form der EU-Strukturhilfen neues Manna vom Himmel, und Spanien begann, es mit demselben Übereifer auszugeben. Idole der jungen Generation wurden in den 1990er Jahren moderne Pizarros wie der Banker und Glücksritter Mario Conde, der durch Finanztransaktionen ein märchenhaftes Kapital anhäufte und mit 39 Jahren an der Spitze der Finanzhierarchie stand. Der smarte Investor repräsentierte das Spanien des schnellen Geldes der kurzen Boomjahre mit dem messbar höchsten Kokaingehalt weltweit in der Luft und Spekulation als Volkssport. Später landete Conde wegen dunkler Geschäfte im Gefängnis – und Spanien auf der Negativliste der Ratingagenturen.

Während Spanien den politischen Umbruch nach dem Ende der Diktatur 1975 mit Bravour bewältigte und eine der freizügigsten Gesellschaften Europas schuf, blieb es ökonomisch im »paternalistischen Modell mit kapitalistischen Zügen« Francos stecken, wie es Begoña Prieto Peral nennt. Produktivität und Dynamik in den Betrieben waren gering, was auch mit den hierarchischen Kommandostrukturen zusammenhing. Die Eliten hätten wie einst die Latifundisten die Erträge aus Tourismus, Finanztransaktionen und Bauwirtschaft unter sich aufgeteilt. Raum für Innovationen habe es abseits der Spekulation kaum gegeben. »Der demokratische Staat bei uns funktioniert nicht als Impulsgeber einer neuen wirtschaftlichen Ordnung, sondern als Verteiler von Steuereinnahmen. Generationen von Funktionären und Institutionen leben davon.« Das Ergebnis: Nach der hastigen Euro-Einführung blieb Spanien kaum Zeit, sich an die veränderten Bedingungen der Globalisierung und des billigen Geldes anzupassen, die Wirtschaft blieb unbeweglich und im Großen und Ganzen wenig modernisierungsfreundlich. Was das Ergebnis war, weiß Begoña Prieto Peral ganz genau: »Die Märkte haben unsere Schwachpunkte schnell herausgefunden.«

Ende der Fiesta

»Heute ist die Krise zum Herrschaftsinstrument geworden.«
Giorgio Agamben[10]

Am Madrider Regionalbahnhof Principe Pío kann man die verkaterten Gesichter des Morgens nach dem Boom sehen. Grau sind sie, abgehetzt sehen sie aus. Moderne Spanier, die noch Arbeit haben, streben nach Dienstschluss längst nicht mehr in die Tapa-Bar, um eine *caña* vor dem Abendessen zu zischen. Sie zwängen sich wie die Japaner in die Vorortzüge, die sie zu ihren Eigenheimen in die Vorstädte bringen, die sie im Leben nicht mehr abbezahlen werden. Dort lesen sie dann im Garten Selbsthilfebücher:

Das Erledigen möglichst vieler Aufgaben mache nicht zwingend glücklich, heißt es auf einem der Klappentexte.

María Isabel Saíz Areses hat den Bahnhof als Treffpunkt vorgeschlagen, nicht aus konspirativen Gründen, sondern weil sie eine gestresste berufstätige Mutter von drei Kindern ist. Sie arbeitet als Richterin am Sozialgericht, und die Kündigungswelle im Gefolge der Krise und der Arbeitsmarktreform hat ihren Stress vervielfacht. An manchen Tagen muss sie bis zu zwanzig Urteile sprechen. Zeit für einen Cafébesuch bleibt da nicht. María Isabel Saíz Areses lebt wie jede berufstätige Mutter in Stockholm, Stuttgart oder Straßburg, ihr Leben ist voll vertaktet. Der Familienhaushalt war stets knapp kalkuliert, jeder Euro verplant, für die Hypothek und für die Privatschule der Kinder. Und dann kamen die Steuererhöhungen, die Einsparungen der Regierung, die vor allem Staatsbedienstete trafen. Einige 100 Euro weniger verdient sie jetzt im Monat, ihrem Mann, der Arzt in einem öffentlichen Krankenhaus ist, geht es ähnlich. Das Geld fehlt an allen Ecken und Enden. So sparen sie am Urlaub, am Konsum, am Schulbus. »Man kann verzweifeln.« María Isabel Saíz Areses hat nicht den Eindruck, über ihre Verhältnisse gelebt zu haben, wie Ministerpräsident Mariano Rajoy jetzt ständig behauptet. Es sah aus wie ein ganz normales europäisches Leben, mit Haus, Kindern, Auto, Urlaub im Ausland. Und kann man behaupten, ein Land habe über seine Verhältnisse gelebt, in dem nach Zahlen der Steuerbehörden 63 Prozent der arbeitenden Bevölkerung sogenannte *mileuristas* sind, also Leute, die mit um die 1 000 Euro im Monat auskommen müssen? Künftig wird es noch weniger sein, denn Spanien soll ja Lohnkosten senken, um konkurrenzfähig zu werden. María Isabel Saíz Areses ist Anfang vierzig, sie hat noch die Zeit erlebt, als Spanien arm war. »Vielleicht müssen wir in die Jahre zurück, als jeder drei Jobs hatte, um über die Runden zu kommen«, sinniert sie. Aber dann erscheint auf der Anzeigentafel des Bahnhofs ihr Zug. Sie muss los, das Geld verdienen, das sie braucht, um den Standard mühsam zu verteidigen, den ihr der Euro versprochen hat.

Was sie und die Mehrzahl der Spanier vor allem demütigt, ist das Gefühl, es fast geschafft zu haben. Hatte man nicht viel gearbeitet? Hatte man nicht Anschluss gefunden an Europa und die EU freudiger begrüßt als andere? Spanien war das einzige Land, in dem die europäische Verfassung 2005 bei einer Volksabstimmung mit 76 Prozent angenommen wurde. War man nicht ein gleichberechtigter Partner auf Augenhöhe? Und jetzt? Vertrauen nicht mal mehr 18 Prozent der Spanier darauf, dass ihre Stimme in der Europäischen Union irgendetwas wert ist, wie eine Umfrage vor der Europa-Wahl 2014 ergibt. Eines der Krisenbücher, die in Vorortzügen viel gelesen werden, stammt von dem Journalisten und Essayisten Enric Juliana aus Barcelona. Er empfiehlt seinen Landsleuten nach dem Rausch die Rückkehr zur Bescheidenheit. Der frühere Auslandskorrespondent der Zeitung *La Vanguardia* ist seit Erscheinen des Buches mit dem Titel *España Modesta*[11] Dauergast in den *tertulias*, wie in Spanien die Talkshows heißen. Dort rät er zum Maßhalten in jeder Form – das gelte allerdings auch bei der Selbstkasteiung, fügt er hinzu. Ein breites Spektrum der Gesellschaft habe Exzesse in der Immobilienblase begangen, sicher. Aber deswegen müsste jetzt doch nicht jeder Spanier in Sack und Asche gehen, findet er – außer den Banken, die hätten Buße bitter nötig. Spanien befindet sich laut Juliana mitten in einem psychologischen Zyklus der großen Traumata: erst Negation, dann Zorn, Verhandlung, Depression und schließlich Fügung ins Schicksal. Der Depression müsse man jetzt eigene Fähigkeiten und Ressourcen entgegenstellen. Doch diese nutzbar zu machen, ist nicht immer ganz einfach.

SCHUHPUTZER 2.0

Das Café Central in Málaga ist eines der traditionsreichsten Häuser der südspanischen Stadt. Hier, an der Plaza de la Constitución, sitzen in der Semana Santa die Honoratioren, um die Karwochenprozession mit ihren monumentalen christlichen Leidensdarstellungen vorbeidefilieren zu sehen. Und hier sitzen auch die Urlauber, die von den Kreuzfahrtschiffen in die Stadt strömen. Seit kurzem ist das Café um einen Anziehungspunkt reicher. Am Eingang hat Javier Castaño seine Schuhputzkiste aufgestellt. Schuhputzer gehörten früher zu jeder spanischen Stadt, oft waren es schwarz gekleidete Gitanos, die ihr Handwerk unter Preisgabe des neuesten Ortsklatsches verrichteten. Doch nach dem EU-Beitritt und dem Eintritt Spaniens ins wohlhabende Europa verschwanden sie aus dem Straßenbild. Castaño kann sich mit seinen fast fünfzig Jahren an die Zeit davor erinnern. »Ich war ein Kind und wollte unbedingt auch Schuhputzer werden.« Dass er es nun tatsächlich wurde, hat allerdings mehr mit der Wirtschaftskrise als mit Kindheitsphantasien zu tun.

Der gelernte technische Zeichner verlor seinen Job und reihte sich in das 6 Millionen Menschen zählende Heer der spanischen Arbeitslosen ein. Einfach nur Stütze kassieren wollte er nicht. Er ließ sich eine traditionelle Schuhputzerbox schreinern und offeriert nun vor dem Café Central seine Dienste. Auf 60 Euro kommt er am Tag, das reicht für das Leben in der solarbetriebenen Strandhütte, in der Freunde ihn wohnen lassen. Er ist der Limpiabotas 2.0, soll heißen: der Schuhputzer des digitalen Zeitalters. Über Facebook und Twitter teilt er mit, was man beim Polieren und Eincremen so aufschnappt, oder er kommentiert aktuelle Ereignisse. Seit eine andalusische Journalistin ihn vor dem Café entdeckte und einen Artikel für die *Süddeutsche Zeitung* über Castaño schrieb, ist er ein Medienereignis. Fernsehstationen aus der ganzen Welt haben ihn gefilmt, eine schwarz gekleidete Symbolfigur der Krise.

Von manchen wird seine Initiative als Zeichen gewertet, dass Spanien zu alten Werten und Lebensformen zurückkehrt. Besinnt man sich in der Krise auf jene Bescheidenheit, die Spanien früher auszeichnete – die alte Frau, die keine Kartoffelschale ungenutzt lässt, die Blechdose als Kinderspielzeug, der Schuhputzer als Ausdruck des Willens zum Werterhalt gebrauchter Gegenstände? So will es Castaño nicht verstanden wissen. Dass er als Symbol der Demütigung dargestellt wurde, stört ihn. Es kann auch keinen Zweifel geben, dass sein Geschäft letztlich ein Marketinggag ist, mit dem er in sein eigentliches Metier zurück will. Publicity hat er genug, der Wirt des Cafés lässt ihn nun auch die Speisekarten neu designen.

Castaño ist ein Beispiel dafür, wie Spanien bisher die Krise gemeistert hat: In diesem Geflecht spontaner Solidarität, auf das die Spanier zu Recht stolz sind, überleben Hunderttausende, für die der Gedanke an eine sozialversicherungspflichtige Arbeit längst Utopie geworden ist. Castaño hat sein Gewerbe angemeldet, was nicht einfach war, weil es auf den Behörden keine Formulare mehr für seine Branche gab. Doch viele andere arbeiten, ohne Steuern zu zahlen, was das Einnahmeproblem des Staates verschärft. Schwarzarbeit macht nach Schätzungen fast ein Viertel des spanischen Bruttoinlandsprodukts aus. Diesen Sektor in legale Bahnen zu überführen, könnte Spanien binnen kurzem von einem Großteil seiner Probleme befreien. Doch Kontrolleure werden in Zeiten des Sparens eher eingespart – ebenso wie Elterngeld, Gesundheitsvorsorge, Bildung –, und selbst die Siesta ist regierungsamtlich abgeschafft.

AUSGESCHLAFEN

Kein anderes Symbol für angebliches südliches Nichtstun ist von der nördlichen Presse so ausgeschlachtet worden wie die Mittagsruhe. In der Tat galt die Zeit zwischen 14 und 16 Uhr in Spanien früher als heilig. Wer es wagte, in dieser Zeit eine Behörde oder öffentliche Einrichtung anzurufen und dort auch tatsächlich jemanden antraf, der noch nicht ins nächste Restaurant oder an den heimischen Mittagstisch entschwunden war, musste auf brüske Antworten gefasst sein: »Hören Sie mal, es ist Essenszeit!« Doch bereits am 1. Januar 2006 hatte die Regierung des Sozialisten José Luis Rodríguez Zapatero die Siesta als Hindernis für die erwünschte Vernordung des spanischen Erwerbslebens ausgemacht. Die Regierung teilte mit, dass Angestellte im öffentlichen Dienst künftig nur noch eine Stunde, und zwar zwischen 12 und 13 Uhr, Mittag machen würden. Dafür werde das Arbeitsende auf 18 Uhr vorverlegt. Man wolle damit »ein Zeichen setzen«, der Vorstoß sei als Anregung für die Privatwirtschaft gedacht.

Die Siesta ist ein Überbleibsel einer vorindustriellen Epoche, in der Landarbeiter die heißesten Stunden des Tages in der Hängematte verdösten, bevor sie sich wieder an die schweißtreibende Arbeit im Olivenhain oder Weinberg machten. Die Abschaffung der verordneten Pause stand spätestens an, seit die Spanier weit weg von zu Hause zu arbeiten begannen. Pendler hatten es satt, quälende Stunden in den Stadtzentren zu verbummeln, nur Tapa-Schnellimbissketten freuten sich über einen Umsatzzuwachs. Die Produktivität habe unter den Unterbrechungen gelitten, konstatierte eine Kommission, die 2006 im Auftrag der Regierung die Studie »Spanien im europäischen Zeitplan« verfasste. Deren Vorsitzender, Jordi Buqueras y Bach, stellte fest, dass die Spanier mit die längsten Bürozeiten in Europa absäßen, aber auch zu den unproduktivsten Arbeitnehmern in der EU gehörten. »Es ist eben nicht dasselbe, ob man nur in der Arbeit ist oder wirklich arbeitet.« Die Neuordnung der Arbeitszeiten wurde 2012 von der konservativen Regierung Mariano Rajoys auf Druck der EU-Troika erweitert. Die Kommunikation mit Spaniens Unternehmen und Behörden soll nicht mehr dann lahmgelegt sein, wenn im Norden am meisten gearbeitet wird.

Dem Gerangel um die Siesta liege ein Kulturkampf zugrunde, stellt der Ökonom Max A. Höfer fest.[12] Die Spanier hätten ihre Siesta, das gemeinsame Essen mit der Familie, die Muße, die Kunst des guten Lebens gegen mehr Arbeit und mehr Konsum getauscht. »Es ist ein schlechter Tausch«, glaubt Höfer. Die Spanier würden gezwungen, wegen ihrer Schulden ihre Lebensgewohnheiten aufzugeben. Dabei sei die Siesta ein Teil einer lateinischen Ruhe- und Mußekultur. Seit jeher führe jedoch der puritanische Geist des Nordens »einen Kreuzzug gegen den Schlaf und gegen das gute Leben, denn beides wird mit Faulheit und Gotteslästerung gleichgesetzt«. Die Puritaner glaubten: »Wer schläft, raubt

Gott den Tag, er verdient nichts, er verschwendet den Profit, den er in dieser Zeit hätte erarbeiten können.« Hintergrund sei, dass der Schlaf, der dem müßiggängerischen Faulenzen so ähnlich ist, nach Meinung der Puritaner »die totale Nutzbarmachung der Zeit fundamental in Frage« stelle. Mit dem Sieg über die Siesta ist das puritanische Zeitverständnis der angestrebten Weltdominanz einen entscheidenden Schritt näher gerückt.

Und auch mit der Fiesta ist es nicht mehr weit her. Wer früh aufstehen muss, geht abends nicht lange aus. Lärmschutz, in Spanien früher kein Thema, ist zum Streitpunkt geworden. In Barcelonas Ausgehviertel Ribera hängen Bettlaken an den Balkonen, auf denen wütende Anwohner mitteilen: »Wir haben ein Recht auf Ruhe.« Die Stadtverwaltungen haben begonnen, Sperrzeiten strenger zu fassen. Früher war das undenkbar im laut OECD-Studie lautesten Land Europas. Das neue Bekenntnis zur Ruhe hat mitunter groteske Formen angenommen: 2006 erregte in Spanien ein Gerichtsurteil Aufsehen, bei dem der Bürgermeister des Städtchens Villarreal bei Valencia, bekannt durch seinen Fußballclub, zu achtzehn Monaten Gefängnis verurteilt wurde, weil er nicht entschlossen genug gegen Lärmbelästigung vorgegangen war. Die Richter beriefen sich auf eine Entscheidung des Straßburger Gerichtshofs, der Lärm als Menschenrechtsverletzung eingestuft hatte. Die Anpassung an Straßburger Lärmnormen kam einer Revolution gleich in einem Land, in dem früher ein gewisser Geräuschpegel zum Lebensgefühl gehört hatte. Das hatte mit dem urbanen Lebensstil der Spanier zu tun. In den Städten stehen manche Häuser so eng beieinander, dass es reicht, den Arm aus dem Fenster zu strecken, um das Sims des Nachbarn zu berühren. Bei Familienfehden und Fernsehdebatten reden alle durcheinander, der Lauteste gewinnt. »Spanier scheinen den Lärm zu brauchen«, schrieb der langjährige britische Spanien-Korrespondent Giles Tremlet.[13] Die stürmische Entwicklung der Boomzeit machte es nicht besser. Spaniens Straßen und Städte verkamen zu Dauerbaustellen. Bei der Volkszählung 2001 gaben 12 Millionen Spanier an, ein Lärmproblem zu haben.

Laut der Organisation Peacram, der Nationalen Plattform der Vereine gegen Lärm und störende Aktivitäten, die es seit 2000 gibt, begann die Kultur des Lärms in Spanien mit der »Explosion der Freude« nach dem Ende der Diktatur 1975. Der neue Lärmschutz wirkt dagegen wie ein Ausdruck der Depression durch die Euro-Krise. Und auch die extreme Gegenreaktion vieler Jugendlicher wirkt wie eine Anpassung an nördliche Sitten der Krisenbewältigung. Sie feiern gewaltige Gelage, die sogenannten *botellones*, bei denen sich Tausende Jugendliche bis zum Umfallen besaufen – und das in einem Land, in dem übermäßiger Alkoholkonsum traditionell verpönt war. Im Fall von Villarreal war der Lärm übrigens nicht auf eine Fiesta zurückzuführen, sondern ausgerechnet auf Produktivität: Es ging um den Generator einer Fabrik für Keramikfliesen, der ohne Genehmigung in einem Wohngebiet ratterte und den Anwohnern den Schlaf raubte.

Plaza, Forum, Agora

»Das ist der Ort der Begegnungen und der Palaver, der Bürgeraufläufe und Massenkundgebungen, der feierlichen Erlässe und Hinrichtungen.«
Maurice Aymard[1]

Portugal trägt Schwarz

Eine der anrührendsten Szenen des Kriseneuropas im Jahr 2013 hat sich im portugiesischen Parlament zugetragen. Als Ministerpräsident Pedro Passos Coelho anhob, die neuesten Sparmaßnahmen zu erläutern, erklang von der Zuschauertribüne plötzlich leiser Gesang. Er brachte nicht nur Passos Coelho, sondern auch die gestrenge Stimme der Parlamentspräsidentin zum Schweigen, die anfangs energisch um Ruhe gebeten hatte. Ermutigt von der respektvollen Stille im Saal, sangen die Zuschauer mit wachsendem Selbstbewusstsein »Grândola, Vila Morena«, das Lied der Nelkenrevolution, die 1974 die portugiesische Diktatur gestürzt hatte. Die zentrale Zeile lautet »O povo é quem mais ordena«: Nun regiert das Volk. Verlegen und mit zerknirschtem Grinsen ließ Passos Coelho die revolutionäre Nostalgieaufwallung passieren. Er wusste, was die Zuschauer meinten: Sie sangen, um kundzutun, dass sie die in Brüssel und Berlin erdachten Sparprogramme als fremdes Diktat empfanden, das von willfährigen Marionetten wie Passos Coelho widerstandlos umgesetzt werde. Das Video ihres Auftritts im Parlament war ein Hit auf dem Videokanal Youtube, »Grândola, Vila Morena« gehörte fortan zur musikalischen Grundausstattung jeder portugiesischen Demonstration.

Die Erinnerung, Mitte der 1970er Jahre aus eigener Kraft die Überbleibsel von Diktaturen beseitigt und sich politisch von

Grund auf modernisiert zu haben, ist sehr lebendig auf der iberischen Halbinsel. Deswegen ist auch der Unwille besonders groß, sich vermuteten oder echten Diktaten zu beugen, umso mehr, wenn sie von außen kommen. Man ist stolz auf die demokratischen Fortschritte der Vergangenheit, in Zeiten der Krise werden die Symbole des Widerstands gern hervorgeholt und eifrig eingesetzt. In Spanien machte zu Beginn der Krise eine Gruppe Sechzig- bis Achtzigjähriger von sich reden, die Banken, Börsen, Busse und Ratingagenturen besetzten und die bei keiner Demonstration fehlten – viele von ihnen Veteranen des Widerstands gegen die Franco-Diktatur, die nun noch einmal zum Megaphon griffen, um ihren Unmut gegen Sozialkürzungen kundzutun, von denen sie sich besonders betroffen fühlten. Sie nannten sich *yayoflautas*, »Flötenopas«, seit die streitlustige konservative Politikerin Esperanza Aguirre die Protestbewegung spöttisch mit den *perroflautas* gleichsetzte, den Jugendlichen, die, flötespielend und begleitet von Hunden, bettelnd durch spanische Fußgängerzonen ziehen. Die *yayoflautas* warfen den Ball zurück: Ihr Sprecher, der Soziologe Felipe López Aranguren, sagte: »Von 1939 bis 1975 hatten wir die Franco-Diktatur. Nun haben wir die Diktatur der Märkte.« Der Unterschied: Zu Francos Zeiten sei die Repression direkter gewesen. Jetzt werde man dafür laufend belogen.

Was für Spanien Franco war, war für Portugal der Diktator António de Oliveira Salazar. Er herrschte von 1932 bis 1968. Sein Herrschaftsinstrument war ein rückwärtsgerichteter Nationalkatholizismus, nicht unähnlich dem System Francos. Salazars Estado Novo war alles andere als ein »Neuer Staat«, es war eine spießige, konservativ-autoritäre Einparteiendiktatur mit Zensur, Folter und Verfolgung. Trotzig hielt Salazar am portugiesischen Kolonialreich fest, als alle anderen Kolonialmächte sich bereits Hals über Kopf aus ihren Besitzungen verabschiedet und sich neue, indirektere Formen der Einflussnahme in der Dritten Welt ausgedacht hatten. So wurde Portugal Anfang der 1970er Jahre unfreiwillig zum Brückenkopf des *Westens* in Afrika, musste in seinen Besitzungen Angola und Mozambique für die Nato Stellvertreterkriege gegen Rebellen führen, die von der Sowjetunion und Kuba unterstützt wurden. Die portugiesischen Streitkräfte waren mit dieser Aufgabe überfordert, zu Hause litten die Menschen unter der wirtschaftlichen Misere, die die gewaltigen Kriegskosten verursachten. Sie nahmen dem Land die Reserven, die es gebraucht hätte, um eine eigenständige Produktivwirtschaft jenseits des kolonialen Ausbeutungsmodells zu entwickeln. 1974 eskalierte die Unzufriedenheit in der Truppe zum Aufstand. Soldaten zogen mit Nelken in den Gewehrläufen durch Lissabon, um kundzutun, dass sie keine Lust mehr hatten zu schießen. Selten in der Geschichte dürfte ein Militärputsch so friedliebende Beweggründe gehabt haben, und selten dürfte etwas auf so breite Zustimmung in der Bevölkerung gestoßen sein wie die portugiesische Nelkenrevolution. Das Signal zur Revolte hatte ein Lied gegeben, das trotz Verbots im Rundfunk gespielt wurde: »Grândola, Vila Morena«.

Prägende Figur der Demokratisierung wurde der Sozialist Mário Soares, der mehrmals Premierminister und zweimal Präsident war. Unter Soares versuchte es Portugal mit einem gemäßigten linken Kurs, vergleichbar dem von Felipe González im Nachbarland Spanien. Der lange Widerstand im Untergrund hat der Linken auf der iberischen Halbinsel eine Form der demokratischen Legitimation verliehen, die ihr noch Jahre nach dem Ende der Diktaturen sichere Wahlsiege garantierte. Der Rechten haftete hingegen das Odium an, aus den Diktaturapparaten hervorgegangen zu sein und die alten, feudal-klerikalen Eliten zu versammeln.

Die Debatte um den politischen Neuanfang, um Meinungsfreiheit, soziale Reformen, Vergangenheitsbewältigung, Frauenrechte beherrschte Portugal nach der Nelkenrevolution derart, dass – ähnlich wie in Spanien – die Frage irgendwie unterging, wie man eigentlich wirtschaftlich weitermachen sollte. Portugal lebte von einer archaischen Landwirtschaft mit Korkeichenplantagen, Fischfang, einer behäbigen Textilproduktion und Portweinkelterei für durstige englische Kehlen, der Massentourismus entwickelte sich erst allmählich. Es war das ärmste Land Westeuropas mit einer vergleichsweise hohen Analphabetenrate, Hunderttausende wanderten aus. Wie in einem Entwicklungsland spielten die Überweisungen ausgewanderter Portugiesen eine große Rolle im Volksvermögen. Auch geostrategisch wusste Portugal nicht recht, wo es sich hinwenden sollte, die atlantische Orientierung verlor durch die Aufgabe des Kolonialreiches 1974 und 1975 an Bedeutung; dem Mittelmeerraum fühlte es sich aber auch nicht zugehörig. So drückte es sich einfach bescheiden in seine Ecke am windigen Südwestzipfel Europas und gab sich seiner Melancholie ob der verlorenen Größe hin wie die Sängerin Dulce Pontes in einem schwermütigen Fado.

Der Beitritt zur Europäischen Union 1986 war von enormen Hoffnungen begleitet. Es gab eine politische Wende, unter einer konservativen Regierung versuchte Portugal, sich als Billiglohnland zu etablieren; es gab sogar ein kleines Wirtschaftswunder, das jedoch abstarb, weil im Zuge der fortschreitenden Globalisierung andere billiger zu produzieren begannen. Wichtigster Arbeitgeber blieb eine ineffiziente Verwaltung. Aber immerhin, es gab Arbeit. Offenbar hatten ausländische Banken große Erwartungen an die Entwicklung Portugals, denn in den 1990er Jahren floss Risikokapital in großem Stil ins Land. Jedoch stieg die Produktivität im schwermütigsten Land Europas nicht, sie sank sogar. Was wuchs, war die Staatsverschuldung, von nahe null in den 1990er Jahren auf 167 Milliarden Euro im Jahr 2007, das waren 97,5 Prozent des Bruttosozialprodukts. Portugal brauchte Hilfe. Es war der sozialistische Ministerpräsident José Socrates, der schließlich einen Teil der Souveränität des Landes aufgab, indem er 2011 Portugal nach Griechenland unter den EU-Rettungsschirm brachte. Das Land erhielt 78 Milliarden Euro, um seine Kasse in Ordnung zu bringen, und musste im Gegenzug akzeptieren, dass von nun an die Troika aus Europäischer Union, Internationalem Währungsfonds und Europäischer Zentralbank in Lissabon mitregierte. Die alte Seemacht Portugal stand unter Kuratel wie eine mittelamerikanische Bananenrepublik. Socrates verabschiedete das rigorose Sparprogramm, das die Troika forderte, und trat nach getaner Arbeit konsequent zurück, weil er wusste, dass seine Anhänger ihm die Unterwerfung nicht verzeihen würden. Die nächste Wahl 2011 gewann erwartungsgemäß der Konservative Pedro Passos Coelho, der mit dem Versprechen antrat, er werde nicht nur widerwillig sparen wie die Sozialisten, sondern aus Überzeugung, weil er an die Notwendigkeit glaube, das Land marktfähig zu machen. Passos Coelho wetteiferte von nun an mit dem Spanier Mariano Rajoy um den Titel des Sparmusterknaben Europas.

Dahinter stand die Hoffnung, dass, wenn er nur konsequent guten Willen zeigte, auf europäischer Ebene mehr unternommen werden würde, um die in Lähmung verharrende Wirtschaft im Sinne eines europäischen *New Deal*[2] aus der Depression zu befreien. Doch die deutsche Kanzlerin Angela Merkel machte beizeiten klar: Man könne über alles reden, nur über neue Schulden und Staatsausgaben nicht. Europa lebt in der Krise nach dem marktliberalen Credo, dass es die Banken sein müssen, die Geld in Umlauf bringen. Sie werden mit Milliarden gepäppelt, Direkthilfen für die Länder und ihre Bevölkerungen werden kategorisch ausgeschlossen. Dieses ideologische Beharren auf dem privatwirtschaftlichen Umweg endete für den europäischen Süden jedoch zunächst mit einem Galopp in die Sackgasse. Die Banken denken nämlich gar nicht daran, in Portugal oder Spanien den Wirtschaftskreislauf anzukurbeln, die Milliarden Steuergelder, die sie zu ihrer Rettung erhalten haben, nutzen sie zur Aufstockung ihres Kapitals.

Alle Ansätze einer Wirtschaftsentwicklung, die Portugal in der Ära Socrates unternommen hat, etwa über Investitionen in alternative Energien, werden durch die Sparpolitik abgewürgt. Und was sollen die Portugiesen auch tun? Sie hatten ja nicht mal eine Immobilienblase wie Spanien, die wenigstens Infrastruktur hinterlassen hat. Ähnlich wie Griechenland kann Portugal nichts vorweisen, woran es wirtschaftlich anknüpfen könnte. All die Menschen, die im Zuge der Einsparungen in der Verwaltung entlassen werden, stehen vor dem Nichts. Brüssel und Berlin predigen zwar, dass öffentliche Arbeitsplätze abgebaut werden müssten, weil sie grundsätzlich ineffizient seien. Jedoch bleibt das »EU-Direktorium«, wie es Enric Juliana genannt hat, jedwede Handreichung in der Frage schuldig, was die Verwaltung als Massenarbeitgeber ersetzen soll. Die Überzeugung, der Markt werde schon alles regeln, ist so tief verankert im europäischen Apparat, dass er sich als komplett unfähig erweist, Alternativen zu entwickeln, wenn der Markt versagt. Ja schlimmer noch: Die Haltung insinuiert, dass da, wo der Markt versagt, die Menschen versagt haben, und korrigierende Eingriffe des Staates geradezu sündhaft seien, weil sie dem pseudoreligiösen Dogma vom freien Spiel der Kräfte widersprächen.

Pedro Passos Coelho erhöht die Steuern, sie steigen auf deutsches Niveau, die Mehrwertsteuer sogar darüber, was den Konsum erstickt. Er privatisiert das wenige, was Portugal anzubieten hat. Das Land wird zu einem Selbstbedienungsladen: Fluggesellschaft gefällig? Ein international tätiges Energieunternehmen? Eine Telefongesellschaft? In Portugal alles billig zu haben. Der Energieversorger EDP (Energias de Portugal) geht an die Chinesen, ein französischer Konzern bekommt die Flughäfen, Russen schielen nach den Werften, für die Fluggesellschaft TAP (Transportes Aéreos Portugueses) interessieren sich Lufthansa und ein südamerikanischer Mogul. Den staatlichen Fernsehsender RTP (Rádio e Televisão de Portugal) beschnuppert eine Mediengruppe aus der früheren Kolonie Angola. Brasilianer schielen nach der Telekommunikationssparte. Im öffentlichen Dienst werden Zehntausende Stellen gestrichen. Die verbleibenden Staatsdiener müssen mehr und länger arbeiten. Das Rentenalter wird auf 66 Jahre erhöht. Einsparungen in praktisch allen sozialen Diensten werden von der Opposition als Angriff auf den eben erst mühsam aufgebauten Wohlfahrtsstaat gerügt. Am ärgsten wirken sich die massiven Kürzungen im Bildungsbereich aus. Historisch ohnehin im Hintertreffen, was Wissenschaft und Technik angeht, fällt Portugal im globalen Wettbewerb weiter zurück. Ein Schicksal, das es mit Spanien und Griechenland teilt.

Doch das einzige, was die Brüsseler Troika interessiert, ist, dass Portugal sein Haushaltsdefizit in den Griff bekommt und die EU-Defizitgrenze von 3 Prozent erreicht. »Die Ziele zu verfehlen würde zu einem Austritt aus dem Euro führen und hätte katastrophale Folgen für alle«, sagt Passos Coelho dazu. Den »Unbeirrbaren« nennt ihn die Zeitung *Expresso*. Mit seinem Aktionismus bringt Passos Coelho das Land zwar aus der Schusslinie der Troika, die die Lissabonner Anstrengungen in ihren Prüfberichten regelmäßig honoriert. Doch um einen hohen Preis. Die Arbeitslosigkeit in Portugal erreicht im ersten Quartal 2013 nationale Rekordwerte. Sie klettert auf 17,7 Prozent, 2,8 Prozentpunkte mehr als im Vorjahr. Im selben Jahr schrumpft die Wirtschaftsleistung Portugals um 2,3 Prozentpunkte nach 3,2 im Jahr 2012. An Portugal zeigt sich, dass das alte wirtschaftswissenschaftliche Junktim, wonach Wachstum automatisch zu mehr Arbeitsplätzen führt, in Zeiten der Globalisierung nicht mehr stimmt. Der europäische Süden wirkt wie ein Laboratorium, an dem ein Versuch durchgeführt wird, der die Worte des amerikanische Ökonomen Jeremy Rifkin zu belegen scheint. Dieser hat beizeiten das Verschwinden der Arbeit als logische Folge kapitalistischer Rationalisierungsprozesse vorausgesagt: »Wir vollziehen gerade einen Wandel hin zu einem Markt, der zum allergrößten Teil ohne menschliche Arbeitskraft funktioniert.«[3] Auf der iberischen Halbinsel kann man die Auswüchse des Grundwiderspruchs unserer Zeit studieren: Einerseits ist der Mensch aufgefordert, einer Erwerbsarbeit nachzugehen, um seine Existenzberechtigung unter Beweis zu stellen – andererseits wird ihm durch die fortschreitende Rationalisierung jede Möglichkeit genommen, Arbeit zu finden.

Wo es noch Arbeit gibt in Portugal, ist sie miserabel bezahlt, was die Lohnstückkosten senken mag, aber weder Leistungsbereitschaft noch Produktivität erhöht. Das monatliche Durchschnittseinkommen beträgt 1 100 Euro brutto, wovon oft ganze Familien leben – bei mitteleuropäischen Preisen. Berufsanfänger, auch Akademiker, verdienen oft nur 400 Euro. Eine Generation junger Portugiesen zieht zurück ins Kinderzimmer – oder ins

Ausland. 200000 Portugiesen kehren dem Land von 2011 bis 2014 den Rücken, eine Menge bei nur 10 Millionen Einwohnern insgesamt. Sie suchen eine berufliche Zukunft vor allem in der lusophonen Welt, im boomenden Brasilien oder in Angola, wo das Öl sprudelt. Dort werden die einstigen Kolonialherren wie Bittsteller behandelt. Am Beispiel Portugals kann man studieren, wie sich die Weltgewichte verschieben.

2013 sind in Portugal erstmals deflationäre Tendenzen zu beobachten. Im November meldet das Nationale Statistikinstitut, dass die Preise sinken. Die Zeitung *Público* führt das auf die geschrumpfte Kaufkraft der Portugiesen zurück. Halte dieser Trend an, gerate die Erholung der portugiesischen Wirtschaft in Gefahr. Denn sinken die Absatzpreise, führt das üblicherweise zu Investitionszurückhaltung und zu einer geringeren Nachfrage nach Arbeitern. Das übt wiederum Druck auf das Lohnniveau aus. Dadurch geht der Konsum zurück, und die Preise sinken weiter. Aus dieser Spirale kommt man schwer wieder heraus. Man nennt sie Deflation, in den 1930er Jahren wäre die US-Wirtschaft nach dem Schwarzen Freitag an der Wall Street fast daran erstickt, vor einer ähnlichen Entwicklung warnen Kritiker der europäischen Sparpolitik immer wieder vergeblich.

Angela Merkel reist im Herbst 2012 unverdrossen mit der Botschaft durch Südeuropa: Erst kommt das Sparen, dann kommt das Glück. Die Demonstranten, die Merkel in Lissabon empfangen, sehen das anders. Sie tragen zum Zeichen der Trauer Schwarz, eine sehr portugiesische Form des Protests. Merkel versucht zu beschwichtigen, betont wie zum Trost, auch in Deutschland habe es nach der Jahrtausendwende einige Zeit gedauert, bis die Arbeitsmarktreformen gezogen hätten. In solchen Momenten wird klar, dass es hier gar nicht um Portugal geht. In Deutschland hat in diesem Moment der Wahlkampf begonnen, die Euro-Krise wird langsam lästig, Erfolgsmeldungen müssen her, weshalb Portugal zum Erfolgsmodell hochgejubelt wird. Auch wenn die Menschen dort von diesen vermeintlichen Erfolgen wenig mitkriegen. Aber die Botschaft ist ja auch gar nicht an sie gerichtet, sondern an den deutschen Wähler.

Es ist jetzt vor allem das Gefühl, dass man mit ihnen Experimente macht, welches die Portugiesen erzürnt. Paulo Baldaia, Direktor einer Radiostation, sagt: »Es gibt einen breiten Konsens, dass wir unsere Kasse in Ordnung bringen müssen. Aber deswegen wollen wir noch lange nicht Opfer von Experimenten sein, die zum Scheitern verurteilt sind.« In der Madrider Zeitung *El País* schreibt der Politikwissenschaftler José Ignacio Torreblanca angesichts der Iberia-Tour Merkels, es sei ein Fehler zu glauben, man könne das deutsche Reformmodell der Schröder-Jahre einfach übertragen. Deutschland sei durch seine leistungsfähige Exportindustrie, die an den wachsenden technologischen Bedürfnissen der Schwellenländer gut verdiene, aus der Krise gekommen. Der Süden Europas habe nichts Vergleichbares vorzuweisen.

Es ist dann ausgerechnet ein alter Weggefährte Passos Coelhos, der ein Zeichen setzt. In seiner Neujahrsansprache 2013 verkündet Staatspräsident Aníbal Cavaco Silva völlig überraschend, er werde den Sparhaushalt dem Verfassungsgericht vorlegen. Ihn plagten Zweifel, sagt der Staatschef, ob die Verteilung der Opfer den Gerechtigkeitsgrundsätzen der Verfassung entspreche. Er müsse jetzt mal an das Volk denken, fährt Cavaco Silva fort, und es klingt, als summe er im Geiste dazu »O povo é quem mais ordena«. Das wirkt wie ein Donnerschlag, denn eigentlich sind Passos Coelho und Cavaco Silva Parteifreunde. Beide gehören dem Partido Social Democrata an, einer Partei, die trotz ihres Namens marktliberale Politik betreibt. Jetzt aber scheinen dem 71-jährigen früheren Leichtathleten doch Zweifel gekommen zu sein, ob die Portugiesen die ihnen gesetzte Hürde bewältigen können. Eindruck auf ihn dürfte gemacht haben, dass das Volk, das auf die Straße geht, nicht mehr nur aus den üblichen Verdächtigen besteht. Im ganzen Jahr 2012 nehmen an den Massendemonstrationen alle sozialen Gruppen teil, von Gewerkschaftsmitgliedern bis zu Unternehmern. Cavaco Silva tut das, was man von einem Staatsoberhaupt in einem solchen Moment erwartet. Er tritt auf die politische *praça* – den Marktplatz –, präsentiert sich als Präsident aller Portugiesen, wie er es im Wahlkampf versprochen hatte, und erobert ein Stück Souveränität für Portugal zurück.

Im April 2013 kassiert das Verfassungsgericht tatsächlich Teile des Sparprogramms, kippt die Einsparungen bei den Beamtenrenten und andere Punkte, was eine Finanzierungslücke von 1,25 Milliarden Euro in den Haushalt reißt. Brüssel ist entsetzt. Die Troika fordert Regierungschef Passos Coelho auf, das Loch zu stopfen. Der macht sich unverzüglich auf die Suche nach alternativen Einsparungsmöglichkeiten, hebt die Arbeitszeit der Staatsdiener an und kürzt ihre Gehälter. Das genügt offenbar, denn im April 2014 darf sich Portugal aus dem Rettungsschirm verabschieden; das Land will sich wieder direkt Geld auf dem Kapitalmarkt besorgen. Allerdings sei Portugal weiter in einem »fragilen« Zustand, sagt ein nicht näher benannter Vertreter der »Kreditgeber« der *Süddeutschen Zeitung*.[4] Es sei ihm nicht klar, ob die Regierung in Lissabon aussteige, weil sie tatsächlich keine Hilfskredite mehr benötige – oder weil sie nicht weiter reformieren wolle. Sollte Letzteres zutreffen – wovon auszugehen ist –, dann hätte das Volk in Lissabon am Ende doch ein bisschen mehr mitregiert, als der Troika lieb sein kann – und »Grândola Vila Morena« wäre nicht umsonst erklungen.

Helden der Demontage

> »Das Ethos des Helden liegt in seiner Ambivalenz.
> Der Spezialist für die Demontage beweist seinen moralischen Mut,
> indem er diese Zweideutigkeit auf sich nimmt.«
> *Hans Magnus Enzensberger*[5]

Am 12. Mai 2010 bricht die Welt des José Luis Rodríguez Zapatero krachend in sich zusammen. An diesem Tag muss der sozialistische Regierungschef vor den Cortes, dem spanischen Parlament, seine politische Kapitulation verkünden. Seit seinem

Wahlsieg 2004 hatte Zapatero stets nur soziale Verbesserungen angekündigt und Spanien eine große Zukunft vorhergesagt, bald werde man ansetzen, Frankreich und Italien zu überholen, hatte es geheißen. Jetzt muss er auf einmal seine Landsleute auf 15 Milliarden Euro Einsparungen einstimmen.

Bis dahin hatte Zapatero davon geträumt, die sich abzeichnende Krise auf klassisch sozialdemokratische Weise eindämmen zu können, ja, er hatte Spanien zum letzten Bollwerk der Sozialdemokratie in einem immer neoliberaler werdenden Europa ausbauen wollen. Er plante öffentliche Investitionen in die Infrastruktur, die das Wirtschaftsleben ankurbeln sollten. Doch dann kam die Sitzung der Euro-Gruppe vom 7. Mai 2010, in der seine mehrheitlich konservativ-liberalen EU-Kollegen Zapatero klarmachten, dass für keynesianische Politik kein Platz mehr im Schulden-Europa sei. Damit war auch klar, dass nicht mehr Madrid allein, sondern Brüssel und zunehmend Berlin künftig die Eckpunkte spanischer Politik bestimmen würden.

Seit Ende 2011 ist Zapatero Politrentner. In einem Buch hat er diese für ihn und sein Land traumatischen Tage geschildert: *El Dilema* heißt es, was – anders als der Untertitel – keiner Übersetzung bedarf; der lautet *600 días de vértigo*. Das würde in einer deutschen Übersetzung wahrscheinlich mit »600 Tage am Abgrund« wiedergegeben werden. *Vértigo* kann aber auch »Höhenangst« bedeuten, und das Buch legt nahe, dass es genau dieses Gefühl war, das Zapatero bei seinem Balanceakt am Rande des Abgrunds empfand, in den er am Ende stürzte. Immer wieder ist davon die Rede, wie er schlaflose Nächte verbrachte, weil ihn aus seiner Sicht gänzlich unvorhersehbare Ereignisse quälten – wie etwa, dass mit dem Zusammenbruch des Bausektors plötzlich »Arbeitsplätze zerstört wurden, wie nie zuvor in unserem Land«. Dass ihn das überraschte, lässt Zapatero wirken wie einen Bergsteiger, der davon erzählt, wie er in Sandalen auf dem Gletscher steht und feststellen muss, dass es dort Spalten und Schneestürme gibt.

Die Präsentation des Buches im November 2013 in Madrid im Beisein von Tony Blair ist Zapateros erster wahrnehmbarer Auftritt seit seinem Absturz und wird, erwartungsgemäß, grimmig aufgenommen. Die konservative Finanzpresse urteilt, es belege, dass Zapatero ein Simpel sei, den die Realität überwältigt habe. Seine Beteuerung, er habe Schlimmeres verhindert, nämlich die völlige Aufgabe der Souveränität durch den Gang unter den Rettungsschirm, wird mit Hohn quittiert – dabei betreibt die Nachfolgeregierung des Konservativen Mariano Rajoy genau dieselbe Politik. Linke Rezensenten behandeln Zapatero wie einen Verräter an seinen Idealen und denen seiner Wähler. Die erteilten ihm immerhin zweimal den Regierungsauftrag, weshalb der Hass wohl letztlich Selbsthass ist.

Zapateros Versagen, das wird in dem Buch immer wieder deutlich, bestand darin, die Krise – wie fast alle seine Landsleute – zu lange ignoriert zu haben, in der Hoffnung, sie würde von allein vorbeigehen. Zapatero blieb allen negativen Vorzeichen zum Trotz der Mann, der an das Gute glaubte – bis die Immobilienblase, die sein rechtskonservativer Vorgänger Aznar aufgepumpt hatte, in seinen, Zapateros, Händen zerplatzte. Warum er so zögerlich einschritt, beantwortet Zapatero in atemberaubender Offenheit: Eine Boomblase zu zerstechen sei so schwer, wie einen Transatlantiktanker zu stoppen. Offener hat sein Scheitern noch kaum ein Politiker zugegeben. Dabei hatte Zapatero in den ersten Jahren seiner Regierung durchaus versucht gegenzusteuern. Das eigentliche Problem, die Strukturschwäche der spanischen Wirtschaft mit ihrer Bau-Monokultur, analysierte er treffend. Er förderte deshalb Bildung und aussichtsreiche Wirtschaftszweige wie Wind- und Sonnenenergie. Doch dann habe er sich von einem Tag auf den anderen nur noch mit der *prima de riesgo* befassen müssen, dem sich ständig vergrößernden Abstand zwischen den Risikoaufschlägen für spanische und deutsche Staatsanleihen, klagt er, auf die Spanien seit Beginn der Krise starrt wie das Kaninchen auf die Schlange. Spanien wird durch den Sparzwang sozusagen im Sprung gestoppt.

Spannend an Zapateros Enthüllungen sind die Einsichten in die *Backstage* des europäischen Konferenzgeweses, etwa wenn der Spanier miterlebt, wie beim Gipfel in Cannes 2011 dem italienischen Kollegen Berlusconi der Stuhl von *Merkozy* unter dem Hintern weggesägt wird, »und zwar gnadenlos«, wie der Spanier nicht ohne Mitleid für den ideologischen Gegner aus Italien schreibt. »Der Leser soll daraus seine eigenen Schlüsse ziehen«, schließt Zapatero die Episode. Soll heißen: Wenn er zu diesem Zeitpunkt nicht ohnehin schon politisch erledigt gewesen wäre, wäre ihm das Gleiche passiert.

Das geht einher mit der bitteren Einsicht: nämlich die, dass heutzutage niemand in Europa mehr irgendwie links geartete Politik betreiben kann, wenn der starke Arm der Märkte es nicht will. Das mussten Zapateros gescheiterte sozialistische Kollegen in Portugal und Griechenland ebenso zur Kenntnis nehmen wie 2014 François Hollande in Paris, der mitten in der Legislaturperiode auf äußeren Druck hin den Kurs wechselt und auf Austerität umschwenkt. Er hat beste Chancen, der französische Zapatero zu werden. Im Süden Europas tat die Sozialdemokratie klassischer Prägung ihren womöglich letzten Atemzug, bevor sie vom Marktliberalismus garrottiert wurde.

Auch ein Schwenk in letzter Minute konnte Zapatero nicht mehr retten. Er leitete Reformen von Schröder'schen Ausmaßen ein und peitschte sie durchs Parlament mit seiner Minderheitsregierung. Er warf mit seinem – am Ende 65 Milliarden Euro schweren – Sparpaket praktisch alle Prinzipien über den Haufen, für die er einst angetreten war. Er fror Renten ein, kürzte Beamtengehälter, strich Stellen, opferte sein Förderprogramm für Familien, stoppte den Straßenbau, stutzte die Sparkassen, sparte an der Bildung, lockerte den Kündigungsschutz und änderte im Handstreich die Verfassung, um eine Schuldenbremse zu verankern, die den Staat als Akteur praktisch handlungsunfähig macht. Als alles erledigt war, schrieb er Neuwahlen aus, zu denen er nicht mehr antrat.

Es gibt Gründe, Zapatero als eine Art »Helden des Rückzugs« zu sehen, wie ihn Hans Magnus Enzensberger beschrieben hat.[6] Enzensberger nennt so Politiker, die gegen ihre Überzeugung, aber im Wissen, einer unausweichlichen Realität oder einem höheren Ziel zu dienen, ein System von innen heraus demontieren – und damit letztlich sich selbst. Der Abwracker der Sowjetunion, Michail Gorbatschow, war so ein Held der Demontage, aber auch der spanische Regierungschef Adolfo Suárez, der nach Francos Tod aus der Diktatur heraus die Diktatur demontierte – und am Ende sich selbst.

Im Süden Europas hat die Euro-Krise besonders viele solcher tragischen Helden produziert, die das Richtige taten, obwohl sie wussten, dass es falsch war: den Spanier Zapatero, den Portugiesen Socrates, den Griechen Papandreou. Sie brachten um den Preis des politischen Selbstmords ihre Länder auf EU-Kurs; einige ihrer Korrekturen brachen in der Tat verkrustete Strukturen auf und beendeten Ausgabenexzesse – doch angesichts des Ausmaßes der Kürzungen wurde ein Exzess nur durch den gegenteiligen ersetzt. Immerhin ersparten sich die tragischen Helden Zapatero und Socrates das Schicksal des traurigen Clowns Berlusconis, der Europa so lange verhöhnte, bis er vom eigenen Präsidenten zum Rücktritt gedrängt und durch den EU-Statthalter Mario Monti ersetzt wurde.

Zapatero schreibt, er sei trotz allem stolz darauf, Spanien als eines der modernsten Länder Europas hinterlassen zu haben. In der Tat steht außer Zweifel, dass seine Regierung enorm viel für das gesellschaftliche Klima getan hat. Es wurde in Spanien erstmals so etwas wie Umweltschutz betrieben, es wurde die Homo-Ehe eingeführt gegen den erbitterten Widerstand der Kirche; und die Gewalt gegen Frauen, lange ein beherrschendes Problem, ging durch eine Aufklärungskampagne so weit zurück, dass Spanien heute eine der geringsten Quoten von familiärer Gewalt in Europa vorzuweisen hat – weit weniger als die Länder des Nordens. Blanca Hernández, die spanische Gleichstellungsbeauftragte, sagt 2014, Spanien habe den Kampf gegen »geschlechterspezifische Gewalt« seit fünfzehn Jahren zur Staatspolitik erhoben. In der gesamten EU weiß nur jede fünfte Frau, an wen sie sich wenden könne, wenn sie Opfer von häuslicher Gewalt werde; in Spanien sind es vier von fünf. Madrid berät sogar andere Länder. »Wir arbeiten mit zahlreichen Regierungen zusammen, unter anderem mit der norwegischen, wo das Problem der Gewalt sehr ausgeprägt ist«, so Hernández.[7] Eine Karte der Europäischen Union zeigt die Verbreitung häuslicher Gewalt, rot steht für besonders viele Verbrechen: Je weiter man nach Norden kommt, desto intensiver wird das Rot. Entgegen dem gängigen Klischee sind die größten Prügler und Vergewaltiger in den ansonsten so hochgelobten skandinavischen Ländern zu Hause. Doch wer redet über soziale Fortschritte in einem Europa, das nur noch in Finanzkategorien denkt?

Im Herbst 2011 werden in Spanien die Brandstifter zum Löschen gerufen. Die Wähler statten den Konservativen Mariano Rajoy mit einer komfortablen Mehrheit aus, obwohl er derselben Partei angehört wie José María Aznar, dessen größenwahnsinnige Politik von 1996 bis 2004 Spanien ins Immobilienschlamassel gestürzt hatte. Zweimal war Rajoy in Wahlen gegen Zapatero gescheitert, jetzt spült ihn dessen krisenbedingter Abgang in den Moncloa-Palast in Madrid.

Rajoy kommt nicht gerade wie ein Held des Neuanfangs daher. Er bezieht den Amtssitz in der Überzeugung, seine bloße Anwesenheit würde genügen, um die Märkte, die gegen Spanien wetten, zu beruhigen, in dieser Hybris dem Griechen Antonis Samaras nicht unähnlich. Deshalb hält Rajoy es auch für unnötig, seine unter dem wachsenden Brüsseler Druck verabschiedeten Kürzungen und Reformen, unter denen das Land zunehmend ächzt, zu erklären. Er versteckt sich geradezu vor der Öffentlichkeit, in seiner sibyllinischen, stark auslegungsbedürftigen und sparsamen Art ähnelt der am Atlantik geborene Rajoy eher Angela Merkel als einem mediterranen Rhetoriker. Doch Rajoys Hoffnung, die Kanzlerin könne ihn, den Konservativen, wie einen Bundesgenossen behandeln, wird enttäuscht. Merkel geht mit ihm nicht anders um als vorher mit Zapatero. Der Spanier ist wohlgelitten, solange er sich als Held der Demontage des spanischen Staatsapparates betätigt.

Die Empörten von Madrid

»Die Gesellschaft ist bei uns sozial schneller gereift als die Wirtschaftsbosse und die Politikerkaste.«
Mauro Hernández, Wirtschaftshistoriker aus Madrid.[8]

Einer der meistgelesenen Facebook-Einträge des Frühjahrs 2011 in Spanien stammt von einem 94-Jährigen: »Sagt nein zur Tyrannei der Finanzen und ihren zerstörerischen Folgen!«, fordert José Luis Sampedro seine Landsleute auf. Mit diesen kargen Sätzen wird der Schriftsteller zum geistigen Großvater der größten Protestbewegung seit der Wiedereinführung der Demokratie. Hunderttausende besetzen wochenlang Plätze in den Städten, um gegen Spardiktat und Sozialabbau zu protestieren. Die Bewegung firmiert unter dem Kürzel 15 M, benannt nach dem 15. Mai 2011, dem Tag der ersten Massendemonstration. Sie vereint junge Arbeitslose, gekündigte Banker und Leute im Alter von José Luis Sampedro. Sie schafft es als einzige politische Kraft, Hunderttausende zu mobilisieren. Streikende Bergarbeiter und Lehrer, notleidende Rentner und Studenten ohne Zukunftsperspektive füllen bei Aktionen des 15 M die Plätze.

Die Madrider Demonstranten nennen sich *Los Indignados*, »die Empörten« – analog zum Titel der spanischen Ausgabe von Stéphane Hessels Manifest *Empört euch!*, zu der Sampedro das Vorwort lieferte und das in Spanien zu Beginn der Krise binnen kurzem zum Verkaufsrenner wird. Sampedro schreibt darin: »Aus der Empörung erwächst der Wille, an der Geschichte teilzuhaben. Aus der Empörung entstand der Widerstand gegen die Nazis, und aus der Empörung muss heute der Widerstand gegen die Diktatur der Märkte entstehen.«

Was Sampedro für die Masse so anziehend macht, ist, dass er nicht klassenkämpferisch argumentiert, sondern vom Standpunkt eines Menschen aus, der die Erfüllung des Lebens in Solidarität und Naturnähe sucht und nicht im »Immer-mehr«. Man müsse sich dem »alles verschlingenden Konsumismus und der medialen Ablenkung« entgegenstemmen, sagt er 2011 in einem

Interview mit *El País*.[9] »Unsere Zeit ist für mich im Kern eine Zeit der Barbarei. Und ich meine nicht Gewalt, sondern beziehe mich auf eine Zivilisation, die ihre Werte degradiert hat, Werte, die ihre eigentliche Natur ausmachen.« Sampedro postuliert die klassischen Werte der mediterranen Welt: »Vitalität statt Produktivität, Zusammenhalt statt Wettbewerb, Kreation statt einer Innovation, die dem Verkauf dient« – man kann sie als Antwort des Südens auf das individualistische Leistungsdogma des Thatcherismus begreifen. Sampedro formuliert sie erneut kurz vor seinem Tod 2013 in einem Interview mit der *Frankfurter Allgemeinen Sonntagszeitung*: »Wenn wir alle in uns verankern würden, dass wir Brüder sind, dass wir selben Blutes sind und teilen lernen, dann kann man miteinander gut auskommen.«[10] Glaubwürdigkeit gewinnt Sampedro dadurch, dass er jedem zur Empörung bereiten Spanier eine Mitverantwortung für die Zustände zuspricht, in denen das Land sich befindet.

Dass die Zwanzig- bis Dreißigjährigen auf der Suche nach Vorbildern auf einen großgewachsenen, spindeldürren, fast gehörlosen Greis mit durchdringendem Blick aus der Großelterngeneration stießen, ist nur folgerichtig. Die Eltern hatten sich nach Francos Tod 1975 Verdienste um die *transición*, die Wiedereinführung der Demokratie, erworben. Doch danach traten die »1975er« zielstrebig den Marsch ins Eigenheim an. Nun, da das Ideal der eigenen Wohnung für junge Spanier Utopie geworden ist, müssen sie erkennen, dass sie den Lebensstandard ihrer Eltern niemals erreichen werden. Die Großeltern, die Krieg und Emigration kannten, scheinen da das geeignetere Referenzmodell. Zudem gibt es, aller Familiensolidarität zum Trotz, den Verdacht, dass maßgebliche Teile der Elterngeneration die endemische Korruption zu augenzwinkernd akzeptiert hätten. Die Krise und ihre Auswüchse befeuern den Wunsch, die Korruption zu ächten, sich von Hierarchien loszusagen, Sprachen zu lernen, ins Ausland zu gehen. Das ist die konstruktive Folge der Empörung.

José Luis Sampedro steht mit seiner Biographie für innere Unabhängigkeit von Ideologien und Parteien. Er ist keine Ikone der

Linken, eher im Gegenteil: Im Spanischen Bürgerkrieg wurde er 1936 von der republikanischen Armee eingezogen – aus Sicht der Linken sind das die Guten – und desertierte kurz danach, um sich den »Bösen« anzuschließen, Francos Nationalisten. Er sei eben von einem konservativen Elternhaus geprägt worden und habe sich für das entschieden, was ihm in diesem Moment als richtig erschienen war, wie er später sagt. Rechtfertigt er damit nicht das Prinzip, Fehler machen zu dürfen? Für Spanier, die während des Immobilienbooms mit dem Kauf einer grotesk überteuerten Wohnung den Fehler ihres Lebens gemacht hatten, klingt das wie eine Absolution.

Nach dem Ende des Krieges 1939 wurde Sampedro Wirtschaftswissenschaftler, später Professor an der Universität Complutense Madrid. Er begann, sich von der Diktatur zu distanzieren und mutig gegen sie Stellung zu beziehen. Das zwang ihn dazu, zeitweise im Ausland zu leben. Nach Francos Tod half Sampedro als Senator bei der Abschaffung der diktatorischen Strukturen. Außerdem war er in führender Stellung bei der spanischen Außenhandelsbank tätig. Schriftsteller war er eher nebenbei, viele seiner Werke sind nicht gerade sozialrevolutionär, eher sentimental, nur drei sind auf Deutsch erschienen, *Das etruskische Lächeln* ist das bekannteste. Er versteht sich auch nicht als Revolutionär, ja nicht einmal als Mann der Tat, eher als Mystiker. Er wolle nicht die Welt ändern, sagte Sampedro 2011 zu *El País*, sondern in Harmonie mit ihr leben. Er gehe dabei von einem Leben aus, das sei wie ein Fluss: »Der springt anfangs munter den Berg hinab, beruhigt sich dann und gelangt – wie ich jetzt – an den Punkt, an dem er stirbt. Ich möchte sterben wie der Fluss, und ich schmecke schon das Salz.«

Die Postulierung mediterraner Werte durch den dahinscheidenden Sampedro wirkt wie ein Weckruf für eine Protestbewegung, die ein gewinnendes, mediterranes Antlitz trägt und nicht zuletzt deswegen weltweite Aufmerksamkeit findet. 15 M reißt mit, die Bewegung artikuliert den bis dato schlafenden Unmut mit einem Wirtschaftssystem, das in Spanien nicht nur deswegen auf dem Prüfstand steht, weil es das Land nach Meinung vieler Menschen in die Misere geführt hat, sondern auch, weil es dort besonders heftig mit der angestammten Lebensweise kollidiert. Die mediterranen Kinder der Globalisierung haben früher als andere erkannt, wie groß das Risiko ist, von der Globalisierung aufgefressen zu werden. 15 M ist historisch so interessant, weil es die erste, von breiten Bevölkerungsschichten getragene Massenregung gegen die Dogmen des schrankenlosen Marktliberalismus darstellt, die seit Ronald Reagan und Margaret Thatcher die Welt erobert haben. Eine ganze Weltgeneration hat diese Dogmen in sich aufgesogen und – von wenigen, meist ideologisch motivierten Gruppen abgesehen – in dem Glauben gelebt, nach dem radikalindividualistischen Motto »Jeder für sich und allein« im Rattenrennen der Märkte bestehen zu können.

Dass der Süden nun die Avantgarde der Gegenbewegung bildet, ist kein Zufall. Dort hatte das Prinzip der Vereinzelung durch individuelle Leistung schon vor der Krise weniger Anhänger als anderswo. Die Massenproteste haben in Madrid, Athen oder Lissabon deshalb neben der allgemeinen Unmutsäußerung über Sparmaßnahmen und Korruption die herausragende soziale Funktion, den Menschen das Gefühl für Kraft und Trost der Gemeinschaft zurückzugeben. Bald findet 15 M mit seinem Prinzip des »herrschaftsfreien Diskurses« und des Konsenses Nachahmer in den Metropolen der Welt, die spanischen Empörten stehen Pate für die weltweite Occupy-Bewegung, die Protestcamps vor Banken und Börsen aufbaut. An die spanischen Teilnehmerzahlen mit 500000 in Madrid und Barcelona kommt allerdings kein anderer Protest heran.

Auf der Strecke bleibt das von der Elterngeneration sorgsam gepflegte Rechts-Links-Schema. Früher wurde man in Spanien in eine politische Überzeugung hineingeboren. 15 M jedoch kündigt allen Parteien die Gefolgschaft auf – weit radikaler als die Protestbewegungen in Griechenland oder Italien. Die spanische Linke ist nach Zapateros Abtritt verwaist, ein neuer Felipe González, der die *plaza* zu begeistern wüsste, ist nicht in Sicht. Und statt sich mit einem schwachen Anführer zufrieden zu geben, will man lieber gar keinen. Das bekommt die Jungsozialistin Beatriz Talegón zu spüren, als sie im Sommer 2013 versucht, sich an die Spitze des Protests zu setzen. Sie hatte Wochen zuvor sehr mutig das Treffen der Sozialistischen Internationale in Portugal aufgemischt, als sie in einer Brandrede kritisierte, dass die Sozialisten von behäbigen Treffen in Fünf-Sterne-Hotels aus schwerlich die Welt verändern könnten und gerade eine historische Chance verpassten. Für diese zutreffende Analyse wird sie weithin gelobt. Viele Beobachter – und wohl auch sie selbst – sehen die forsche Jungsozialistin daraufhin schon als Hoffnungsträgerin der verbrauchten Partei. Doch bei Auftritten im Rahmen des 15 M wird Talegón ausgepfiffen. Vertreter der Altparteien sind ebenso wenig gefragt wie das Königshaus, das sich einst als Motor der Demokratisierung bewährt hatte. Nun jedoch scheint sich Spaniens Protestbewegung eher an der anarchistischen als an der monarchistischen Tradition des Landes orientieren zu wollen. Nach der Abdankung Juan Carlos I. infolge zahlreicher Affären 2014, macht die spanische Protestbewegung mobil, um gleich die komplette Abschaffung des Königshauses zu fordern. Und nicht wenige Fans tragen beim Fußballgucken während der Weltmeisterschaft 2014 Trikots in den Farben der untergegangenen spanischen Republik.

DIGITALES GEWISSEN IN DER KRISE

Einst zierte sein Konterfei den 1000-Peseten-Schein, und manche Spanier wünschen sich in der Krise insgeheim, beide wären noch da: die Peseta – und einer wie Benito Pérez Galdós, einer, der in schweren Zeiten mit klaren Sätzen Halt gibt. Der Schriftsteller geißelte Ende des 19. Jahrhunderts im monarchistisch-klerikal-konservativen Spanien die Auswüchse eines verkrusteten Zweiparteiensystems, das nicht regierte, sondern nur Pfründe unter seinen Anhängern verteilte. Es klingt ziemlich aktuell, was der Realist Pérez Galdós damals in seinen *Episodios Nacionales* schrieb: »Die zwei Parteien, die vereinbart haben, sich an der Macht abzuwechseln, sind nichts anderes als zwei unterschiedliche Horden von Männern, die nach nichts anderem streben, als am Staatshaushalt zu schmarotzen.«[11] Solche Analysen passen auf die Gegenwart. Sie haben dem 1920 verstorbenen Pérez Galdós und anderen Schriftstellern vergangener Zeiten ungeahnte Popularität in Internetnetzwerken wie *Menéame* verschafft, wo sie weitergereicht werden wie Offenbarungen. Chats und Twitter ähneln manchmal Geschichtsdiskursen. Oder sie werden zu Manifesten der Selbsterkenntnis. Ein Facebook-Nutzer, der sich als Aliasnamen ein Lied von Mercedes Sosa, den Klassiker »Drume Negrita«, zugelegt hat, schreibt: »Es geht nicht um die politische Klasse, sondern leider um die ganze Bevölkerung, die es sich in Ignoranz gemütlich eingerichtet hatte. Mich amüsieren die Empörung der Menschen und selbst meine eigene. Uns ekeln die Politiker an, weil wir wissen, dass sie uns ähneln.«

Die spanische Krisenrevolution ist eine durch und durch digitale. Internetplattformen aus dem Umfeld des 15 M haben zeitweise Zulauf, von dem Bewegungen in anderen europäischen Ländern nur träumen können. Die Twitter-Nutzung in Spanien wird europaweit nur von der Türkei übertroffen. 2012 sind 30 Prozent aller Internetnutzer in Spanien auch bei Twitter aktiv. In Deutschland sind es gerade mal 6 Prozent. Die Nutzer von Facebook-Seiten wie der Plattform der Hypothekengeschädigten oder Spanish Revolution gehen in die Hunderttausende, es gibt Aberdutzende Foren ähnlichen Zuschnitts, alles bündelt sich bei Democracia Real Ya (Wirkliche Demokratie Jetzt). Dort wird seit Beginn der Krise eifrig diskutiert, ob es nicht besser wäre, zur Peseta zurückzukehren, als sich von Brüssel und Berlin ein System diktieren zu lassen, mit dem sich schwer leben lässt. Mit der Peseta könne man Souveränität zurückgewinnen, heißt es: Eine weiche Währung würde den Export stärken. Man könnte sie abwerten, wann man wolle. Als Hauptverlierer eines Ausstiegs werden die verhassten Banken des Nordens genannt, die ihr geliehenes Geld nicht zurückbekämen.

Aktivisten formulieren nicht nur mehr oder weniger realistische Modellrechnungen, Aufrufe und Kommentare, sie drehen auch lehrreiche Videos, die den Spaniern die Krise häppchenweise erklären. Das ist staatsbürgerlich wertvoll, denn ein Großteil der Menschen hat noch immer nicht verstanden, warum der einstige Wachstumsmusterknabe der EU in eine längst überwunden geglaubte Misere zurücktaumeln konnte. Auch die Deutschen sind Zielgruppe solcher Videos, die jedoch anders als die Diskurse der alteingesessenen Presse nicht deutschfeindlich sind, sondern eher pädagogisch: Eines erklärt mit Hilfe übersetzter Texttafeln, dass nicht der kleine spanische Immobilienkäufer, sondern die spekulationshungrigen Banken die Krise auslösten – und welche Rolle deutsche Kreditinstitute dabei spielten. Das Video mündet in einen Appell: In der Euro-Krise dürfe es nicht darum gehen, dass die Völker Europas einander belauerten. Vielmehr sei der Mittelstand des ganzen Kontinents gemeinschaftliches Opfer von Spekulanten. Wenige Wochen später folgt die Antwort aus Deutschland. In einem ähnlich gestalteten Video bekennen Frankfurter Aktivisten: »Merkel repräsentiert uns nicht.« Auf digitalen Kanälen funktioniert die europäische Annäherung besser als in offiziellen Diskursen.

DIE NEUE SOLIDARITÄT

Vicente Torres ist 74 Jahre alt und ans Bett gefesselt seit einer Herzoperation. Der Greis liegt in seinem kahlen, grün gestrichenen Zimmer in Madrid mit dem Bild der Muttergottes über ihm. Er kann nicht gehen, doch die Bank will, dass er geht. Sie will seine Wohnung. Der alte Mann hatte für den Hypothekenkredit seines Sohnes gebürgt, und der kann nicht zahlen. Die Zeitung *El País* berichtet im November 2012 über Vicente Torres und andere Spanier, die wegen der Schuldenkrise in die Mühlen der Zwangsräumung geraten sind. Die Banken machen schonungslos von einem Gesetz Gebrauch, das Schuldnern kaum Möglichkeiten zur Gegenwehr lässt. In sozialen Netzwerken wird angeprangert, dass Geldinstitute wie Bankia, die milliardenschwere öffentliche Hilfe erhielten, rücksichtslos gegen die Ärmsten der Armen vorgehen.

Doch solange die Gesetze sind, wie sie sind, bleibt den Betroffenen nur der Gang zur Plattform der Hypothekengeschädigten (PAH). Sie hat ihre verwinkelten Büroräume in einer engen, schmucklosen Seitenstraße nahe der monumentalen Stierkampfarena in Madrid. Allein in Madrid kommen jede Woche mehrere hundert Menschen hierher, denen Zwangsräumung droht. Die PAH ist der sichtbarste Ausdruck der Protestbewegung 15 M, nachdem die Demonstrationen an Kraft verloren haben. Fünfzig Ableger der Plattform sind in kurzer Zeit in verschiedenen Städten Spaniens entstanden.

Doch die Möglichkeiten der PAH sind begrenzt. »Wir versuchen, durch öffentliche Aktionen auf das Problem aufmerksam zu machen«, sagt ihr Madrider Sprecher Vicente Pérez. Wann immer eine Zwangsräumung droht, versammeln sich die Aktivisten vor der Wohnung oder vor der Bank, die das Desaster zu verantworten hat. Sie versuchen, Aufschübe oder Zinserlasse auszuhandeln, die Betroffenen zu trösten, organisieren psychologische Hilfe in der letzten Nacht vor dem Auszug.

Vicente Pérez fühlt sich in diesen Zeiten in seinem Lebensentwurf bestätigt. Der 52-Jährige begann mit 15, sich politisch zu engagieren, also noch zu Zeiten des Diktators Franco. Er ist sozusagen ein Veteran des Widerstandes. Er war mal *okupa,* Hausbesetzer. Pérez handelte damals in den 1980er Jahren einen Vertrag für sein besetztes Haus aus, inzwischen ist sein Wohnverhältnis legalisiert – und vor allem bezahlbar. Der Soziologe ist in der Partei der Vereinten Linken aktiv, aber das spiele bei 15 M keine Rolle. »Wir wollen keine politische Vertretung sein.«

Eine Million Spanier müssten fürchten, die Wohnung zu verlieren, sagt Pérez. 2012 gibt es manchmal täglich gewaltsame Räumungen. Pérez und seine Mitarbeiterin Edurne Irigoyen zeigen die Ordner mit Schicksalen von Menschen, die sich im PAH-Büro stapeln; Menschen wie María Ángeles Hormaza aus Ecuador. Sie kam 2001 wie so viele Immigranten nach Spanien, weil das Land boomte. Die alleinerziehende Mutter fand Arbeit als Altenpflegerin. Mit drei Jobs gleichzeitig schaffte sie es, 1800

Euro im Monat zu verdienen. Damit brachte sie nicht nur ihre drei Kinder durch, sondern schickte auch noch Geld für ihre behinderte Mutter nach Ecuador. Nach Ansicht ihrer Bank blieb da noch Geld genug übrig, um eine Wohnung zu kaufen. 2005 schwatzte ihr eine der Sparkassen, die später zu dem Pleiteinstitut Bankia zwangsvereinigt wurden, einen Hypothekenkredit zum Kauf einer winzigen Wohnung in Carabanchel auf, einem Arbeiterviertel Madrids. Ein »übel riechendes Loch« sei das gewesen, sagt Edurne Irigoyen. Im Boom kostete María Ángeles Hormaza das »Loch« 220 000 Euro, 2012 ist es nach Schätzungen gerade noch 100 000 Euro wert. Die monatlichen Kreditbelastungen stiegen bis 2009 auf 1 200 Euro. Dann verlor sie einen ihrer Jobs, musste die Zahlung einstellen. Nun will die Bank die Wohnung zwangsräumen lassen, was die Ecuadorianerin aber nicht von den Schulden befreien würde. Für die Differenz, die durch den Wertverlust entstand, muss sie trotzdem aufkommen, so will es in Spanien das Gesetz. Anders als für die Banken oder die Schuldner der Hypothekenkrise in den USA 2008 gibt es für Menschen wie María Ángeles Hormaza kein Rettungspaket. Im Fall des herzkranken Vicente Torres erreicht die PAH immerhin, dass der alte kranke Mann zur Miete in seiner Wohnung bleiben kann – bis er stirbt. Dann aber müssen seine Frau und sein Enkel, der bei ihm wohnt, ausziehen.

In Edurne Irigoyens Akten gibt es auch Fälle wie den Elektriker, der 600 Euro im Monat verdiente und sich eine teure Wohnung kaufte. »600 Euro im Monat?«, frage ich. Die junge Frau sieht mich mit großen Augen an: »Hören Sie, in Spanien ist das ein ganz normales Gehalt.« Sie selbst bekommt auch nicht viel mehr, aber sie sei der Propaganda nicht auf den Leim gegangen, sagt sie, und habe sich in der Blase eben keine Wohnung gekauft. Trotzdem: Ist jemand, der mit 600 Euro im Monat eine Wohnung kauft, nicht irgendwie selber schuld? PAH-Sprecher Vicente Pérez weist das zurück. Viele Schuldner seien kleine Leute, die sich für den höchst nachvollziehbaren Wunsch nach einer Wohnung verschuldet hätten, weil ihnen die Banken die Kredite förmlich nachgeworfen hätten. »Was ist denn bitte daran falsch, seine eigene Wohnung haben zu wollen?« Schuld sind für Pérez deshalb die Banken, die Immobilienhaie und die Regierungen, die nicht rechtzeitig eingeschritten seien.

Oft seien nicht nur die Wohnungskäufer selbst betroffen, sondern auch Angehörige, die gebürgt hatten. Eine besonders perfide Praxis wandten die Banken bei Einwanderern an, die keine Angehörigen in Spanien hatten. Man erfand die »gekreuzte Bürgschaft«, Käufer bürgten füreinander, obwohl sie sich nicht kannten. So kann es sein, dass ein Bolivianer jetzt seine Wohnung verliert, weil er für einen zahlungsunfähigen Ecuadorianer bürgen muss, den er noch nie gesehen hat, sagt Pérez. Die Schuldfrage findet Pérez sowieso irrelevant. Die Menschen können die Kredite niemals zurückzahlen, sagt er, mit dieser Situation müsse man leben. Um Massenobdachlosigkeit zu verhindern, fordert die PAH daher, dass der Staat die Banken zwingt, die von ihnen beschlagnahmten und häufig leerstehenden Wohnungen billig zu vermieten. Restschulden müssten mit der Übergabe der Wohnung erlöschen. Anders sei der soziale Frieden nicht zu wahren.

Vorläufig richten die Verzweifelten die Gewalt eher gegen sich selbst. Im andalusischen Málaga übergießt sich im Januar 2013 ein Mann mit Benzin und zündet sich mitten auf der Straße an. Passanten löschen das Feuer und bringen den 57-Jährigen ins Krankenhaus. Auf dem Weg dorthin sagt er, dass er arbeitslos sei und nichts zu essen habe. Erst zwei Wochen zuvor war ebenfalls in Málaga eine Frau aus dem Fenster gesprungen, weil sich der Gerichtsvollzieher angemeldet hatte. Zwar veröffentlicht das Nationale Statistikamt seit 2010 keine Zahlen über Selbstmorde mehr. Doch regionale Gesundheitsämter und forensische Institute melden seit zwei Jahren Rekordwerte. Grund seien Arbeitslosigkeit und Schuldenkrise.

Die Bank von Spanien spricht von 15 000 Räumungen des Erstwohnsitzes im Jahr 2012. Die PAH in Madrid meldet gar 500 Zwangsräumungen täglich, die Regierung kontert, da würden auch Bars, Lagerhallen und Garagen mitgerechnet. Doch so leicht kommt Regierungschef Mariano Rajoy nicht mehr davon, denn inzwischen haben sich auch die Richter dem Protest angeschlossen. Sie sind es leid, Menschen aus ihren Wohnungen werfen zu müssen, weil das Gesetz es ihnen so vorschreibt – ein Gesetz aus dem Jahr 1909. 46 Gerichtspräsidenten, die 2000 Richter im ganzen Land repräsentieren, fordern in einem Brandbrief an die Regierung ein humaneres Gesetz. Die Zwangsräumungen seien eine »soziale Geißel«. Es brauche eine Rechtsprechung, die der Krise angemessen sei.

In dieser Situation entschließt sich ein kleiner Anwalt in einem Vorort von Barcelona zu einem Schritt, der ihm den Titel des »Helden von Martorell« einbringen wird, verliehen von der größten spanischen Zeitung *El País*. Dionisio Moreno ist ein kleiner Anwalt. Er hat wie viele Spanier das Problem, seine Hypothek kaum noch bezahlen zu können, weshalb Moreno besondere Sensibilität für Zwangsräumungen entwickelt. Er wird in der PAH aktiv. Einer seiner Mandanten ist der marokkanische Einwanderer Mohamed Aziz, ein arbeitsloser Schweißer, der in der Krise Job und Wohnung verloren hat. Der 51-Jährige wendet sich an Moreno, der beschließt, seinen Fall vor den Europäischen Gerichtshof in Luxemburg zu bringen und ihn dort kostenlos zu vertreten. Im März 2013 erkämpft Moreno ein Urteil in Luxemburg, das die spanischen Hypothekengesetze für nicht vereinbar mit dem europäischen Verbraucherschutz bezeichnet. Bürger hätten keinen ausreichenden Schutz vor missbräuchlichen Klauseln in Hypothekenverträgen. Solche Klauseln legten Verzugszinsen von bis zu 30 Prozent oder die Räumung der Wohnung bereits nach einem Monat der Zahlungsunfähigkeit fest. Für Tausende Familien, die von Zwangsräumung bedroht sind, ist das Urteil eine Atempause. Und die Regierung Rajoy ist nun endlich gezwungen zu handeln. Sie beschließt eine Gesetzesänderung, die Räumungen wenigstens in Härtefällen verhindert.

Aktionen wie die von Moreno sind Zeichen einer wachsenden Bürgersolidarität. Durch die Presse gehen Beispiele spontaner

Nächstenhilfe: Da ist das Rentnerpaar, das seine Ferienwohnung einer obdachlos gewordenen Familie zur Verfügung stellt. Da ist der Kellner, der prügelnden Polizisten Zutritt zu seiner Kneipe verwehrt, in die vor Angst schlotternde Demonstranten sich geflüchtet haben. Da sind die Schlosser, die bei Zwangsräumungen keine Schlösser mehr auszutauschen bereit sind. In La Coruña weigern sich Feuerwehrleute, eine alte Frau aus ihrer Wohnung zu holen, die geräumt werden soll. Ibiza erklärt sich zur »räumungsfreien Zone«. *El Periodico de Catalunya* schreibt in einer Bilanz des 15 M: Die Protestbewegung habe den Samen gelegt, der eine machtvolle soziale Bewegung zum Sprießen gebracht habe.[12]

GENERATION AUFSTAND

Im Juli 2013 protestiert die Welt. In Brasilien gehen junge Menschen auf die Straße, um gegen die Geldverschwendung im Zusammenhang mit dem Stadienbau für die Fußballweltmeisterschaft zu demonstrieren. Sie fordern billigere Buspreise statt unnützer megalomanischer Infrastruktur. In Istanbul kämpfen junge Menschen gegen die Abholzung eines beliebten Parks, ein Symbol für die Kapitalisierung des öffentlichen Raums im Dienste schrankenloser Entwicklung. In Sofia gehen Tausende auf die Straße, um ihren Unmut gegen eine Elite kundzutun, die das Land zwar in die EU geschleust, sich selbst dabei aber ordentlich die Taschen gefüllt hat. In Athen wird das Universitätsviertel Exarchia, 1973 erstmals Schauplatz eines Studentenaufstandes gegen die Militärdiktatur (1967–1974), zum Zentrum einer basisdemokratisch organisierten, uneigennützigen Bürgersolidarität.

So unterschiedlich die Proteste und ihre Beweggründe im Einzelnen sind, eines haben sie gemeinsam: Ihre Träger sind junge Menschen aus einer aufstrebenden Mittelschicht, die anders als Alt-68er nicht mehr Marxens Kapital oder die Mao-Bibel schwenken, sondern ihre Smartphones. Auf denen können sie über soziale Netzwerke verfolgen, was am anderen Ende der Straße und was am anderen Ende der Welt los ist. Und sie nehmen Bezug aufeinander: »Die Buspreise sind unser Taksim-Platz«, wird in

São Paulo getwittert. Denn auch in der Türkei geht es letztlich um eine Form von Privatisierung der Stadtpolitik, wie sie in Brasilien auf Betreiben des Weltfußballverbands Fifa praktiziert wird, wo Kleinhändler rücksichtslosen Vermarktungsstrategen weichen müssen, Favelas beseitigt werden und punktuell monumentale Infrastruktur geschaffen wird, die nach den Spielen keiner mehr braucht – während sie woanders fehlt.

Die Parallelen zwischen der Türkei und Brasilien fallen am meisten auf. Beides sind Schwellenländer, in denen der wirtschaftliche Erfolg die Menschen mit einer nie gekannten materiellen Grundsicherheit ausgestattet hat. Das war eine wichtige Voraussetzung, um auch als Staatsbürger Mündigkeit zu entwickeln. Die Proteste sind dort Ausdruck der Demokratisierung und Reifung breiter Gesellschaftsschichten, woran die digitale Kommunikation einen entscheidenden Anteil hat. Diese Menschen haben viel zu verlieren, sie wissen, was es heißt, für den Lebensunterhalt kämpfen zu müssen; deshalb fordern sie anders als die behütet aufgewachsenen 68er der Industrieländer keine Utopien. Sie wollen Partizipation, sie wollen nicht mehr nur überleben, sondern gut leben – wozu eine lebenswerte Umgebung gehört. Ihr Aufstand richtet sich letztlich gegen Eliten, die den Aufschwung zwar möglich gemacht, dabei aber Werte wie demokratische Teilnahme und Nachhaltigkeit vernachlässigt haben.

Diese Eliten in Ankara und Brasília wirken ob des Widerstands gegen ihr Wachstumsmodell verblüfft bis konsterniert. Haben sie nicht alles getan, um ihre Völker aus der Misere zu führen? Geht es den Menschen nicht viel besser als vor fünfzehn Jahren? Erfolgsverwöhnte Politiker wie der türkische Premier Recep Tayyip Erdogan oder Brasiliens Präsidentin Dilma Rousseff reagieren wie enttäuschte Eltern, deren Wohlstandskinder aufbegehren. Erdogan gibt den autoritären Patriarchen, der Regierungschef zensiert 2014 gar das Internet, um der Kritik an der grassierenden Korruption in seinem engsten Umfeld die Verbreitungs- und Organisationsbasis zu nehmen; Facebook und Twitter diskreditiert er abfällig wie ein ungeduldiger Vater das unnütze und gefährliche Spielzeug rebellischer Kinder – und das in einem Land, in dem die digitale Vernetzung weltweit mit am höchsten ist. Letztlich spricht aus der Ablehnung digitaler Transparenz durch die patriarchalischen Eliten deren Überzeugung, Korruption sei ein lässliches Übel, das durch die wirtschaftlichen Erfolge allemal kompensiert werde.[13] Die Brasilianerin Rousseff, selbst ein Kind der Protestkultur der 1960er Jahre, spricht immerhin vom »Naturell der Jugend« zu demonstrieren. Freilich merkt sie dabei gar nicht, wie überheblich diese Aussage daherkommt.

An der Puerta del Sol und in Exarchia nahm diese Protestform ihren Ausgang. Madrid, Athen, Barcelona und Lissabon inspirierten über Umwege Istanbul, São Paulo und Sofia. Denn neben dem Unmut über eine oktroyierte Sparpolitik und Wirtschaftsweise lag den südeuropäischen Protesten stets auch ein aufbrechender Generationenkonflikt zugrunde. Das Aufbegehren der Jugend richtete sich nicht zuletzt gegen sklerotische Altershierarchien, die jede Entwicklungsmöglichkeit für die Nachrückenden verstopfen und die nötige Öffnung der Gesellschaft blockieren. Der Süden Europas ist den Schwellenländern dabei einen Schritt voraus: Während sich die Clansysteme der Türkei, Bulgariens und Brasiliens ökonomisch noch in einem leichten, wenn auch nachlassenden Aufwind befinden, haben junge Spanier oder Portugiesen bereits feststellen müssen, was passiert, wenn dieser ganz abebbt.

Häufig werden sie im Kontext der Euro-Krise eine »verlorene Generation« genannt. Diese Kennzeichnung ist fahrlässig und falsch, weil sie erstens so tut, als sei jemand, der keinen karriereträchtigen Job findet, für das Leben verloren. Zum zweiten ist im Süden in Wahrheit eine Generation Umbruch am Werk, die nur im bestehenden Wirtschaftssystem der verschwindenden Arbeit und virtuellen Gewinne keinen Weg zur Entfaltung mehr findet und finden wird. Ihr Aufstand drückt die Sehnsucht nach einer neuen Wirtschaftsordnung aus, die den Menschen und seine kreative Arbeit wieder stärker in den Mittelpunkt stellt als rationalistische Gewinnmaximierung, die nur wenigen nützt.

Italien wacht auf

> »Es ist wirklich tragisch, dass die italienische Kultur der Familie sich ausgerechnet über Silvio Berlusconi ausdrückt.«
> *Pietro Barcellona*[14]

Am Trevi-Brunnen in Rom sitzen die ersten Urlauber in der noch schüchternen Februarsonne und zielen mit ihren Münzen in die prasselnden Fluten, in die in den 1950er Jahren die Schauspielerin Anita Ekberg in Federico Fellinis Film *La dolce vita* stieg. Die touristische Idylle lässt fast vergessen, dass das Italien der Euro-Krise von nichts weiter entfernt ist als vom »süßen Leben«. Um die Ecke liegt eine Straße, deren Name den Geist der Zeit treffender zum Ausdruck bringt: die Via della Umiltà, die Straße der Demut. Dort herrscht an diesem Donnerstagabend hektische Aktivität. In dem Palazzo mit der Nummer 87 hat der altehrwürdige Club der ausländischen Presse sein Domizil. Die Eingangshalle wirkt so antiquiert wie manchmal das ganze Land, auf den Messingschildern an der Wand sind Namen von Zeitungen angebracht, die zum Teil schon lange nicht mehr existieren. Doch innen ist alles auf Aktualität getrimmt, vor allem an einem Tag wie diesem, an dem Italien ansetzen will, aus einer langen Nacht zu erwachen.

Auslandskorrespondenten können im Presseclub Schreibtische anmieten, und die Kollegen aus Holland, Mexiko und Deutschland hacken pausenlos auf ihre Computer ein. Auf dem Fernsehschirm ist zu sehen, wie Enrico Letta nicht weit entfernt, in der Zentrale der sozialdemokratischen Partito Democratico (PD), um sein politisches Überleben kämpft. Doch der italienische Regierungschef, der das Land durch das turbulente Jahr 2013 gelenkt hat, hat schon verloren. Matteo Renzi ist der Mann der Stunde, der ehrgeizige Bürgermeister von Florenz nutzt den Moment, in dem Italien nach einem Symbolträger für den Neuanfang giert. Renzi hat dem Vorstand ein Papier abgetrotzt, in dem Enrico Letta nach nur acht Monaten im Amt für die gute Arbeit gedankt wird. Es ist nichts anderes als ein Rausschmiss. Warmer Händedruck, ciao, ciao.

Jetzt sei es Zeit, neue Türen aufzustoßen, heißt es in dem Papier, das am Ende dieses nervenaufreibenden Abends von der Parteispitze mit 136 zu 16 Stimmen bei zwei Enthaltungen angenommen wird. Matteo Renzi steht der Weg in den Palazzo Chigi, den Amtssitz des italienischen Ministerpräsidenten, offen. Er verspricht eine »Regierung ohne Verfallsdatum«, die mit der italienischen Tradition der dauernden Wechsel brechen soll. Dabei ist es der 39-jährige Renzi selbst, der eine kurze Phase relativer Stabilität unter Enrico Letta beendet, indem er den Parteifreund abserviert. »Renzi liquidiert Letta«, titelt der Mailänder *Corriere della Sera* .[15] Die *Süddeutsche Zeitung* nennt ihn einen modernen Machiavelli,[16] was in Italien nicht zwingend einer Beleidigung gleichkommt, die italienische Nachrichtenagentur Ansa kolportiert die Schlagzeile eilig. Renzi verspricht, Italien aus dem Sumpf zu holen. Letta kontert sarkastisch: »Ich bin genau in diesem Sumpf gesessen.«[17] Er meint damit seine eigene Partei, die PD, deren Vorsitzender Renzi seit einigen Monaten ist. Von dort aus, im Sessel sitzend, habe er ihn demontiert, wirft Letta Renzi vor. Sein designierter Nachfolger und politischer Meuchelmörder sei »besessen von Ehrgeiz«.[18] Renzi lässt sich nicht beirren und twittert sofort los, wie seine Vision von einem neuen Italien aussieht: »Ein einfaches und mutiges Land, versuchen wir's.« Das ist ein wenig zurückhaltender als »Yes we can«, aber es geht in dieselbe Richtung. Barack Obama ist neben Tony Blair Renzis Vorbild.

Europa bleibt erst mal skeptisch. In Brüssel und Berlin hatte man den farblosen Pragmatiker Letta geschätzt. Endlich war wieder Ruhe eingekehrt, diese Ruhe, die die Deutschen so verzweifelt herbeisehnen für Europa, weshalb sie immer wieder Angela Merkel wählen, von deren breiter politischer Persönlichkeit sie sich beschützt fühlen vor den Krisenszenarien ringsum. Letta war ein Politiker nach dem Geschmack Merkels, technokratisch, persönlich unauffällig, bieder, redlich, in der Öffentlichkeit zurückhaltend – ein Politiker wie Merkel selbst. Doch in Rom gilt noch immer die Tradition des *Forum Romanum*: Wer als Politiker etwas werden will, muss den öffentlichen Raum bespielen können, sei es auf der Piazza oder bei Twitter. Berlusconi konnte das wie kein zweiter. Der EU-Statthalter Mario Monti und Letta konnten es nicht. Renzi kann es.

Einer, der der Meinung ist, man müsse dem 39-jährigen Renzi eine Chance geben, ist der deutsche Rom-Korrespondent Julius Müller-Meiningen, der an der Via della Umiltà gerade einen Kommentar für die *Rheinische Post* schreibt: »Der designierte Ministerpräsident Matteo Renzi bewegt sich wie ein Komet durch die italienische Politik«, hackt er in die Tasten. »Er richtet dabei auch Schaden an, wie der respektlose Umgang mit Enrico Letta zeigt. Jetzt wird er Ministerpräsident. Er ist im Moment der einzige italienische Politiker, der noch Opfer von der resignierten Menge verlangen kann.«[19] Müller-Meiningen meint: Renzi hat sich ob seines unkonventionellen Auftretens und seiner Brecheisenwirkung in einer verkrusteten Parteiinstitution großen Respekt in der Bevölkerung verschafft. Die über jeden Populismusverdacht erhabene *Neue Zürcher Zeitung* sekundiert: »Renzis zupackender Elan überzeugt viele in diesem Land, das seit langem nur noch einen chaotischen Stillstand kennt.«[20] Bei der Europa-Wahl 2014 erhält Renzi erstmals eine überzeugende Bestätigung an der Wahlurne für seinen Kurs. In diesem Moment scheint es so, als könne sich die europäische Sozialdemokratie aus dem Süden heraus regenerieren.

Wie immer Renzis politische Karriere verlaufen mag, sein Aufstieg markiert einen überfälligen Generationswechsel in der italienischen Politik. Renzi stammt aus jener Generation Aufbruch, die die selbstgenügsamen Patriarchen in Politik und Betrieben ebenso satt hat wie die »Intellettuali del Piffero«, die »intellektuellen Pfeifen«, über die Luca Mastrantonio ein ganzes Buch geschrieben hat. Der Mittdreißiger aus der Renzi-Generation ist Kolumnist des *Corriere della Sera,* er hat den Begriff vom »Klassenkampf der Generationen« erfunden. In seinem Buch zieht er heftig her über die selbstgefälligen Säulenheiligen des italienischen Kulturlebens, die keiner mehr hören wolle und die sich trotzdem auf allen Kanälen äußerten, obwohl sie lange nicht mehr auf der Höhe der Zeit seien: Gemeint sind Umberto Eco, Dario Fo, Andrea Camilleri, Gianni Vattimo und viele andere, »die ihren ranzigen Senf zu allem abgeben, in altersstarren Kolumnen und Talkshows, ohne einen Funken Hoffnung für die Jungen«, wie es in *der Neuen Zürcher Zeitung* heißt. [21] Renzi, damals noch am Anfang seiner Karriere, wird in dem Buch als Hoffnungsträger apostrophiert. Nach dessen Aufstieg zum Regierungschef schreibt Mastrantonio in seinem Blog, die Karriere von Renzi und seinem Team ähnele der einer politischen Boygroup. Nun müsse man sehen, ob daraus eine auf Dauer erfolgreiche Rockgruppe werde.[22]

Die Hoffnung, die viele in diese Boygroup legen, besteht vor allem darin, es möge nach dem Intermezzo des mediokren Personals von Brüssels Gnaden wieder jemand Italien regieren, der den Italienern das Gefühl zurückgibt, sich aus sich selbst heraus erneuern zu können. Es ist eine Hoffnung, die der Politologe Claus Leggewie folgendermaßen in Worte gefasst hat: »Wie Südeuropäer ihre Volkswirtschaften und Staatshaushalte nachhaltiger ausrichten (…), dazu kann der Norden höchstens Ratschläge und Finanzhilfen beitragen, die Konzepte und Lösungen müssen aus eigenem Antrieb und eigener Kraft gefunden werden.«[23]

Doch der Weg zur Selbstfindung ist gewunden und von demagogischem Dickicht überwuchert, aus dem so manche giftige Blüte sprießt. Italienische Wähler griffen nach einer solchen in einem Moment, in dem die Politlandschaft abseits dieses Weges nach dem Flächenbrand der Ära Berlusconi einer trostlosen Wüstenei ähnelte. Die Wahl im Frühjahr 2013, die in ganz Europa mit bangem Hoffen auf einen Neuanfang erwartet wurde, geriet mangels Alternativen zum Triumphzug des Komikers Beppe Grillo, der die Stimmen der zornigen digitalen Generation einsammelte. Dass Grillos destruktive Opposition im Parlament nur eine Spiegelung Berlusconis auf der Linken darstellte, wurde den Wählern der Fünf-Sterne-Bewegung alsbald klar. »Aber man musste das System mal ein bisschen durchschütteln«, gestand mir bei meiner Romreise im Februar 2014 einer, der ihn gewählt hatte, ein Unternehmer mit linken Sympathien, wie er sich selbst beim Caffè an der Bar einstufte und sogleich nachschob: Nun habe man aber auch bald wieder genug von Grillo und Konsorten. Die Europa-Wahl drei Monate später bewies, dass viele so dachten. Grillo brach ein; es sei der »verheerende Kater nach dem Grillinischen Tsunami des Jahres 2013«, wertete die römische Zeitung *La Repubblica* die Verluste des Populisten.[24]

Das Phänomen Grillo war demnach nichts weiter als ein erster Ausdruck des Überdrusses mit jener von korrupten Eliten und Seilschaften erzeugten Dauerkrise Italiens, die bald zwei Jahrzehnte angedauert hatte und die der Politologe Angelo Bolaffi die »lange italienische Nacht« genannt hat. Zwanzig Jahre habe diese gedauert, in denen das Land geprägt gewesen sei vom »tiefsitzenden Mangel an staatsbürgerlichem Bewusstsein« und dominiert von einem leider sehr italienischen »egoistischen Besitzindividualismus (…), der ewig hin und her schwankt zwischen anarchischer Revolte und unterwürfigem Opportunismus«.[25] Die Nacht fiel herab, nachdem das jahrzehntelange Proporzsystem von Christdemokraten (DC) und Kommunistischer Partei (PCI) Ende der 1980er Jahre unter Getöse kollabiert war. Die PCI implodierte nach dem Fall der Berliner Mauer, Kommunismus war nicht mehr gefragt, nicht mal Eurokommunismus. Die PCI packte die roten Fahnen ein und wandelte sich zur blassrosa »Demokratischen Partei« mit nicht mehr dem leisesten Hinweis auf eine politische Richtung im Namen, Linkssein galt nach Gorbatschow als peinlich. Den Christdemokraten machte die Schmiergeldaffäre Tangentopoli den Garaus, ein System von Korruption, Amtsmissbrauch und illegaler Parteifinanzierung, das der Staatsanwalt Antonio di Pietro in Mailand bloßlegte. Die nachfolgenden gerichtlichen Untersuchungen *Mani pulite* (Saubere Hände) fegten das halbe italienische Parteienspektrum hinweg. In der Lombardei und Venetien gewann fortan die separatistische und rassistische Lega Nord die Wahlen, im Süden forderte die Mafia mit

Attentaten und Morden den Staat heraus, der sich als hilflos erwies, der Bedrohung entgegenzutreten. Der ideologische Burgfrieden, in dessen Schutz Italien nach dem Krieg laut Bolaffi »von einem vorrangig landwirtschaftlich geprägten Land zu einer der führenden Industrienationen des Westens« aufgestiegen war, war aufgekündigt.[26]

In dieses Vakuum stieß Silvio Berlusconi. Er gerierte sich nicht nur als Neuerfinder des Parteienstaates, sondern des ganzen Prinzips Partei. Den heimatlos gewordenen antilinken Kräften bot seine *Forza Italia* die Möglichkeit zum Zusammenschluss. Berlusconi selbst schlüpfte in die Rolle des Parteipatrons, gewissermaßen des politischen Familienoberhaupts, es war die Wiedergeburt des uralten Patron-Klientel-Systems, das noch alle Parteien, Staatsgründungen und Ideologien überdauert hat. Berlusconi sei die allerübelste Ausformung des Familismus gewesen, urteilte die deutsche Rom-Korrespondentin Birgit Schönau, er verkörperte ihr zufolge den »rücksichtslosen Einsatz für den eigenen Clan und eine bis zur Ablehnung reichende Gleichgültigkeit gegenüber dem Gemeinwesen«.[27]

Der Versuch des spröden früheren EU-Funktionärs Romano Prodi, auf der Linken eine ähnliche Sammlung herbeizuführen, scheiterte. Berlusconi erwies sich als der agilere Taktiker, er triumphierte als der Antipolitiker, der das Volk vor Politikern – wie Prodi – zu schützen vorgab. Das fiel Berlusconi umso leichter, als er seine ja erwiesene Kompetenz als einer der erfolgreichsten Unternehmer des Landes ins Feld führen konnte. Sein Medienimperium nutzte er schamlos für seinen Aufstieg, was umso besser funktionierte, als Italien ein Land ist, in dem praktisch ständig irgendwo ein Fernsehapparat flimmert. Berlusconis Kunst bestand darin, an den traditionellen Familismus und die Bewunderung für den erfolgreichen Unternehmer zugleich zu appellieren. Er verband Mediendemokratie mit Personalisierung in der Politik, was jeweils für sich genommen ja keine originär italienischen Phänomene sind. Das Italienische an dem Cavaliere war seine Ambivalenz: Er versprach einerseits, die Kleptokratie der

Altparteien zu bekämpfen, andererseits sanktionierte er Übertretungen durch sein eigenes semilegales Handeln augenzwinkernd – und stellte damit dem Bürger einen Freibrief zum Unterschleif aus.

Als erfolgreicher Parvenü strebte Berlusconi auch selbst nach Sanktionierung durch eine übergeordnete Instanz. Er fand diese in Gestalt von Helmut Kohl, dem in Südeuropa ein glänzender Ruf als Übervater der europäischen Integration hinterhereilt, seit er den Ländern das Tor in EU und Euro öffnete. Deutschland-Kenner Bolaffi nennt es einen »kolossalen Fehler«, dass der deutsche Bundeskanzler und CDU-Chef Berlusconis Forza Italia seinerzeit in die Europäische Volkspartei (EVP), die Dachorganisation der konservativen Kräfte, aufgenommen habe.[28] Doch Berlusconi war nützlich, solange er die Linke niederhielt. Italien bekam die gemeinsame Währung, und niemand hielt ihn davon ab, »fröhlich die Rendite zu verschleudern, die der Euro (…) der italienischen Wirtschaft garantierte, indem er ihr die Möglichkeit eröffnete, sich auf dem Sekundärmarkt neues Kapital zu einem lächerlich geringen, in Wahrheit unrealistischen Zinssatz zu beschaffen – wie sich zehn Jahre später mit Blick auf die gewaltige Staatsverschuldung Italiens und das veraltete Wirtschaftssystem des Landes zeigen sollte«.[29] Politologe Bolaffi erklärt auch, warum Italien die »Herausforderungen des Euro nicht gemeistert« habe:[30] »Für Italien, das in den Jahrzehnten nach dem Ende des Zweiten Weltkriegs nach einem inflationären Modell funktionierte, das durch schwache Währung und schwache Regierungen gekennzeichnet war – genau das Gegenteil von Deutschland also – (…), bedeutete die Unterzeichnung des Vertrags von Maastricht nichts weniger als eine Revolution in Wirtschaft, Politik und Kultur.«[31] Berlusconi war zu nichts weniger bereit, als sich dieser Revolution zu stellen.

Warum sich das Land überhaupt auf den Euro eingelassen habe, erklärt der Politologe so: Die Italiener, »die gewohnheitsmäßig von einer Republik in die nächste schlitterten, ohne je auf einen grünen Zweig zu kommen, stürzten sich wie immer leichtfertig in ein Abenteuer, das ihre Kräfte überstieg. Dabei hatten sie nicht im Entferntesten auch nur die leiseste Ahnung von den sozialen und wirtschaftlichen Konsequenzen für das politische Gleichgewicht ihres Landes.«[32]

Es war also im Grunde ihr mediterraner Optimismus, der die Italiener zu einem Wagnis verleitete, dem sie mittelfristig nicht gewachsen waren. Doch man fühlte sich sicher: War Italien nicht eine Industrienation? Hatte das Land nicht globale Konzerne hervorgebracht? Gab es nicht eine leistungsfähige Auto- und Telekommunikationsindustrie, international agierende Banken und ehrgeizige Energieversorger, die weit nach Osteuropa expandierten? Italien hat sich mit dem vom Euro erzwungenen Wandel am schwersten getan, viel schwerer als Griechenland, Portugal oder Spanien, weil es auf den Weg in die Währung von einem vergleichsweise hohen Niveau aus aufgebrochen war. Berlusconi befeuerte diese Fehleinschätzung der eigenen Kräfte mit seinen ständigen Verweisen darauf, wie gut es Italien doch gehe. Krise? Welche Krise? Bars und Restaurants seien voll. Und die Strände erst!

Mit solchen Sätzen gelangte Silvio Berlusconi viermal an die Regierung, von 1994 bis 1995, von 2001 bis 2005, von 2005 bis 2006 und von 2008 bis zu seinem von der EU erzwungenen Rücktritt 2011, unterbrochen von linksliberalen Intermezzi des ehemaligen EU-Kommissars Prodi. Prodi erging es ähnlich wie später dem EU-Statthalter Mario Monti: Europa mochte ihn, die Italiener nicht. »Mortadella« lautete sein Spitzname wegen seines etwas wurstigen Aussehens und seiner Herkunft aus Bologna. Forza-Italia-Abgeordnete fanden es lustig, auf möglichst geräuschvolle Weise Mortadella in sich hineinzustopfen, wenn Prodi im Parlament sprach.

Aber wer um Gottes willen wählt Berlusconi?!, will der frühere deutsche Italien-Schwärmer nun wissen, während er schon überlegt, aus Empörung und enttäuschter Liebe den geplanten Toskana-Urlaub zu stornieren. Nach der Wahl 2008 gibt der Italien-Korrespondent der *Süddeutschen Zeitung*, Stefan Ulrich, eine Handreichung, indem er die Wähler in vier Gruppen einteilt:[33] »Da wären zum einen die Cavaliere-Gläubigen. Sie sehen tagaus, tagein die Privatfernsehsender, mit denen Berlusconi sein Volk erzieht. Darin spielen alternde, frivol-charmante Showmaster, von jungen Schönen umringt, die Heldenrollen. Genau wie sie tritt Berlusconi in der Politik auf, nur besser.« Der zweiten Gruppe ordnet der Korrespondent der *Süddeutschen Zeitung* die »Möchtegern-Cavalieri« zu: »Sie durchschauen zwar das Spektakel des Meisters, bewundern ihn aber zugleich als einen Mann, der in der Geschäftswelt und der Politik genauso viel Erfolge zelebriert wie bei den Frauen – und immer im Mittelpunkt steht. Ihn zu wählen bedeutet da auch, ihm nachzueifern.«

Traditionelle Anhänger der Rechten, die dritte Gruppe, sagten sich: »Nase zuhalten und Berlusconi wählen.« Diese Italiener, so Ulrich, »oft Angehörige eines konservativen, gebildeten Bürgertums, wissen zwar, dass der amoralische Multimilliardär mit seiner antistaatlichen Rhetorik keine gute Besetzung für ein hohes Staatsamt ist. (…) Aber sie bringen es einfach nicht übers Herz, für die Linke, und sei es eine noch so moderate, zu votieren.« Und die vierte, laut Ulrich »wohl wichtigste Gruppe, bilden die praktischen Zyniker. Hierzu gehören viele Selbständige: Besitzer kleiner Handwerksbetriebe, Restaurantbetreiber, Taxifahrer. Sie erwarten sich nichts mehr von ihren Regierungen, egal welcher Couleur, und rechnen kaum mehr damit, einen modernen, leistungsstarken Staat zu bekommen. Wenn Rom nichts für uns tut, wollen wir nichts für Rom tun, lautet ihr Motto. (…) Unter einem Premier Berlusconi, so erwarten sie, werden sie vom Staat eher in Ruhe gelassen.«

Wird da nicht eine Parallele sichtbar? Die Italiener haben Berlusconi gewählt, weil sie in Ruhe gelassen werden wollten – die Deutschen wählen Merkel, weil sie ihre Ruhe wollen. Auch wenn der italienische Premier und die deutsche Kanzlerin in ihrem öffentlichen Auftreten den gegensätzlichen Völkerklischees auf geradezu abziehbildartige Weise ähneln mögen: Ihre Wähler diesseits und jenseits der Alpen werden tief in ihrem Inneren offenbar von Urbedürfnissen getrieben, die sich viel mehr gleichen, als es die wechselseitigen Stereotypen vermuten lassen.

Vom Denken des Südens

»Und wenn einer den anderen bekehren will,
so ist das erste, was er tun muss, die Sprache
des anderen zu lernen.«
Miguel de Unamuno[1]

Das Institute for Advanced Sustainable Studies (IASS) ist untergebracht im Gebäude der ehemaligen DDR-Zentralbank in Potsdam. Eine alte Straßenbahn rattert dorthin auf preußisch geraden Straßenzügen. Im Keller kann man noch den alten Tresor besichtigen, die mannshohe Tür steht weit offen, innen gähnt die Leere. Auch in den Räumen darüber hat man ausgemistet, behutsam renoviert und ein schlichtes Forum für Gespräche geschaffen, das viel Platz für kreative Gedanken lässt. Es ist Januar 2012, draußen blaut die Kälte – vor allem die Gäste aus dem Süden frieren. Die meisten sind Lateinamerikaner, Anthropologen, Historiker, Regierungsberater, Botschafter, Kulturwissenschaftler, aber auch deutsche *public intellectuals* wie der Naturwissenschaftler Ernst Ulrich von Weizsäcker und der Politologe Klaus Bodemer vom Giga-Institut Hamburg für Globale und Regionale Studien. Sie sind der Einladung des früheren deutschen Umweltministers, Professor Klaus Töpfer, und des Anthropologen Constantin von Barloewen gefolgt. Man will darüber diskutieren, ob Fortschritt ohne »Verwestlichung« möglich ist.

Professor Töpfer hat das IASS nach seiner Zeit als aktiver Politiker und Direktor des UN-Umweltprogramms in Nairobi ins Leben gerufen, um zu erforschen, wie die Welt nachhaltiger wirtschaften kann. Bei der Tagung im Januar 2012 soll herausgefunden werden, ob ein »Denken des Südens« eine Rolle spielen könnte bei einem alternativen, weniger ressourcenverschlingenden Wachstumsmodell. Kenner der Sozialforschung über Schwellenländer wie der ecuadorianische Verfassungsvater Alberto Acosta halten Vorträge über die Frage, ob technischer und zivilisatorischer Fortschritt künftig nicht viel stärker kulturgeschichtlichen Traditionen angeglichen werden müsste. Acosta findet im Denken der Völker der Anden Ansätze, die nicht nur für die Schwellenländer, sondern in der gegenwärtigen Werte- und Klimakrise auch für die Industrienationen nützlich sein könnten.

Der Politiker und Wirtschaftswissenschaftler hat als Präsident der verfassunggebenden Versammlung Ecuadors 2008 dafür gesorgt, dass der indigene Naturbegriff Einzug ins Grundgesetz des Landes fand. Nach Überzeugung der Urvölker ist die Natur ein atmendes Wesen, das man zwar behutsam zum eigenen Unterhalt nutzen darf, jedoch zu achten hat. Diese Form von Ressourcenschutz stand jahrhundertelang im Widerspruch zum »Extraktivismus«, der Überzeugung, dass man der Erde ihre Reichtümer entreißen muss, um voranzukommen. Bei der Abschlusstagung präzisieren Vertreter der indigenen Völker Boliviens und Ecuadors in Filzhüten und bunten Trachten Acostas Ausführungen: Sie ziehen in Zweifel, dass das Morgen immer besser sein muss als das Heute. Sie erläutern, dass ihrem Denken ein Begriff von Zeit zugrunde liegt, die nicht linear verläuft, sondern zyklisch – und die in die Rückkehr in einen paradiesischen Urzustand mündet. Für die Völker der Quechua und Aymara stellt *Sumak kawsay*, »gut leben«, ein höheres Gut dar als das westliche »Besser leben«. Dahinter steht der Appell, sich mit dem zufrieden zu geben, was man hat, anstatt ständig nach mehr zu streben.

Eigentlich hätte auch Edgar Morin aus Paris zu der Tagung kommen sollen. Morin, Jahrgang 1921, war Résistance-Kämpfer, er gehört zur Generation Stéphane Hessels und plante mit diesem zu der Zeit ein gemeinsames Buch, das an Hessels Manifest *Empört euch!* anschließen sollte, welches 2011 das Stichwort gab für die Protestbewegungen in Südeuropa. Doch Morins fragile Gesundheit lässt die Reise nach Potsdam nicht zu. So wird der französische Philosoph telefonisch zugeschaltet, um den Teilnehmern seine Vorstellung eines europäischen »Denkens des Südens« darzulegen. Morin betrachtet die Angelegenheit aus der Sicht Frankreichs, des einzigen Landes, das zum Norden und zum Süden gleichermaßen gehört. Er zieht eine Trennlinie zwischen dem protestantischen *Matter-of-fact*-Pragmatismus des Nordens und der auf der mythologisch-mediterranen Kulturtradition fußenden Empfindsamkeit des Südens. Im Norden, so Morin, bestimme eine deterministische, chronometrische und lineare Kausalität den Tag. Der Norden zersetze Ganzes in seine Bestandteile, um diese in Partikularanwendungen nutzbar zu machen. Der Süden hingegen betrachte die Welt aus dem Blickwinkel einer in sich verwobenen Komplexität, er setze dem mechanisierten Denken des Nordens eine poetisch-ganzheitliche Sichtweise entgegen, die die dem Leben innewohnenden Qualitäten stärker betone als der Quantifizierungsanspruch des Nordens. Es sei aber genau diese Poesie, welche die Nordländer in der Krise als Rückständigkeit auslegten oder, in der Urlaubssaison, als Folklore.

Für Morin hat der Norden dem Süden eine Logik der Effizienz, der Vorhersehbarkeit, Berechenbarkeit und Hyperspezialisierung auferlegt. Doch genau dieses System zeige Anzeichen der Erschöpfung und Selbstzerstörung. Dem stünden die Werte des Südens wie etwa Gastfreundschaft, Gemeinschaft, Selbsterfüllung, Extrovertiertheit entgegen, die, weil so schwer quantifizierbar, in einer auf Quantifizierung basierenden Welt als nostalgische Gefühlsduseleien abgetan werden – letztlich aber zentrale Werte menschlichen Wohlbefindens repräsentierten.

Morin tritt ein für eine Wiederentdeckung eines gemeinsamen geistigen und kulturellen Erbes in Europa, das seiner Ansicht nach besonders in der mediterranen Kultur begründet liegt. Die Stärke der südlichen Kulturen liegt seiner Meinung nach eben darin: dem Streben nach einer komplexeren Denkweise dem Leben gegenüber zur Geltung zu verhelfen, die nicht nur Quantität, sondern auch Qualität zulässt inklusive der Qualität des Lebens. Leider sind die Leistungen des Südens – abseits des Tourismus – nicht so leicht zu kapitalisieren. Edgar Morin aber glaubt, der Süden könnte dem Norden viel mehr geben, als man dort denkt. Denn in Wahrheit sei nicht das Modell des Südens bankrott, sondern das des Nordens.

Die USA seien darin gescheitert, »ihr Versprechen einer besseren Welt in Frieden und Harmonie zu erfüllen«. Die Gleichung mehr = besser gehe nicht mehr auf. »Der Moment, in dem wir erkannt haben, dass Wissenschaft und Technik ambivalent sind«, markiert für Morin das Ende der Modernität. Der Süden, meint er, könne dabei eine »ethische Regeneration« anregen, die die auseinandergerissenen Teile des Weltbewusstseins wieder zusammenfügt und »eine ästhetische Öffnung einleitet, die uns die Emotion spüren lässt, welche in Kunst, Literatur und Natur verborgen liegt«. Er könne Werte wie Ehrgefühl, Gastfreundschaft, Familie, Solidarität wiedererwecken, ohne die auch der Norden diese Krise nicht überstehen wird.

Bei der Kaffeepause in den Räumen des IASS kritisieren vor allem jüngere Teilnehmer, Morins Ausführungen seien von gestern. Er akzeptiere nicht, dass sich das Leben auch im Süden verändert habe. Seine Suche nach weichen Werten sei anachronistisch.

Professor Töpfer bleibt skeptisch, ob zirkulares Denken wie in den Anden als Vorbild für ein anderes Lebensmodell in westlichen Industriegesellschaften tauge. Man werde ja wohl nicht in andinen Lehmhütten leben wollen? Doch ist man sich weitgehend einig, dass das Denken des Südens eine wertvolle, ja, nötige Inspiration sein kann bei der Suche nach einem Korrektiv für ein kumulatives Wachstumsmodell, das die Grenzen der Belastbarkeit des Planeten und seiner Bewohner zu sprengen droht.

Mehr Kontext wagen

»Der Spanier hatte (…) nichts für eine Aufgabe übrig,
bei der das Wichtigste eine Idee war, eine Theorie (…);
ihm kam es weniger auf seinen materiellen Gewinn an
als auf die Tatsache der persönlichen Beteiligung.«

Américo Castro[2]

Der amerikanische Anthropologe Edward T. Hall gilt als einer der Begründer des Fachs der »interkulturellen Kommunikation«, die in Zeiten der Globalisierung ein alltägliches Instrument ist in internationalen Konzernen. Als Hall von 1950 bis 1959 am Foreign Service Institute der USA arbeitete, war das noch lange nicht so. Dort sollten US-Regierungsmitarbeiter auf Auslandseinsätze vorbereitet werden. Die Frage war, warum gerade Amerikaner sich oft so schwertaten, in fremden Kulturen zurechtzukommen, sich dort zurückgewiesen fühlten, wo sie doch aus ihrer Sicht nur das Beste wollten, nämlich den *American Way of Life* zu exportieren, der ja nach Ansicht der Amerikaner das einzig wirklich segensbringende Lebensmodell auf der Welt ist. Amerikaner wachsen im Bewusstsein einer kulturellen Überlegenheit auf, die Missionierung anderer ist fester Bestandteil ihrer *manifest destiny*. Doch trotzdem ließ man sie in asiatischen Ministerien und lateinamerikanischen Behörden antichambrieren, gab der Dringlichkeit ihrer Vorschläge oft nicht den Raum, den sie für angemessen hielten.

Hall war klar, dass seine Landsleute Mühe hatten, sich mit anderen Vorstellungen von Zeit oder der Bevorzugung der Muße vor beruflichem Weiterkommen zu arrangieren. Das kollidierte mit der Neigung seiner Klientel, Abläufe ganz der Rationalität und Effizienz unterzuordnen und alternative Vorgehensweisen als Zeitverschwendung, Gefühlsduselei oder Irrationalität abzulehnen. »Die verborgene Seite der Kultur hat die Leute herumgestoßen, sie reagierten harsch auf Verhalten, das einfach nur anders war«, stellte Hall fest.

Der Anthropologe wollte ihnen bessere Werkzeuge an die Hand geben und befasste sich vor allem mit Kulturen, die anders als die US-amerikanische vom Geflecht persönlicher Beziehungen bestimmt sind, deren vermeintliche Umständlichkeit dem amerikanischen Streben »to get things done« im Weg stand. Er habe aber dafür erst ein neues Verständnis von Kultur entwickeln müssen, sagte Hall.[3] Für ihn ist es »unmöglich, den Menschen ohne seinen kulturellen Kontext zu verstehen.[4] Hall definierte seinen Schülern Kultur als eine *silent language*, eine verborgene Dimension, sie steuere Menschen, ohne dass diese sich dessen bewusst seien. Erlernt werde sie in der Kindheit und sei später schwer zu korrigieren. Hall ging dabei aus von der Psychoanalyse, die ja lehrt: Wer seine unbewussten Motive nicht kennt, kann auch kein Verständnis für die Handlungen anderer aufbringen. »Kulturelle Differenzen« müssten respektiert werden, man müsse lernen, mit ihnen zu leben und erfolgreich mit ihnen umzugehen.[5]

Er dachte über ein griffiges Modell nach, um diese Erkenntnisse in der Praxis nutzbar zu machen, und erfand für die Klassifizierung der Kulturen Gegensatzpaare, die aus heutiger Sicht holzschnittartig wirken. In der wissenschaftlichen Anthropologie werden sie abgelehnt, denn zu lange wurden Stereotypen als Erklärungsmuster für Unzulänglichkeit benutzt.[6] Sie verdammten Menschen geradezu zu kultureller Trägheit, archaischem oder primitivem Verhalten, weil man die Möglichkeit des Wandels nicht in die Betrachtungen einbezog. In der modernen Anthropologie geht man lieber davon aus, dass Kultur sich im Zuge der Globalisierung von einem geographischen Bezug gelöst habe. Sie habe keine Heimat mehr, sondern sei ein globales Phänomen geworden.[7]

In international vernetzten Betrieben ist man da weniger zimperlich. Unternehmen geht es nicht um wissenschaftlich wasserdichte Positionsbestimmungen, sondern darum, die Mitarbeiter möglichst rasch für den Auslandseinsatz fit zu machen. Kurse in interkultureller Kommunikation sind Alltag in Konzernen, und dort betont man die Bedeutung kultureller Unterschiede sogar – weil man sie in der Praxis immer wieder wahrnimmt. Warum erleiden deutsche Handlungsreisende geschäftlichen Schiffbruch, wenn sie beim Business-Essen in Madrid noch vor der Vorspeise beginnen, Fachgespräche über Schraubengewinde und Kalibrierungen anzustimmen? Warum sollte eine E-Mail an einen italienischen Geschäftspartner mit der Frage nach dem Befinden der Familie beginnen? Wird er mich nicht als aufdringlich ansehen?

Die Leute, die Unternehmensmitarbeiter in solchen Fragen schulen, nennt man Interkulturalisten. Sie nehmen Edward T. Halls Thesen zu Hilfe, um ihren Schülern praktische Handreichungen zu geben, damit sie nicht über kulturelle Fallstricke stolpern.

Hall hat die Welt eingeteilt in Zonen mit monochronen und polichronen Zeitbegriffen. Monochron geprägte Gesellschaften setzen sich demnach einen klaren Zeitplan und verfolgen in diesem ein klares Ziel. In polichronen Gesellschaften ist es eher üblich, mehrere Dinge parallel zu tun, auch mal etwas liegen zu lassen, den richtigen Moment für Kreativität abzupassen, auch wenn es nicht in den Zeitplan passt. Deswegen gibt es in solchen Gesellschaften die Tendenz, Aufgaben erst im letzten möglichen Moment zu erledigen, dabei aber entwickeln sie oft beträchtliche Dynamik. Diese Vorgehensweise geht zwar auf Kosten der Planbarkeit. Tatsächlich aber, so stellt Hall klar, kommt die polichrone Denkstruktur der ja ebenfalls nicht planbaren Kreativität des Menschen mehr entgegen als die monochrone Alternative, die sklavisch nach Stundenplan funktioniert und kreative Höchstleistungen zu einem bestimmten Zeitpunkt einfordert, etwa frühmorgens, obwohl der, der sie liefern soll, womöglich seine besten Ideen kurz vor Mitternacht hat.

Davon ausgehend, unterscheidet Hall *High-Context-Cultures* von *Low-Context Cultures*.

High-Context-Kulturen sind demnach Systeme, die einen starken Kontext brauchen, um zu funktionieren. Dieser Kontext setzt sich zusammen aus impliziten, der Kultur inhärenten Regeln, die man respektiert, ohne sie auszusprechen. Um zur Sache zu kommen, muss man den kulturellen Hintergrund des Gegenübers kennen, Gesprächsfaktoren wie Gesichtsausdruck, Anspielungen oder die Umstände der Begegnung müssen beachtet werden. Wer dieser Kultur nicht angehört, muss also sehr viel fragen und fühlen, um zum Ziel zu gelangen. Und Regeln akzeptieren wie etwa die, vor dem Kaffee nicht über Schraubengewinde zu reden. Typische High-Context-Kulturen sind mediterrane und asiatische Gesellschaften.

Low-Context-Kulturen wie die Deutschlands, der USA oder Skandinaviens geben hingegen nicht viel auf inhärente Regeln. Man kommt direkt zur Sache, man trifft sich nicht um der persönlichen Beziehung, sondern um der Verfolgung eines Ziels willen. Kleidung ist eher nebensächlich, das Geschäftsessen – so teuer es auch sein mag – eher Verhandlungsvehikel als kulinarischer Genuss. Schon nach dem Hauptgang steht der Vertrag. Low-Context-Kulturen sind aufgabenorientiert. Hierarchien sind hier eher kompetenzgebunden als auf traditionellen Strukturen aufbauend. Ein Low-Context-Mensch liest Landkarten, wohingegen ein High-Context-Mensch das Autofenster herunterkurbelt und Passanten nach dem Weg fragt.

Hat die Globalisierung diese Unterschiede nicht längst nivelliert, wie die Anthropologen behaupten? Es scheint eher so zu sein, als habe das Kennenlernen gerade erst begonnen. Wer in München in das Lufthansa-Flugzeug nach Turin steigt, das sehr klein ist, wird vor dem Einsteigen am Gate gebeten, größere Handgepäckstücke auf dem Rollfeld abzugeben. Dafür stehe ein Wagen vor dem Flugzeug bereit, an dem in München ein großes Schild »Für Ihr Handgepäck« prangt. Beim Rückflug aus Turin steht auch ein Wagen da, aber es hängt kein Schild daran. Das Ergebnis: Die deutschen Reisenden drängeln mit ihren zu großen Rollkoffern die schmale Gangway hoch und werden von der Stewardess zurückgeschickt. Auf dem Rückweg treppab kommen sie den nachdrängelnden Passagieren in die Quere – das Chaos ist perfekt. Die Italiener haben ihre Köfferchen längst abgegeben, sie haben das anwesende Bodenpersonal gefragt, welches der Wagen für das Handgepäck sei, und die Gelegenheit vielleicht sogar zu einem Scherz mit dem Arbeiter genutzt: »Und vergiss ja nicht, meinen Koffer einzupacken, ja?« Weil sie persönlichen Kontakt hergestellt haben, so flüchtig er auch sein mag, gehen die italienischen Passagiere davon aus, dass der Arbeiter auf den Koffer besser achtet.

Im Wirtschaftsleben eilt Low-Context-Kulturen der Ruf voraus, überlegen zu sein, weil ihre Vertreter schneller und aggressiver zur Sache gehen. Im informellen Umgang hingegen besitzen High-Context-Gesellschaften Vorteile, weil sie Gemeinschaft herstellen. Es kann in ihnen »wichtiger sein, nett zu jemandem zu sein, als ein Ziel zu verfolgen«[8], schreibt Hall, der dem High-

Context-Prinzip am Ende den Vorzug gibt: Es habe die größere Kapazität, die Menschen zu einen. Und ist es nicht genau das, was wir in der Europäischen Union wollen? Die Aussichten sind gut: Europa hat den enormen Vorteil, beide Eigenschaften auf seinem Territorium versammelt zu sehen. Was also liegt näher, als daraus den Aufruf abzuleiten: mehr Kontext wagen!

Max Weber und der katholische Kontrast

Wenn in der europäischen Krisendebatte von scheinbar unvereinbaren Gegensätzen zwischen Nord und Süd die Rede ist, fällt fast zwangsläufig ein Name: Wer wissen wolle, warum die Euro-Krise gerade Griechenland, Spanien, Portugal treffe, der müsse Max Weber lesen, empfiehlt 2010 die *Welt*.[9] Der deutsche Religionssoziologe wird als Kronzeuge angerufen, wenn es zu erklären gilt, warum »Katholiken halt nicht rechnen können«. Dabei hat er sich eher sparsam über Katholiken geäußert.

Max Webers Interesse galt grundsätzlich der »Frage, durch welche Faktoren ganze Gruppen von Menschen so sind, wie sie sind«.[10] Vor allem widmete er sich der Suche nach den Triebkräften des Kapitalismus – und fand sie im Protestantismus des Nordens. Weber, für viele der wichtigste »Diagnostiker der Moderne«[11], schilderte, wie britische, niederländische und später US-amerikanische Puritaner das System der absoluten Unterordnung aller Lebensaspekte unter die Gewinnanhäufung erfanden und wie dieses System bald den Alltag jedes Einzelnen in der Industriegesellschaft prägen sollte. Laut Weber haben jene Mechanismen der Selbstausbeutung, die uns heute mehr denn je in Trab halten, im 16. und 17. Jahrhundert ihren Ursprung. Damals suchten radikale Protestanten »nach einigermaßen verlässlichen Zeichen Gottes für ihre Erlösung von der ewigen Verdammnis«[12] und konstruierten daraus ein System von Glaubensinhalten und Verhaltensweisen: »Dieser Gedankenkosmos erbaute ganz allmählich jene Gehäuse der Hörigkeit und Unfreiheit des Menschen auf dem ganzen Globus, die man unter der Überschrift ›moderner Kapitalismus‹ zusammenfassen kann«, schrieb Weber in seinem Hauptwerk.[13] Für die Protestanten war Gott ein fernes, allmächtiges Wesen, das sich jedoch komplett in sich selbst zurückzog und in grandioser Einsamkeit entschied, wen unter den Menschen er in den Zustand der Gnade erhob und wen nicht. Pausenlose Arbeit und die Anhäufung von Reichtümern waren aus protestantischer Sicht die einzige Methode herauszufinden, ob man sich im Zustand der Gnade befand. Das erklärt auch, warum der Protestant nicht gern Almosen gibt und keine Sozialsysteme mag wie die Amerikaner, denn beides belohnt aus der Sicht des Puritaners auf sündhafte Weise die, die sich nicht im Zustand der Gnade befinden.

Aus der Pflicht des Protestanten zur »ökonomischen Bewährung« vor Gott entstand laut Weber eine »Berufspflicht«, wonach jeder Einzelne eine Tätigkeit ausüben muss, die nicht nur dem Broterwerb dient, sondern »den ganzen Menschen erfasst«.[14] Dieser Pflicht kann sich seit Beginn der Industrialisierung keiner mehr entziehen. So sei eine ganze ökonomische Ordnung entstanden, schrieb Weber, ein »faktisch unabänderliches stahlhartes Gehäuse«,[15] und dazu »eine in alle Sphären des häuslichen und öffentlichen Lebens eindringende, unendlich lästige und ernstgemeinte Reglementierung der ganzen Lebensführung«.[16] Der Protestantismus tat laut Weber letztlich nichts anderes, als eine Form der »Klösterlichkeit auf den Markt des Lebens« zu tragen.[17] Dass sich fast der ganze bürgerliche Mittelstand der nördlichen und westlichen Hemisphäre bereitwillig in dieses Kloster der eigenen Schaffenskraft steckte, sei Ergebnis eines lange dauernden Erziehungsprozesses gewesen, an dessen Ende der religiöse Ursprung gar nicht mehr zu erkennen sei, stellte Weber fest.[18] Doch es sei eben dieser Ursprung gewesen, der das Prinzip so wirkmächtig gemacht habe. Erziehungsmittel für die Massen wurde die Werkssirene. Es dauerte zwei Generationen, bis die Arbeiter internalisiert hatten, dass sie ihr den Tag unterzuordnen hatten. Erst diese rationale Arbeitsorganisation erzeugt den

»normgebundenen Lebensstil«, der die protestantische Arbeitsethik charakterisiert.[19] So wurde der Kapitalismus zur »schicksalsvollsten Macht unseres modernen Lebens«.[20] Gewinnmaximierung sei darin Selbstzweck. Der Kapitalist, so unterstellt Weber, habe nichts von seinem Reichtum – außer der »irrationalen Empfindung guter Berufserfüllung«.[21] Der vordergründige Rationalist handelt in seinem Inneren also zutiefst irrational.

Welchen Menschentyp diese Haltung am Ende hervorbringen könnte, beschrieb Weber Anfang des 20. Jahrhunderts mit Worten, die aus heutiger Sicht auf frappierende Weise prophetisch wirken: »Fachmenschen ohne Geist, Genussmenschen ohne Herz.« Und er schickt gleich noch ein Verdammungsurteil hinterher: »Dies Nichts bildet sich ein, eine nie vorher erreichte Stufe des Menschentums erstiegen zu haben.«[22] Letztlich verdanken wir Weber die Erkenntnis, dass die in der Industriegesellschaft gepredigte Grundannahme, pausenloses Streben nach materiellem Zugewinn sei eine Art *Conditio humana*, die zum Menschsein dazugehöre wie der morgendliche Gang zur Toilette, einen Irrtum darstellt. Sie setzte sich erst seit dem 19. Jahrhundert in der nördlichen und westlichen Hemisphäre durch und ist ähnlich wie der Nationalismus ein pures Konstrukt, entstanden aus einer zeitgebundenen religiösen Strömung.

Dem europäischen Süden blieb diese weitgehend erspart. Breite Teile der Bevölkerung lebten dort im 19. Jahrhundert zunächst weiter nach den Mechanismen des Erwerbslebens, wie sie die vorkapitalistische Epoche geprägt hatte, im Grund also entsprechend den Prinzipien des venezianischen oder genuesischen Handelspatriziats. Weber schildert das gemächliche Lebenstempo[23] jenes Zeitalters, in dem die Kaufleute und Handwerker sich zum Schoppen zusammensetzten, sobald die Arbeit erledigt war, gern auch mit Mitbewerbern, denn Konkurrenzdenken spielte keine große Rolle. Der Traditionalist habe sich nur gefragt: Wie viel muss ich arbeiten, damit meine traditionellen Bedürfnisse gedeckt sind?[24] Während diese Idylle im Norden unter dem Ansturm der puritanischen Parvenüs zerbrach, blieb der Süden ihr treu – um den Preis, sich von der Ethik der Industrialisierung abzuklemmen. »Wie jeder Fabrikant weiß, ist die mangelnde coscienziosità der Arbeiter solcher Länder, etwa Italiens im Gegensatz zu Deutschland, eines der Haupthemmnisse ihrer kapitalistischen Entfaltung gewesen und in gewissem Maße noch immer«, schrieb Weber.[25]

Er selbst lernte die Schattenseiten einer durch und durch protestantischen Berufsauffassung am eigenen Leibe kennen, auch in ihm lief ja »eine auf rastlose Selbstausbeutung angelegte Antriebsmaschinerie«[26] – bis zum Zusammenbruch. Nach Meinung vieler Biographen war es kein Zufall, dass Rom die »gedankliche Werkstätte« seines Hauptwerks über die *Protestantische Ethik*[27] wurde. Die Weber-Forscherin Silke Schmitt führt vor allem die »Fortschrittsskepsis«, die Weber am Ende des Werks äußerte, auf das Kontrasterlebnis seiner Italien-Reise zurück.[28] Natürlich kam Webers Italien-Sicht wie die vieler seiner Vorläufer nicht ohne Stereotypisierungen aus. Dass sich gerade die positiven Stereotypen in seinem Fall so sehr bestätigten, mag ihn in dieser Haltung bestärkt haben; er fand, was er suchte, Rom gab ihm, was er brauchte. In Italiens Hauptstadt lebten er und seine Frau im Haus einer »angenehmen italienischen Familie«, wie Marianne Weber später schrieb, den »alten Martinis«, die ihnen ein »ungestörtes Asyl« gewährten; sie empfingen Besuch und zogen durch die Künstlerkneipen. Webers Mutter war bei einem Besuch erstaunt, wie »er sich in Sprache und Umgebung eingelebt hat, als wäre er schon jahrelang hier«.[29] Der gestresste Gelehrte scheint sich vom Ambiente Roms durch und durch angenommen gefühlt zu haben; der Heilungserfolg war beträchtlich. Kaum verließ er jedoch Italien, begann wieder das »Auf und Ab« der Krankheit, die Klage über »immer dasselbe, der psychische Druck (…) dazu das Gefühl, dass uns allen nur der *Berufsmensch* für voll gälte«.[30]

Der Religion seines Gastlandes gegenüber legte er zunächst wohlwollende Herablassung an den Tag. Der Katholizismus, die »Ketzer strafend, doch den Sündern mild«, erschien Weber als »höchst bequem«, »wenig fühlbar« und moralisch genügsamer als der Protestantismus. Zwar sei auch dem katholischen Süden das Streben nach Geld nicht fremd. Es äußere sich aber eher in individueller Gier und Abenteuergesinnung[31] – in einer Art ökonomischem Konquistadorentum also, das den Schranken der protestantischen Ethik spotte. Dem Süden fehle schlicht die Ethik des Geldes. Das orthodoxe Griechenland lag für Weber noch weiter außerhalb der kapitalistischen Ethik als Italien, ja, er sah es als Antithese rationalen Handelns. Das Land liege in einer Sphäre, in der »Gemeinschaftshandeln auf der Grundlage genuiner Mystik entstehe«.[32] Die Kernidee des orientalisch-mystischen Kirchenbegriffs verortete er in der irrationalen Vorstellung, dass sich Menschen, die sich mystisch lieben, auch gleichartig denken und handeln.[33]

Doch scheint Weber sich nach einer Portion Mystizismus im Leben durchaus gesehnt zu haben. So beklagte er sich an anderer Stelle bitter über die »Entzauberung der Welt«: »Es ist das Schicksal unserer Zeit, mit der ihr eigenen Rationalisierung und Intellektualisierung, (…) dass gerade die letzten und sublimsten Werte zurückgetreten sind aus der Öffentlichkeit, entweder in das hinterweltliche Reich mystischen Lebens oder in die Brüderlichkeit unmittelbarer Beziehungen der Einzelnen zueinander.« Wem es nicht gelinge, dieses Schicksal »männlich ertragen« zu lernen, der müsse »in die weit und erbarmend geöffneten Arme der alten Kirche« zurückkehren, folgerte er.[34]

Mit Blick auf Webers Lebensgeschichte kann man sagen: Wenn einer die »Entzauberung der Welt« nicht ertragen konnte, dann der neurastheniegeplagte Weber selbst. In Italien, so schreibt Silke Schmitt, sei Weber eine Option vor Augen geführt worden, wie man sich dieser Entzauberung entziehen könne[35] – so man die Bereitschaft dazu mitbrachte und sich öffnete. Auch wenn Weber die katholische Lebensführung als in wirtschaftlichen Belangen unterlegen angesehen haben mag: Gerade diese Lebensführung sei es ja, die ein katholisches Land zur »geeigneten Ruhezone für protestantische Leistungsvirtuosen im Zustand des Nervenzusammenbruchs« mache, wie Jürgen Kaube schreibt.[36]

Das Parabelhafte an Max Webers Leidensgeschichte liegt darin, dass ebendiese Lebensführung, die für ihn zur Rettung wurde, auch der vor dem Nervenzusammenbruch stehenden EU und ihren Leistungsvirtuosen ein paar probate Handreichungen zur Heilung bieten könnte. Doch dafür müsste der Patient erst einmal aufhören, sich gegen jeden Therapieversuch zu sträuben.

Turiner Traurigkeit

»Wer stets bei sich bleibt, gerät ins Grübeln, geht in die Irre,
wird schließlich irgendein nichtiges Idol beweihräuchern,
das aus den Staubwolken seiner Ängste hervorgegangen sein wird.«
Claudio Magris[37]

Das Wetter ist so schlecht, wie es in Italien nur sein kann. Der Wind peitscht den Regen waagerecht vor sich her. Die Temperaturen nähern sich dem Gefrierpunkt, für den Abend wird Schnee im Zentrum Turins erwartet, die Zweitausender, von denen die Stadt umstellt ist, werden diese Nacht noch weißer werden, als sie schon sind. Auch in Gian Enrico Rusconis Wohnung am Corso Turati ist es kühl, doch der Professor erhitzt sich schnell. Noch bevor er sich richtig hingesetzt hat, springt er schon wieder auf: »Ich hätte nie, nie, nie gedacht, dass ich das, was ich Ihnen jetzt sage, einmal würde sagen müssen.« Er spricht von den deutsch-italienischen Beziehungen in der Krise, die so frostig geworden sind wie das Februarwetter in Turin. Das Schlimmste für Rusconi: All diese schrecklichen Stereotypen, von denen man glaubte, sie seien längst überwunden: »Mussolini und Hitler, immerzu Mussolini und Hitler!«[38] Wenn er heute nach Deutschland reise, sagt Professor Rusconi, müsse er sich laufend ärgern über die Versuche, ihm das Phänomen Berlusconi zu erklären. Diese Vergleiche mit Mussolini! Absurd. Als ob Berlusconi kein gewählter Regierungschef, sondern ein Diktator sei. Rusconi schwankt zwischen Zorn und Verzweiflung. Ein halbes Leben hat der Mittsiebziger Arbeit und Leidenschaft in die deutsch-italienischen Beziehungen investiert, er hat sie begleitet, hat Bücher geschrieben, das neueste ist gerade auf Deutsch erschienen[39] – über Cavour und Bismarck, die beiden Kanzler, die im 19. Jahrhundert fast zur gleichen Zeit die italienische und deutsche Einigung herbeiführten. Er hat beschrieben, wie später der deutsche Kanzler Konrad Adenauer und der italienische Premierminister Alcide De Gasperi in gemeinsamer Anstrengung das Trauma des Zweiten Weltkriegs überwanden. Er hat Seminare gegeben, Vorlesungen gehalten, mit Kollegen diskutiert, Politiker beraten; im akademischen Leben beider Länder ist Gian Enrico Rusconi eine Größe. Jetzt sieht er sein Lebenswerk am Abgrund. Dann entfährt seiner Kehle ein Seufzer: »Ah, diese Entfremdung!«

La alienazione strisciante, die schleichende Entfremdung von Deutschland, ist seit einigen Jahren fester Begriff in Italiens politologischem Diskurs. Er ist Ausdruck einer tiefsitzenden Enttäuschung. Gehörten beide Länder und Völker nicht einst zu den Säulen der europäischen Einigung? Die Verträge, die letztlich Deutschlands Wiedereingliederung in die europäische Familie nach dem Weltkrieg besiegelten und die Grundlage für die heutige EU legten, wurden nicht umsonst 1957 in Rom unterzeichnet.

Dann kam der intellektuelle Austausch der 1970er Jahre, als italienische Wissenschaftler ihre akademische Gran Tour nach Norden antraten und ein Land vorfanden, das insgesamt gereift zu sein schien. Umgekehrt reisten deutsche Intellektuelle auf den Spuren Max Webers und anderer nach Italien auf der Suche nach intellektueller Erfrischung. Sie studierten den Eurokommunismus eines Enrico Berlinguer, den sie als dritten Weg idealisierten zwischen Kapitalismus und Kommunismus. Das italienische Kulturleben, Filmemacher von Bernardo Bertolucci über Luchino Visconti bis Federico Fellini, Musiker wie Lucio Dalla oder Paolo Conte, Autoren von Dario Fo bis Umberto Eco, sie alle gehörten in Deutschland zur kulturellen Grundausstattung einer Mittelschicht, die mediterranes Denken als Bereicherung empfand. Doch seit dem Fall der Berliner Mauer fühlt sich Italien in Europa an den Rand gedrängt. Deutschland blicke nur noch nach Osten, Italien werde nicht mehr als Partner ernstgenommen, klagt Rusconi.

Der Politologe hat auch ein Buch geschrieben über die *alienazione strisciante*. In diesem kommt er zu einer traurigen Konklusion: »Italiener und Deutsche sind überzeugt, einander bestens zu kennen. Dies ist ein Trugschluss.« Zwar sei unbestreitbar, dass sich in den »vergangenen Jahrzehnten unter den jüngeren Generationen freundschaftliche und von gegenseitiger Sympathie getragene Beziehungen herausgebildet« hätten. Unter ihrer Oberfläche jedoch schlummern alte Vorurteile, die noch immer nicht hinreichend verarbeitet sind.«[40] Rusconi stellt bedauernd, ja verletzt fest: »Es scheint kein wirkliches Interesse zu bestehen, die Kenntnis vom anderen zu vertiefen. Offensichtlich genügt es beiden Seiten, sich bedenkenlos der gegenseitigen Freundschaft zu versichern, einer Freundschaft allerdings, die, aus der Nähe betrachtet, auf eher unsicheren Beinen steht.«[41] Zwar gebe es in Deutschland Leute, die der italienischen Kultur sogar eine Leitfunktion zutrauten. Doch damit meinten sie gewöhnlich gutes Essen und die vage Vorstellung eines *saper vivere*, ihr Italien-Verständnis erschöpfe sich im Konsum der Naturschönheiten und Kunstschätze.

Doch Rusconi will allen Rückschlägen zum Trotz nicht aufhören, an diesen europäischen *demos* zu glauben – an die Krönung einer informierten Zivilgesellschaft, die aus den Nationalkulturen hervorgehe. Ich frage ihn, was Italien konkret zu dieser gereiften Gesellschaft beitragen könnte? Rusconi überlegt nicht lange: »Seine demokratische Kultur!« All diese jungen Menschen, die sich in der Krise ohne Perspektive wähnten, die zwar demonstrierten, aber trotzdem stillhielten: »Was wäre angesichts einer solchen Wirtschaftslage wohl in Deutschland los?«, fragt er. Deutschland-Kenner Rusconi weiß die Antwort selbst, er hat die Radikalisierung der Massen und den Aufstieg Hitlers zur Genüge studiert.

Gibt es seiner Meinung nach ein Denken des Südens, das das Leben betont und vor Exzessen schützt? Rusconi wird nachdenklich, so nachdenklich, wie ein nüchterner Denker eben wird, wenn er Angst hat, in Rhetorik zu verfallen. Dann aber spricht er ganz leise von mediterraner Toleranz, womit nicht nur der Respekt vor dem Nächsten, sondern vor allem auch die Fähigkeit gemeint ist, Unbill zu ertragen; von der »Anpassungsfähigkeit der Menschen an das Leben«. Von Schönheit, Angst und Traurigkeit, der Tiefe der Gedanken, der Kontemplation, die vor Hysterie bewahrt. Sein Blick wandert auf das regenverhangene Alpenpanorama, dann sagt er: »Wissen Sie, was Napoli ist?« Bei Neapel, da dächten in Deutschland alle an Lebensfreude, Sonne, Pizza, Capri, antworte ich. »Napoli«, murmelt Rusconi, »das ist die traurigste Stadt der Welt.« Es klingt wie eine Liebeserklärung an ein Gefühl, an eine mit Worten kaum beschreibbare Zwischenwelt aus Sinnlichkeit und Melancholie, an eine Kraft, die aus dem Leiden wächst und Schönheit schafft – und gleichzeitig wie: Das versteht ihr sowieso nicht.

Von Rusconis Wohnung laufe ich im Schneetreiben durch Turin mit seinem Kasernengrundriss. Die Stadt hat eine militärische Tradition, sie wirkt fast preußisch in ihrem Ordnungssinn. Von hier ging die italienische Einigung aus und später das italienische Wirtschaftswunder. Turin war mal Hauptstadt, man hatte Fiat, hier nahm eine bedeutende intellektuelle Erneuerung ihren Ausgang. Doch nichts davon ist übrig. Und jetzt soll man auch noch zum Süden gehören? Turin wirkt depressiv an diesem eisigen Wintertag. Mir fällt ein Satz von Rusconis Triester Kollegen Claudio Magris ein, ebenfalls ein profunder Deutschlandkenner: »Die Toleranz gegenüber der Unausgeglichenheit und den Deformationen dieser Welt, gegenüber ihren Parallelen, die sich niemals schneiden, trübt nicht das Vertrauen, dass diese sich im Unendlichen überschneiden werden, doch zwingt sie sie nicht gewaltsam, dies schon vorher zu tun.«[42] War es das, was Rusconi mit mediterraner Toleranz gemeint hatte?

Ich gehe durch die Arkaden zum Bahnhof und kaufe eine Fahrkarte am Automaten, gedankenverloren drücke ich auf Deutsch als Sprache. Ein italienischer Automat aber zeigt nicht nur im Display an, was er will, er spricht auch, und zwar laut. »Wählen Sie Ihr Fahrtziel!«, brüllt mich aus der Maschine eine energische Frauenstimme an. Ich mache einen Satz nach hinten und blicke mich erschreckt um. Niemand guckt. Trotzdem wechsle ich schnell zu dem Knopf mit den italienischen Anweisungen. Im Jahr 2014 sind wir schon so weit, dass man am Bahnhof von Turin nicht als Deutscher erkannt werden will.

In dem Buch *So sieht uns die Welt* schildert die Journalistin Kirstin Hausen, wie sie sich als Deutsche in Italien seit Beginn der Euro-Krise fühlt: Bei Einladungen in Talk-Shows sitze sie plötzlich auf der Anklagebank.[43] »Das ist mir in zwölf Jahren Italien noch nicht passiert.« Die vorherrschende Meinung der Italiener über Deutschland fasst sie in einem Ausspruch zusammen, den man auch in Griechenland oder Spanien oft zu hören bekommt: »Nicht mit Panzern, sondern mit ihrer Wirtschaftskraft sei den Deutschen das gelungen, was sie immer wollten: die anderen Europäer zu Untertanen machen. (…) Deutschland habe jahrelang vom Euro profitiert, seinen Export gesteigert und Ländern mit geringerer Kompetitivität Absatzmärkte weggenommen.«[44]

Ähnliche Erfahrungen machte der deutsche Schriftsteller Ingo Schulze 2012 auf einer Lesereise nach Portugal. »Eine Frage aus dem Publikum ließ die gesamte freundlich-interessierte Atmosphäre von einem Moment auf den anderen kippen«, berichtet er später. »Plötzlich waren wir nur noch Deutsche und Portugiesen, die sich feindlich gegenübersaßen. Die Frage war unschön – ob wir, gemeint war ich, ein Deutscher, nicht jetzt mit dem Euro das schafften, was wir damals mit unseren Panzern nicht geschafft hätten. Niemand aus dem Publikum widersprach. Und ich reagierte – schlimm genug – plötzlich wie gewünscht, nämlich als Deutscher: Es werde ja niemand gezwungen, einen Mercedes zu kaufen, sagte ich beleidigt, und sie sollten froh sein, wenn sie Kredite bekämen, die billiger wären als Privatkredite. Ich hörte förmlich das Zeitungspapier zwischen meinen Lippen rascheln. In dem Getöse, das meiner Entgegnung folgte, kam ich endlich zu Verstand. Und da ich das Mikrofon in der Hand hatte, stammelte ich in meinem unvollkommenen Englisch, dass ich genauso dämlich wie sie reagiert hätte, dass wir allesamt in dieselbe Falle gingen, wenn wir als Portugiesen und Deutsche wie beim Fußballspiel reflexartig Partei ergriffen für die eigenen Farben. Als ginge es jetzt um Deutsche und Portugiesen und nicht um oben und unten, also um jene, die in Portugal wie in Deutschland diese Situation herbeigeführt und an ihr verdient hätten und nun weiter verdienten?«[45]

Hat Schulze nicht recht? Muss es nicht darum gehen, dass Italiener, Spanier, Portugiesen, Griechen und Deutsche ihre Kräfte bündeln gegen eine Spaltung, die manchmal so wirkt, als werde sie bewusst betrieben, weil sie jemandem nutzt? Liegt der Politik Merkel'scher »Alternativlosigkeit« am Ende wirklich der klare Willen zur »Verfestigung asymmetrischer Machtbeziehungen« zugrunde, wie Kritiker von links behaupten?[46] Es ist diese Meinung, die den öffentlichen Diskurs des Südens zu prägen beginnt. Dabei gibt es genügend Italiener, die sehr wohl glauben, dass ihr Land Reformen bitter nötig habe – das höre ich auf dieser Reise mehr als einmal, allerdings immer hinter vorgehaltener Hand und meist versehen mit dem Zusatz: Solche Reformen müssten auf die Verhältnisse des Landes abgestimmt und nachvollziehbar erklärt werden. Was leider nicht der Fall sei. Es ist also nicht zuletzt eine defizitäre, hegemoniale Kommunikation, die ein halbes Jahrhundert Verständigung ruiniert. Wie wird ein Krisenmanagement dereinst von Historikern bewertet werden, das jahrzehntelange Verständigung nach einem Weltkrieg binnen weniger Jahre zerschmettert? Sicher nicht als gute Politik, egal welche ökonomischen Erfolge sie mittel- oder langfristig erzielt.

ES WAR EINMAL DER SÜDEN

Die norditalienische Landschaft saust am Zugfenster vorbei, nagelneue, in hellem Weiß leuchtende Gewerbehallen wechseln ab mit den *Poderi*, halb verfallenen Landhäusern und Gutshöfen einer vergangenen feudalistischen Epoche. Der Februarnebel hebt sich und gibt den Blick frei auf schnurgerade Alleen, auf kahle Platanen, auf Staus und jede Menge Geschäftigkeit. Die *Freccia Rossa,* der rote Pfeil, saust von Turin nach Rom in gerade mal vier Stunden. Das italienische Schnellzugsystem steht dem deutschen ICE an Schnelligkeit und Komfort in nichts nach. Der Waggon ist erfüllt vom Geschnatter der Geschäftsleute, die unaufhörlich in ihre *telefonini* sprechen, Termine vereinbaren, Verträge abklären, Partner kontaktieren. Dazwischen sitzen Studenten, die ihre Nase fleißig in Bücher stecken oder auf Tablet-Computer blicken. Sieht so ein Land aus, in dem nichts mehr geht?

Ich habe mir am Turiner Bahnhof ein Buch mit dem passenden Titel *Viaggio nel Bel Paese*, Reise durch das schöne Land, gekauft. Der Autor, der sizilianische Philosoph Pietro Barcellona, behauptet darin, Italien verliere gerade seine Identität. Für ihn traf das auf jeden Fall zu. Er war Dozent für Rechtsphilosophie an der Universität Catania, Parlamentsabgeordneter, Kolumnist sizilianischer Zeitschriften und Vorsitzender einer Programmkommission der PCI. Ein halbes Leben lang hatte er an der Erneuerung der kommunistischen Partei gearbeitet, die es dann aber vorzog, als solche aus der politischen Landschaft zu verschwinden. Pietro Barcellona stürzte das in eine Lebenskrise, und da war er nicht der einzige. Halb Italien kam mit dem Ende des traditionellen Parteienstaats Anfang der 1990er Jahre der weltanschauliche Halt abhanden. Barcellona verfiel in Depression, aus der ihn Jahre später die öffentlichkeitswirksame Konversion zum Katholizismus holte. Er blieb trotzdem bis zu seinem Tod 2013 links, bezeichnete sich nun eben als Linkskatholik, und allein diese Kombination ist schon etwas, das man als Frucht südlichen Denkens bezeichnen kann, das manchmal Dinge zusammensetzt, die aus nördlicher Sicht unvereinbar erscheinen.

Den Sizilianer Barcellona plagte – wie den Turiner Rusconi – das Gefühl einer tiefen Enttäuschung. Europa, das sei der Ort gewesen, von dem Sizilien sich erhofft habe, seine traditionellen Werte mit einer neuen Form des Fortschritts in Einklang bringen zu können, schrieb er.[47] Doch stattdessen sei die Insel erneut »eine Provinz des globalen Imperiums« geworden.[48] Die technokratische Art und Weise, wie dieses »Imperium« die Gegenwart verwaltet, sah er als unfähig an, »die Leidenschaften zu wecken, die das rein vegetative Leben in ein Abenteuer des menschlichen Geistes verwandeln«.[49]

Schneller als die Freccia Rossa südwärts fahren kann, tauche ich in das Wertesystem Siziliens ein; Barcellona führt in seinem Buch aus, wozu Rusconi aus Furcht vor kitschiger Überhöhung nur vorsichtig angesetzt hatte. »Es war einmal der Süden« lautet der Titel eines Essays; darin verteidigt der Sizilianer traditionelle Werte wie Familie, Solidarität und Glaube.[50] Jeder Besucher könne in Sizilien »die zuvorkommende Behandlung« bemerken, die einem Gast zuteil werde, dazu das Bewusstsein für das kulturelle Erbe und ein Narrativ, das mit dem vorherrschenden Skeptizismus kollidiere.[51] Diesen Skeptizismus definiert er als Folge der Aufklärung, die das Areal, in dem der Mensch sich bewege, auf das Verhältnis zwischen Individuum und Institution reduziert habe – auf Kosten des Zwischenmenschlichen, das für ihn die eigentliche Basis sei, auf der die Völker des Mittelmeers ihr Zusammenleben konstruiert hätten.[52] Das naturwissenschaftliche Denken wolle alles beantworten, lasse aber die Frage außer acht, die sich jeder Mensch im Innersten stelle: Wer bin ich? Wie will ich leben?[53] Stattdessen werde nur darüber gesprochen, wie Italien auf dem Weltmarkt kompetitiver auftreten könne.[54] Barcellona beschreibt Zwischenwelten, was man leicht als Sentimentalität abtun könnte, wäre da nicht die Leidenschaft, mit der er behauptet, dass in genau diesen Zwischenwelten das eigentliche Menschsein zu Hause sei. In diesem Sinne plädiert er für die Gemeinschaft und gegen den radikalen Individualismus, wie ihn die liberale Marktwirtschaft fordert, denn dieser »atomisiert uns und führt in den Totalitarismus, weil er die Menschen voneinander isoliert«.[55]

Barcellona ist wieder ganz Marxist, wenn er sich dagegen wendet, die Gesellschaft auf Funktionalität zu reduzieren, »in der das Zusammensein keinen anderen Zweck mehr hat als den, Waren zu produzieren und zu konsumieren, und in dem der Einzelne mit den anderen nur noch in Kontakt tritt als Funktionär von Produktion und Konsum.«[56] Tatsächlich habe der »Triumph des Westens« den Menschen weisgemacht, dass die dramatische Prekarität, in der sie lebten, nicht die Folge von Klassenunterschieden sei, sondern der eigenen Unfähigkeit. Der katholische Marxist argumentiert hier ähnlich wie der sicher nicht marxistische Religionssoziologe Max Weber: Der Kapitalismus habe die Verantwortung für die sozialen Verhältnisse von der Gesellschaft auf das Individuum zurückverlagert, das sich nun endlos schuldig fühlen müsse.[57] Doch weit mehr als Weber spricht aus Barcellona sein Vordenker Antonio Gramsci, der Gründer der kommunistischen Partei Italiens, den der Diktator Mussolini 1926 in den Kerker werfen ließ. Für Gramsci war die Andersartigkeit des Südens nicht Ergebnis von Mentalitäten oder anthropologischen Faktoren, sondern ein soziales Phänomen. Großgrundbesitz und Landarmut seien schuld an der Lethargie des Südens sowie eine Selbstbedienungsmentalität der Herrschenden. Die erste Aufgabe des Südens müsse nun sein, das Gefühl der eigenen Unterlegenheit zu bekämpfen, findet Pietro Barcellona. Er müsse die Hegemonie über sich selbst zurückgewinnen.[58] Dazu müsse er das Bildungssystem reformieren, denn seine Universitäten seien ein »Parkplatz der Prekarität«.[59] Doch wie das bewerkstelligen in Zeiten des Sparzwangs?

So bleiben Sizilien vorerst nur die Empfehlungen für mediterranes Handeln, die Barcellona auflistet; es sind denkbar einfache Dinge wie: die Stimmung verbessern, genießen, etwas formen mit den eigenen Händen, Spuren hinterlassen, das Schöne wiederentdecken.[60] Kitsch? Aus Sicht nördlichen Effizienzdenkens vielleicht. Aber was macht das Leben aus?

Kämpferischer tritt der Soziologe Franco Cassano auf, der im äußersten Süden Italiens an der Universität Bari lehrt. Er bringt eine mediterrane Denkweise in Stellung als globale Antithese zum faustischen Bestreben, sich die Welt unterzuordnen. Dieses Bestreben verortet er vor allem in den USA. In einem Interview mit dem Journal der *California Italian Studies*[61] an der University of California in Santa Barbara, also am geeigneten Ort, erklärt Cassano, was er meint: Er plädiert dafür, die Welt aus der Sicht derer zu betrachten, die nicht der Motor der Entwicklung seien. Man könne nicht nur eine Reihe negativer Daten zusammenfassen und daraus auf das komplette Versagen einer Weltgegend schließen. Der Süden sei mehr als nur der »Noch-nicht-Norden«, Vernordung könne deshalb nicht das Ziel sein. Vielmehr sei der Süden Träger der Idee einer langsameren Vorgehensweise, was die »Kultivatoren der Geschwindigkeit« zwar für rückständig erachteten. Aber deren Sicht sei eben nur eine von vielen. »Wir wollen reicher, ausdrucksvoller, pluraler leben, als es das momentane Einheitsdenken vorschreibt«, postuliert Cassano und spricht damit nicht nur Süditalienern aus dem Herzen. Seine Forderung nach Entschleunigung gewinnt vor allem dann an Dynamik, wenn man in der Freccia Rossa sitzt und auf dem Weg zum nächsten Termin die einst so geliebte anmutige italienische Landschaft nur noch als grünen Streifen wahrnimmt, der am Zugfenster vorüberfliegt.

Krematorium an der Costa Blanca

»Bösartig ist der Gute, der besiegt wurde.«
Rafael Chirbes[62]

Beniarbeig ist ein Dorf mit maurischer Vergangenheit, das nahe der spanischen Costa Blanca liegt und sich der Vernordung zumindest optisch einigermaßen entziehen konnte. Es hat sich im Kern seine ockerfarbene, steinige Ursprünglichkeit bewahrt, auch wenn es inzwischen betreutes Wohnen für deutsche Rentner dort gibt. In Beniarbeig lebt der Schriftsteller Rafael Chirbes, dessen Werke zu den schärfsten Analysen der Krise gehören. Die hat er direkt vor der Haustür. Als ich im September 2008 mit Chirbes telefoniere, berichtet er, dass er von seinem Fenster aus 72 Baukräne im Visier habe. Als ich ihn 2010 bei den Münchner Literaturtagen treffe, erzählt er, dass von den 72 Kränen nur mehr einer übrig sei. Konziser kann man die Vergänglichkeit des spanischen Immobilienbooms nicht beschreiben.

Chirbes' Romane sind harte und kritische Auseinandersetzungen mit der sozialen und politischen Realität seines Landes. Er folgt damit einer mediterranen Tradition, die sich von den idealistischen Philosophen abhebt: Von Miguel de Cervantes über Fernando Pessoa bis Pier Paolo Pasolini haben Schriftsteller und Romanciers die wenig idyllischen Lebensbedingungen des europäischen Südens durch die Jahrhunderte stets schonungslos gespiegelt. Schwärmen über den Süden sei eine nördliche Domäne, sagt Chirbes: »Ihr glaubt immer, der Selbstmord sei ein Exklusivrecht der Norweger, Schweden, was weiß ich. Bei uns in Spanien gibt es schon seit dem 17. Jahrhundert pessimistische Literatur, die mit unserem Scheitern zu tun hat.«[63]

Chirbes, Jahrgang 1949, ist Chronist des Wandels der spanischen Gesellschaft, er hat *transición* beschrieben, also den Übergang zur Demokratie, und die Desillusionierung derer, die später feststellen mussten, dass diese Demokratie nicht so geraten war, wie sie sich das vorgestellt hatten, oder dass sie zumindest keinen Platz darin fanden. Er beschreibt Geschichte als die Summe des individuellen Handelns. So entsteht in seinen Romanen eine zusammenhängende Chronik politischer Veränderungen, die meist nichts zum Besseren wenden. Sie sind von tiefem Pessimismus, ja von Lebensenttäuschung durchdrungen. Im direkten Umgang wirkt Chirbes dagegen überhaupt nicht pessimistisch, im Gegenteil – ein mediterraner Intellektueller alter Schule, knorrig wie eine Steineiche, dabei kumpelhaft-unkompliziert. Er ist liebenswürdig, der Balzac-Bewunderer plaudert fließend Französisch und Italienisch und strahlt die abwartende Zurückhaltung des lebenserfahrenen Mittelmeerbewohners aus, die manche als Gutmütigkeit missdeuten. Gerade weil er so harte Kritik übt, wird aber klar, wie sehr er die mediterrane Lebenswelt und ihre Denkungsart geliebt hat, deren Verschwinden er beschreibt. Als ich ihm 2008 am Telefon sage, dass mir sein letzter Roman *Krematorium* gefallen habe, gibt er ironisch-verwundert zurück: »Wie kann Ihnen ein so ein bitteres Buch gefallen?«

In *Krematorium* arbeitet er sich an der Immobilienblase ab, er schildert die Zeit kurz vor ihrem Platzen. Einen seiner Protagonisten lässt er sagen: »Meine Generation hat das Glück gehabt, als erste in all den Millennien dokumentierter spanischer Geschichte nicht an einem Kriege teilgenommen zu haben. (...) Wir haben eine beispiellose Phase des Fortschritts durchlebt, können aber mit dem, was sie uns bietet, nichts anfangen.« Dieser Generation, »eingedickt vom Leben«, so drückt es Chirbes aus, sei einfach nichts Besseres eingefallen, als die Landschaft – und mit ihr alle Werte – zuzubetonieren. Chirbes beschreibt den Untergang eines fiktiven Mittelmeerortes im Bauwahn, einer Stadt, »die wie eine Anhäufung von Tumoren wächst. (...) Ein Ort, der nichts ist, Abriss des Gewesenen und Baugerüst des Kommenden«, das Ende einer Lebensform, die mit den Feigenbäumen und Orangenhainen fällt. Letztlich geht es Chirbes aber nicht nur um Spanien, sondern um ein fehlgeleitetes Wirtschaftsmodell, dem ganz Europa anhängt. Die Krise des Südens ist für ihn eher die Folge einer humanitären Krise insgesamt: »Wenn wir nicht glücklicher gewesen sind, dann vermutlich deshalb, weil das Wesen des Menschen nicht viel mehr hergibt«, heißt es in *Krematorium*.[64]

Die Figuren in dem Buch sind ein Patriarch, Bauunternehmer, der auf die Pleite zusteuert; sein Bruder, ein linker Aussteiger; die junge Geliebte, die Boutiquenkitsch sammelt; der Sohn, der nicht vom Laptop loskommt; die Großmutter, die wie eine gotische Kathedrale wirkt. Das könnte auch eine deutsche oder amerikanische Familie sein. Hat Spanien seine Individualität verloren? Chirbes antwortet: »Ja, wir gleichen einander inzwischen wie ein Ei dem anderen.« Spanien sei längst ein Land wie jedes andere in Europa, wenn auch mit Besonderheiten: Die Industrie wurde dichtgemacht, das Bauen zum einzigen Motor der Wirtschaft erhoben. »So haben wir Spanien zum Altersheim Europas umgebaut. Und das ohne jede Kontrolle. Es gibt da eine Mafia, die Gemeinden sind in der Hand der Baukonzerne und der großen Politik.«

Chirbes Schauplätze haben ein reales Vorbild: die Costa Blanca, seine Heimat: »Wissen Sie, früher war es hier sehr schön. Arm, aber schön. Das ist es jetzt nicht mehr«, sagt er. »Wir sind hier auf dem umgekehrten Weg von Dantes *Göttlicher Komödie*, wir gehen vom Paradies in die Hölle.« Die ganze Küste sei aufs Übelste zugerichtet, »weil die Hälfte Europas in den Sommerferien herkommt«. Denia etwa sei ein »von Baggern umstelltes Paradies«. Die Touristen, egal ob Ausländer oder Spanier, »suchen Ruhe und finden Zerstörung«. Das Mittelmeer sei längst nur noch eine billige Badewanne. »Tatsächlich zehrt die Touristikindustrie noch heute von der Faszination, die Ortsnamen auf uns ausüben. Aber es gibt keine anderen Welten mehr, alle sind auf die gleiche Weise ruiniert.« Dabei habe es in Spanien durchaus ein Modell touristischer Entwicklung gegeben, das weniger zerstörerisch sei. Er nennt reichlich überraschend Benidorm, das Manhattan des Mittelmeers mit seinen riesigen Hochhäusern aus den 1960er Jahren. Dort habe sich lange Zeit der ganze Fremdenverkehr konzentriert, »der Rest des Landes war jungfräulich«. Der Vorteil des Modells Benidorm sei, so Chirbes, dass es deutlich weniger Landschaft, Energie und Wasser verbrauche als die Chalets mit Swimmingpool, die heute modern seien. »Leider ist dieses Modell zerstört. Heute will jeder Individualist sein, sein Häuschen mit Garten haben. Dass das horizontale Modell ökologischer sein soll, ist jedoch eine Lüge.« Wollte man den Wohnraum von Benidorm in die Fläche verlegen, »es wäre bis Madrid alles zugebaut«.

Chirbes glaubt, dass die Exzesse »mit dem Geisteszustand des Menschen zu Beginn des 21. Jahrhunderts zu tun« hätten. »Ich denke sehr traditionell. Die alten Werte der sechziger und siebziger Jahre gibt es nicht mehr, und es ist nichts an ihre Stelle getreten außer Geld, Erfolg, Sex, Drogen. Das Bürgertum des 19. und des 20. Jahrhunderts hatte auf Weitergabe gesetzt, wollte Werte, Gebäude, Parks vererben. Früher ließ man sich dreißig Jahre Zeit, bis man einen guten Bordeaux getrunken hat. Heute will jeder sein eigenes Imperium errichten und es sofort konsumieren. Deshalb brechen über Nacht Sachen zusammen, wie die Lehman-Bank in New York.« Chirbes hofft, dass in der Krise die Chance zur Besinnung liegt. »Wenn das jetzt aufhört, kann man noch was retten.« Leider, schließt Chirbes, sei ein Menschenleben zu kurz, um noch mal ein neues Wertesystem zu entwickeln. Aber vielleicht wäre es im Sinne eines Rafael Chirbes ja auch vollkommen ausreichend, einfach nur ein paar alte Werte neuer Betrachtung zu unterziehen.

Lob der Siesta

»Jedes Mal, wenn ich dran denke,
dass ich einst sterben muss,
breit' auf den Boden ich die Decke
und schlaf mich richtig aus.«
Andalusisches Lied[65]

Als Spanien 1898 seine letzten Kolonien in der Neuen Welt verlor und in die tiefste Depression seiner Geschichte verfiel, empfahl der Philosoph Miguel de Unamuno der gedemütigten Nation, Zuflucht in Bescheidenheit und Entsagung zu nehmen. Der spätere Rektor der Universität Salamanca idealisierte die Kargheit der kastilischen Einöde als den dafür geeigneten Ort. In den »dunklen Ewigkeitsgedanken«, die »aus der Erde aufzukeimen scheinen«, vermutete Unamuno die Essenz der spanischen Seele. Unamuno (1864–1936) schuf damit den »Mythos der Unverwechselbarkeit, der unaufhebbaren Distanz zwischen Spanien und der Welt«, wie es sein Exeget Juan Goytisolo einmal formuliert hat.[66] Im Grunde war Unamunos Erdverehrung nichts anderes als Psychotherapie:

Die Spanier sollten sich mit dem zufrieden geben, was sie hatten, Schönheit und Kraft aus ihrer Umgebung ableiten und sich so annehmen, wie sie waren. Und ja nicht mehr an Kuba denken, das die USA den Spaniern neben den Philippinen in einem kurzen heftigen Krieg entrissen hatten.

Unamunos Beschreibung der Sinnsuche »eines Volkes, das plötzlich, ohne es zu wissen, wie in Hypnose, einen Wandel durchgemacht hat und nun bemerkt, dass es nicht weiß, was es damit anfangen soll«,[67] passt ziemlich exakt auf den Zustand Spaniens ein Jahrhundert später. Wieder steht das Land vor der Frage: Soll man sich weiter verändern, stärker europäisieren oder amerikanisieren, um im Gefecht der Märkte mitzuhalten? Oder sich lieber auf das Eigene, die ererbten Werte besinnen, wie Unamuno es empfohlen hätte? Der Historiker Américo Castro (1885–1972), der Spanien zu Beginn des Bürgerkriegs 1936 verließ und in den USA Karriere machte, knüpfte bei Unamuno an, als er die »tabubrechende These«[68] aufstellte, »dass die spanische Kultur im europäischen Kontext unvermeidlich unterlegen erscheinen werde, solange man sie nach den Kriterien der Aufklärung beurteile«. Laut Castro liegt die »in Werken der wahrhaft großen Spanier wie Cervantes, Goya, Picasso oder Lorca konkretisierte Besonderheit und Stärke (...) in einer durch das Prisma der Alltäglichkeit gebrochenen Spiritualität«.

Ein Verfechter des Wertes dieser Spiritualität war Miguel de Unamuno, dabei aber auch ein harter Kritiker seiner Zeit. Während sich die spanischen Regierungen Anfang des 20. Jahrhunderts hektisch bemühten, den Verlust Kubas durch Eroberungszüge in Nordafrika (die meist in Desastern endeten) wettzumachen und so wieder zu den imperialistischen Mächten aufzuschließen, suchte eine Gruppe Intellektueller, zu der Unamuno gehörte, nach tiefergehenden Lösungsansätzen. Bevor man versuche, eine Größe wiederzuerlangen, für die die Grundlagen fehlten, sollte man sich lieber der naheliegenden Dinge annehmen, empfahlen sie. Unamuno trat ein für eine Landreform, die den unproduktiven Feudalismus beenden sollte, sowie einen umfassenden Umbau des

Bildungswesens. So plädierte der Philosoph forsch dafür, Universitätsprofessoren zu Grundschullehrern umzuschulen, denn dort, ganz unten, müsse Spanien anfangen.

Mit dem reaktionären Königshaus lag der Monarchiefeind Unamuno in ständiger Fehde, weshalb er 1924 in die Verbannung nach Fuerteventura geschickt wurde. Das war damals, vor der touristischen Nutzbarmachung des Surfbretts, noch keine Ferieninsel, sondern ein trostloser Sandhaufen vor der afrikanischen Küste. Zwar wurde ihm eine Begnadigung angeboten, doch Unamuno fand einen anderen Weg: Mit Hilfe französischer Intellektueller floh Unamuno nach Paris, wo er weiter über dem Schicksal Spaniens brütete. 1930, als der Diktator Primo de Ribera und kurz danach der König von Spanien abdanken mussten, kehrte er nach Hause zurück. Am 14. April 1931 proklamierte Unamuno auf der Plaza Mayor in Salamanca die Republik; ihm wurde diese Ehre zuteil, weil er als die integerste Persönlichkeit des Landes galt. Man ernannte ihn auf Lebenszeit zum Rektor der Universität Salamanca. In einem Café an der Plaza Mayor unterhielt Unamuno eine *tertulia*, eine Gesprächsrunde, in der er mit anderen Intellektuellen das Bild einer Entwicklung Spaniens entwarf, die zu Spanien passen sollte.

Viele Schriften des spanischen Philosophen lesen sich wie eine Antwort auf die von Max Weber beschriebenen Zustände, wie ein Gegenmodell zur Leistungsideologie, ja, wie ein Wellnessratgeber für gestresste Seelen – und nicht nur für spanische. Seine Gedanken wirken wie eine Sanktionierung der kreativen Pause, der Selbstversenkung in Kontemplation. Der puritanischen Verdammung des Schlafes als Zeitverschwendung hält Unamuno eine Lobrede auf die kreativitätsweckenden Kräfte der Siesta entgegen. Genussvoll beschrieb er das nachmittägliche Wegdämmern, umfangen von Fliegengebrumm und Glockengeläut, er gibt sich »intensiver, sinnlicher Körperwahrnehmung eines entspannten Geistes« hin, »der die Grundschwingungen des Lebens akustisch wahrzunehmen beginnt«.[69] Unterhalb dieser Geräuschkulisse, so Unamuno, »zählt man und fühlt den Stich des bürgerlichen Lebens. Denn das bürgerliche Leben ist Zahl, Gewicht und Maß. Doch … keine Bange.« Denn »derweil so die urwüchsigen Wurzeln des Geistes während der Siesta von diesem Orchester des Lebens umfangen sind, steigt aus dem Innersten, in einer wahren Ekstase, das Gefühl empor, ewig zu sein, was mehr ist als unsterblich«, schrieb Unamuno in seiner »Phantasie einer sommerlichen Siesta«[70], die mitunter klingt wie eine Tondichtung auf Papier: »Man fühlt sich in reine Symphonie verwandelt, in einen Akkord unendlicher Töne (…) Und unter diesem süßen (…) Regen reiner Noten hört man da drinnen (…) unter den eigenen Eingeweiden (…), da hört man das Keimen von Samen. Diese Samen sind die Ideen.«

Unamuno muss eine Menge Siestas gehalten haben, denn sein Werk sprüht vor Ideen. Er hat Hunderte philosophische Essays, Artikel und Aufsätze hinterlassen, dazu Romane und literaturhistorische Betrachtungen, sein Œuvre ist kaum schmäler als das der Selbstausbeutungsmaschine Max Weber, allerdings hatte Unamuno die besseren Mittel gegen den Burn-out.

In seinen Werken widmete er sich mit Vorliebe der Aufgabe, ein »Evangelium der Opposition«[71] in Stellung zu bringen gegen unhinterfragte Dogmen. So wetterte er gegen »das Rationale, die sogenannte Vernunft«, denn sie sei, »streng genommen, ein Feind des Lebens.« Das Lebendige, so schreibt er, sei »mit dem Verstand nicht erfassbar«. Die Logik »neigt dazu, alles auf identische Einheiten und Gattungen zu reduzieren (…) Und doch ist nichts in zwei aufeinanderfolgenden Augenblicken seiner Existenz sich selber gleich.«[72] Ein System, welches Konsistenz bedeute, »zerstört die Essenz des Traumes und damit die Essenz des Lebens«.[73] Er verteidigte den »Quietismus« des von der Inquisition verfolgten spanischen Mystikers Miguel de Molinos (1628–1696) und idealisierte die kreative »Wonne des Sich-treiben-Lassens«.[74] Von der Berufspflicht der Puritaner hielt er nicht viel, vertrat im Gegensatz dazu die Meinung, eine geliebte Tätigkeit, die man zum Beruf mache, mutiere dadurch leicht zur lästigen Notwendigkeit.

Unamunos Skepsis an der rationalen Analyse könne geradezu postmodern genannt werden, schreibt seine deutsche Übersetzerin Erna Pfeiffer.[75] Für sie ist Unamuno ein »Häretiker, ein Heterodoxer, Abtrünniger sämtlicher Ismen des 19. und 20. Jahrhunderts«.[76] In der Tat gelang es keiner ideologischen Richtung, weder Sozialisten, Konservationisten noch Anarchisten, Unamuno zu vereinnahmen. Er nahm Stellung gegen Militarismus, Totalitarismus, Technik-Fetischismus.[77] Das Spiel mit den Extremen unter bewusster Inkaufnahme von Widersprüchen war Unamunos Methode. Er suchte das Paradox, denn Konflikte waren für Unamuno »das wirksamste Element des Fortschritts«.[78] Der Spiegel, den er den Spaniern vorhielt, reflektierte oft alles andere als ein positives Bild; viele seiner Landsleute hätten »statt Grips Hoden im Hirn«, schrieb er in einem Brief an den Dichter Joan Maragall.[79] Diese Haltung sei vor allem im Militär verbreitet, weshalb er mit Leidenschaft forderte, »diese Institution« zu bekämpfen, und zwar »ohne Unterlass«.[80] Hoffnung sah er nicht im blinden Nacheifern der so bewunderten preußischen Ordnung, sondern im »speziellen Anarchismus, der unser Volk spontan charakterisiert«, dieser »kann und muss die feste Basis einer Autorität sein, die imstande ist, zu einer fruchtbaren zu werden; einer inneren und nicht auferlegten Autorität. Nur Esel können glauben, dass die Autorität des Stockes, d. h. der Diktatur, bedarf.«[81] In der Tat gelangte der Anarchismus in Spanien bis zum Ausbruch des Bürgerkriegs 1936 zu einem weltweit einzigartigen Organisationsgrad, was in sich ja schon einen Widerspruch darstellt, der Unamuno zweifellos gefiel. In Bezug auf die spanische Geschichte schrieb Unamuno: Der Spanier sei ein »Eroberer, der als Schelm endet«.[82] Wobei er keinen Zweifel lässt, dass Schelm ihm die sympathischere Figur ist als der Eroberer.

Hatte Unamuno sich anfangs vor allem gegen den spanischen Traditionalismus gewandt, begann er in späteren Jahren zunehmend die Werte hervorzukehren, bei »denen Europa von Spanien lernen könnte: (...) die jenseitsbezogene Weisheit gegenüber der rein rationalen europäischen Vernunft, das anarchistisch-individualistische Element in Kontraposition zu ›teutschem Pflichtbewusstsein‹, das ihm ein besonderes Greuel ist«, wie Pfeiffer schreibt.[83] Nicht geheuer war ihm insbesondere der kategorische Imperativ des Philosophen Immanuel Kant. Er vermutete darin eine unbarmherzige Handlungsanweisung, die vor allem dann gefährlich werde, wenn der Staat diesen Imperativ »mit Materie« auffüllt und Pflichten daraus ableitet, etwa die, »Kant'sche Gemetzel«[84] zu veranstalten: Während des Ersten Weltkriegs, in dem Unamuno für die unbedingte Beibehaltung der spanischen Neutralität plädierte, schrieb er: »In letzter Konsequenz heißt es also, dass die Pflicht das ist, was der Staat befiehlt. Wenn der Staat etwa befiehlt, man habe Greise, Frauen, Kinder und unbewaffnete Männer von einem Zeppelin oder einem Unterseeboot aus zu töten, so ist es eine patriotische Pflicht, nehme ich an, sie zu töten.«[85] Was hätte Unamuno erst über die Exzesse deutscher Pflichterfüllung im Zweiten Weltkrieg gesagt, so er ihn erlebt hätte?

Er könne einfach nichts anfangen »mit dem Reinen«, schrieb Unamuno in einem Brief, »reiner Begriff, reine Erkenntnis, reiner Wille, reine Vernunft, soviel Reinheit nimmt mir den Atem«.[86] Anstatt philosophischen »Katechismen« zu folgen, schlug er vor, »die Beförderung des Glücks als Maßstab unserer Handlungen zu nehmen«, dies jedoch nicht mit den Methoden des kategorischen Imperativs, denn »sobald jemand das reine Glück anvisiert (…), kann er mit dem ruhigsten Gewissen die kleinen Glücke in Grund und Boden treten.«[87] Für den Genuss der »kleinen Glücke« empfahl Unamuno die Stunden der Abgeklärtheit zu nutzen, in der »die Seele voll und ganz reines Verstehen des reinen Erinnerns« wird.[88]

Über die Frage, wie europäisch Spanien werden solle, focht Unamuno einen öffentlichen Streit mit dem anderen großen spanischen Philosophen des 20. Jahrhunderts aus, dem elitistischen José Ortega y Gasset. Der forderte eine radikale Europäisierung, Unamuno hingegen riet den Spaniern davon ab, »europäische oder sonst welche Brillen aufzusetzen, die ihren Blick trüben«.[89]

Als Ortega y Gasset bemängelte, dass Spanien bei Erfindungen und technischen Neuerungen Schlusslicht sei, konterte Unamuno mit einem seiner meistzitierten Sätze: »Que inventen ellos!«: Sollen doch die anderen erfinden![90] Die Glühbirne brenne in Spanien nicht schlechter, nur weil sie woanders entwickelt worden sei, spottete er und schickte einen Nachsatz hinterher, der wirkt wie ein Exkurs ins absurde Theater: »Und vielleicht sogar besser.« Dahinter glühte die Überzeugung, Spanien komme am ehesten zurecht, wenn es sich auf seine Spiritualität, seine Humanität und seinen kreativen Anarchismus konzentriere.

Dass Spanien auch zu dieser Zeit durchaus Erfindungen vorzuweisen hatte, dass etwa Leonardo Torres Quevedo 1914 einen schachspielenden Automaten vorstellte, der als die weltweit erste Maschine mit künstlicher Intelligenz gilt, das alles beirrte Unamuno nicht. Seinen Kritikern, die ihm Weltferne und Rückwärtsgewandtheit vorwarfen, hielt der Philosoph entgegen: »Ihr charakteristisches Merkmal ist meist die Verachtung dessen, was sie nicht verstehen und nicht verstehen wollen.« Manche Leute glaubten, wenn sie »etwas mittelalterlich oder mythisch oder mystisch oder romantisch« nennten, hätten sie es »auch schon in Grund und Boden vernichtet«.[91] Doch für Unamuno war das Leben komplexer als die reine Logik und das Mystische darin der unverzichtbare, weil komplementäre Gegenpol zum Primat der Vernunft.

Auch mit der Republik, die er selbst proklamiert hatte, geriet der Querkopf Unamuno in Streit. Sie gebärdete sich für seinen Geschmack zu klassenkämpferisch, er fand, sie vernachlässige in der Religion begründete Werte, packe zu vieles in zu kurzer Zeit an. Und er sollte mit seinen Warnungen recht behalten. 1936 putschten nationalkatholische Offiziere um Francisco Franco gegen die Republik, deren Reformen ihre reaktionären Denkstrukturen überforderten. Unamuno glaubte zu Anfang des Bürgerkrieges noch, er könnte kraft seines gesellschaftlichen Ranges zwischen beiden Seiten vermitteln. Doch die Brutalität, mit der die Putschisten gegen Intellektuelle vorgingen, der Mord an dem Dichter Federico García Lorca, ließen ihn verstummen. Franco versuchte anfangs sogar, Unamuno für seine Sache zu gewinnen, lud ihn nach seinem Einmarsch in Salamanca am 12. Oktober

1936 zu einem Festakt ein, bei dem der Rektor neben der Ehefrau des *generalísimo* sitzen durfte. An diesem Abend sagte Unamuno seinen vielleicht berühmtesten Satz: »Vencer no es convencer« – siegen heißt nicht überzeugen. Der Eklat endete damit, dass Unamuno seines Rektorats enthoben und in Hausarrest geschickt wurde. Nur drei Monate später, am 31. Dezember 1936, starb Don Miguel de Unamuno.

Der Traum von Lateineuropa

»Nie wären die Menschen je auf die Idee gekommen,
wegen Schulden ihre Kultur aufzugeben.«
Max A. Höfer[92]

Im März 2013 veröffentlichen französische, spanische und italienische Zeitungen ein »Manifest«[93] des italienischen Philosophen Giorgio Agamben, das beträchtliche Aufmerksamkeit in ganz Europa auf sich zieht. In diesem fordert er, Frankreich, Italien und Spanien sollten sich der Bevormundung durch den Norden widersetzen und unter französischer Führung ein *Empire latin*, ein »lateinisches Reich« ausrufen, um ihre Lebensweise und Denkungsart zu verteidigen.

Agamben vertritt in seinem Artikel die Meinung, die Europäische Union leide unter einem Konstruktionsfehler. Bei der EU-Gründung habe man auf »konkrete kulturelle Verwandtschaften« zu wenig Rücksicht genommen. Ein »Europa, das angeblich auf einer streng wirtschaftlichen Basis beruht und alle reellen Verwandtschaften in Lebensform, Kultur und Religion aufgegeben hat, wird noch in vielerlei Hinsicht seine Anfälligkeit beweisen, insbesondere in wirtschaftlichen Angelegenheiten«, prognostiziert Agamben. »Einer Mehrheit von Ärmeren werden die Interessen einer Minderheit von Reicheren aufgezwungen, die zudem meistens mit denen einer einzigen Nation zusammenfallen, wobei man letztere angesichts der jüngeren Geschichte keineswegs als vorbildlich betrachten kann.« Gemeint ist natürlich Deutschland. Agamben fährt fort: »Nicht nur ergibt es keinen Sinn, von einem Griechen oder einem Italiener verlangen zu wollen, dass er wie ein Deutscher lebt, doch selbst wenn das möglich wäre, würde es zum Verschwinden eines Kulturguts führen, das vor allem in einer Lebensform liegt.« Der Philosoph schlägt daher eine neue europäische Verfassung vor, die regionale Unterschiede besser zur Geltung bringt.

Was auf diesen eher vagen Text folgt, ist nicht weniger als ein Erdbeben, vor allem in der deutschen Presselandschaft. Das liegt nicht zuletzt daran, dass die französische Zeitung *Libération* eine aggressive Überschrift über Agambens Text setzt, in der es heißt, das »lateinische Imperium« solle zum »Gegenangriff« starten.[94] Die römische *La Repubblica* titelt behutsamer, in konditionaler Form, die Agambens Text besser gerecht wird: »Wenn ein lateinisches Imperium im Herzen Europas Form annehmen würde …«[95] Doch da der französische Titel zugespitzter klingt, man sich also besser darüber aufregen kann, nehmen deutsche Kritiker auf die linke Pariser Zeitung Bezug und tun so, als habe Agamben eine sofortige Kriegserklärung Frankreichs an Deutschland verlangt. Agambens Diskussionsvorschlag wird von der *Frankfurter Allgemeinen Zeitung* bis zur *Zeit* geradezu wütend zurückgewiesen; tatsächlich hat man den Eindruck, hier spreche der nördliche Hegemon, der südländische Aufmüpfigkeit tadelt. *Die Zeit* bemerkt, dass Agamben einer der »weltweit meistdiskutierten Philosophen« sei – was ja nichts anderes heißen soll als: umstritten. Er mache mit einer »von Walter Benjamin, aber mehr noch von Martin Heidegger beeinflussten Theorie-Mischung von sich reden«. Heidegger, so soll es beim Leser anscheinend klingeln, war das nicht der deutsche Philosoph, der mit den Nazis gemeinsame Sache machte? Ist Agamben also am Ende eine Art südlicher Nazi? Seine Parolen stammten aus »ideengeschichtlichen Sumpfgebieten«, heißt es weiter. Agamben sei offenbar kein Demokrat.[96] In der *Frankfurter Allgemeinen Zeitung* hingegen wird vermutet, der Italiener wolle offenbar zurück zum *dolce far niente*. Die Überschrift

»Herr Berlusconi will sich unseren Lebensstil nicht aufzwingen lassen« lässt den Philosophen wie einen Parteigänger des italienischen Premiers wirken, der er garantiert nicht ist.[97] Deutschland wolle er offenbar deindustrialisieren, heißt es in der *Frankfurter Allgemeinen Zeitung* weiter, so als habe Agamben eine Art Morgenthau-Plan zur Umwandlung Deutschlands in einen Agrarstaat vorgelegt. Agamben, so polemisiert der Autor, sei nicht in der Lage, »auch nur zehn Minuten verständig über Demokratie oder Kapitalismus zu reden.«

Die Hoffnung, die lateinische Kultur könne ein Gegengewicht zur angloamerikanischen oder deutschen Dominanz bilden, ist in der Tat ein sehr altes Motiv. Es gab sie lange vor Agamben: Seit Napoleons Expedition nach Ägypten und der späteren Eroberung Algeriens betrachtet Frankreich das Mittelmeer und seine Ränder als Einflussbereich. Im 19. Jahrhundert wurden dort Stimmen laut, man müsse der angloamerikanischen Weltdominanz eine »Panlatinität« entgegensetzen, also die Gemeinschaft der Länder, in denen romanische – also lateinische – Sprachen gesprochen werden, natürlich unter französischer Führung. Der Senator Michel Chevalier erfand dazu die Begriffe »Europe Latine« / »Lateineuropa« und »Amérique Latine« / »Lateinamerika« – letzteres auch als Reaktion auf die Doktrin des US-Präsidenten James Monroe, der sich europäische Einmischung auf dem amerikanischen Kontinent verbeten hatte. Vor allem Napoleon III. setzte die panlateinische Begrifflichkeit ein für seine Expansionspolitik. Er verhalf Italien 1861 zur Einheit – in der Hoffnung, das Land damit unter französischen Einfluss bringen zu können. Und er marschierte im fernen Mexiko ein, weil er es zur französischen Einflusszone hinzufügen wollte – was allerdings am hartnäckigen Widerstand der Mexikaner scheiterte. Trotzdem hat der Begriff *Lateinamerika* – anders als *Lateineuropa* – bis heute überlebt, auch wenn – oder eben weil – sich fast niemand mehr an den kolonialistischen Ursprung erinnert.

In Spanien scheiterte das französische Vormachtstreben katastrophal. Der Einmarsch Napoleon Bonapartes 1807 setzte dort gewaltige Abwehrkräfte frei, man wollte die *franchutes* nicht, selbst wenn sie die Freiheit brächten, was Napoleon ja von sich behauptete. Gefangene spanische Widerstandskämpfer riefen vor ihrer Erschießung durch französische Truppen: »Nieder mit der Freiheit« – eine nur scheinbare Absurdität, auf die der spanische Regisseur Luis Buñuel später einen ganzen Kinofilm aufgebaut hat.[98] Die Franzosen rächten sich für diese Zurückweisung, indem sie Unmengen spanischer Kulturgüter zerstörten. Sogar die Alhambra von Granada wollten sie sprengen, was nur scheiterte, weil ein französischer Pionier den Befehl nicht ausführte.

Trotz aller Rückschläge und Widersprüche hat Frankreich den Gedanken einer gemeinsamen »mediterranen Zivilisation« aus Franzosen, Italienern und Spaniern nie ganz aufgegeben. Erst 2008 verkündete Präsident Nicolas Sarkozy die Gründung einer *Union pour la Méditerranée*, einer »Mittelmeerunion«. Der Essener Kulturwissenschaftler Claus Leggewie schreibt, Sarkozys Mittelmeerunion sei der Versuch Frankreichs gewesen, im »Bunde mit den romanischen EU-Mittelmeerstaaten die politisch-wirtschaftlich-kulturelle Ostverschiebung der EU auszutarieren.«[99] Das Ganze scheiterte dann relativ kläglich am Widerstand der deutschen Kanzlerin. In der deutschen Presse wurde Sarkozy für seine Idee lächerlich gemacht. Allerdings waren die Reaktionen nicht halb so harsch wie die auf den Vorstoß des Italieners Agamben fünf Jahre später – was zeigt, wie sehr die Nord-Süd-Empfindlichkeiten im Verlauf der Euro-Krise gewachsen sind.

Agamben fühlt sich durch die heftigen Reaktionen im Mai 2013 genötigt, in einem Interview mit der *Frankfurter Allgemeinen Zeitung* ausführlich zu erläutern, was er in seinem »Manifest« nur in kurze Worte gekleidet hatte:[100] Das Ziel seiner Kritik sei nicht Deutschland gewesen, stellt er klar, sondern die Art und Weise, in der die Europäische Union konstruiert wurde, nämlich auf ausschließlich ökonomischer Basis. »So werden nicht nur unsere spirituellen und kulturellen Wurzeln ignoriert, sondern auch die politischen und rechtlichen.« Wenn eine Kritik an Deutschland herauszuhören gewesen sei, dann nur, weil Deutschland aus seiner dominierenden Position heraus »momentan unfähig erscheint, ein Europa zu denken, das nicht allein auf Euro und Wirtschaft beruht«. Die EU sei eine Institution ohne Verfassung, die keine echte Politik machen könne. Der kleinste Nenner von Einigkeit werde noch erreicht, »wenn Europa als Vasall der Vereinigten Staaten auftritt und an Kriegen teilnimmt, die in keiner Weise im gemeinsamen Interesse liegen, vom Volkswillen mal ganz zu schweigen.«

Spätestens jetzt wird klar, dass Agamben hier längst nicht mehr als Propagandist des Südens auftritt, sondern dass er ein Unbehagen artikuliert, dass im Süden wie im Norden gleichermaßen verbreitet ist: das Unbehagen nämlich mit der totalen Ökonomisierung des Lebens. Die »Krise«, so stellt der Italiener fest, sei in der modernen Politik zur Tageslosung geworden, die dazu diene, politische und ökonomische Entscheidungen zu legitimieren, die faktisch die Bürger enteigneten. Sie sei nichts anderes als ein Herrschaftsinstrument. »Seit mehr als zwei Jahrhunderten konzentriert sich die Energie des Menschen auf die Ökonomie. Vieles deutet darauf hin, dass für den Homo sapiens vielleicht der Moment gekommen ist, die menschlichen Handlungen jenseits dieser einzigen Dimension neu zu organisieren.« Agamben glaubt, Europa könne eine Schlüsselrolle spielen bei dieser Neuorganisation, wenn es gelinge, eine Alternative aufzuzeigen zwischen dem aggressiv verbreiteten *american way of life* und den sinnentleerten Ritualen Asiens.

Letztlich ist Agambens mutwillig falsch verstandener Text also nichts anderes als der Aufruf zur Suche nach einem dritten Weg, ein Appell, der an Norden und Süden gleichermaßen gerichtet ist. Die 2013 geäußerte Kritik des Italieners an der totalen Ökonomisierung des Lebens wirkt wie ein Vorgriff auf die kapitalismuskritischen Ausführungen des Franzosen Thomas Piketty über die wachsende Ungleichheit auf der Welt, dessen Buch im Frühjahr 2014 die Bestsellerlisten diesseits und jenseits des Atlantiks stürmt. Pikettys Buch *Das Kapital im 21. Jahrhundert* liefert empirisches Material zur faktischen Unterfütterung eines sich in vielen Gesellschaftsschichten ausbreitenden Missbehagens über einen neuen finanzkapitalistischen Feudalismus, der über die Interessen der Allgemeinheit triumphiert.

Ist es ein Zufall, dass Rufe dieser Art vor allem aus der romanischen Welt erschallen? Eher nicht, kollidiert doch die Unterordnung aller existenziellen Belange unter die Diktate der Ökonomie auf ganz besonders heftige Weise mit der von Denkern wie Agamben, Morin oder Unamuno postulierten mediterranen Lebensanschauung. Jedenfalls finden Agambens Vorschläge im Süden den meisten Widerhall. Der frühere EU-Kommissionspräsident und italienische Regierungschef Romano Prodi, ein nüchterner Mann und sicher alles andere als ein Politromantiker, gliedert die Forderung nach einer stärkeren Zusammenarbeit der südlichen Länder alsbald in seinen politischen Diskurs ein.

Und Deutschland? Welche Rolle könnte es in diesem Ringen der Systeme spielen? Eine konstruktivere als bisher, meint jedenfalls Gustav Seibt in der *Süddeutschen Zeitung* in seiner Reaktion auf die Agamben-Debatte: »Was Deutschland derzeit am meisten fehlt, um in Europa mehr zu erwecken als genervte Folgsamkeit: den Anteil eines werbenden Ideals, den Politik eben auch braucht.« Aber auch dafür, so stellt Seibt zutreffend fest, »bräuchte es eine Sprache, die über Budgetziffern hinausgeht.«[101] Fände sich nicht im Denken des Südens die Quelle, die für diese Sprache das geeignete Vokabular liefern könnte?

Gesunden am Süden

»Und in der Geschichte der menschlichen
Zivilisation spielte das Mittelmeer
eine größere Rolle als jedes andere Meer.«
David Abulafia[1]

La Convivencia: Vom Zusammenleben der Kulturen

Im Sommer des Jahres 2000 fühlte ich mich am Ende eines langen Sprungbretts, das in ein großes graues Nichts zu führen schien. Ich hatte nach dem Studium als Jungredakteur in einer Lokalredaktion in Südbayern angefangen und mich mit den Jahren zum stellvertretenden Büroleiter hochgearbeitet. Die Ereignisarmut des Berichtsgebietes stand in krassem Kontrast zu den Vorgaben unserer Vorgesetzten, die einen lebendigen und aufregenden Lokalteil wünschten, der stets überraschte und provozierte. Diese Vorgaben zu erfüllen erforderte beträchtliche, mitunter verzweifelte Anstrengungen – vor allem im August, wenn ganz Bayern in den Ferien liegt und den Lokalredakteur jeden Morgen acht leere Zeitungsseiten und ein ebenso leerer Terminkalender anstarren. An einem heißen Spätsommertag, an dem alle Artikelspeicher ausgeräumt waren und die Urlaubssaison nur wenige Mitarbeiter übriggelassen hatte, fingerte ich frühmorgens aus dem Faxgerät den Polizeibericht. »Acht Tote auf der A 99«, stand dort. Der erste Gedanke, der mir unwillkürlich durch den Kopf schoss, war: »Uff, ein Glück, acht Tote, der morgige Aufmacher ist gerettet.«

Am Abend desselben Tages überfiel mich eine Art geistige Übelkeit, die sich auch durch ein Bad im See – sonst ein sicheres Mittel gegen Überdruss – nicht vertreiben ließ. Nach einer schlaflosen, durchgeschwitzten Nacht, in der ich hyperventilierend versuchte, das dunkle Gefühl im Kopf niederzukämpfen, ging ich zum Arzt. Er diagnostizierte einen Zustand nervöser Überreizung in Folge von Überarbeitung. Ich fragte ihn, ob das vielleicht der richtige Zeitpunkt sei zu springen. »Versuchen Sie's, aber springen Sie in die richtige Richtung«, sagte er.

Ich entschloss mich vor allem, weit zu springen. Im Internet, damals eine noch recht chaotische Veranstaltung, fand ich nach längerem Wühlen das Angebot eines internationalen Fortbildungsstudiengangs für Journalisten, der von der Columbia-University organisiert wurde und den es in zwei Versionen gab: das Original am Stammsitz in New York – und eine spanischsprachige Version in Barcelona. Im Englischen fühlte ich mich zu dieser Zeit eigentlich sicherer als im Spanischen, das seit meinen Studientagen in Salamanca arg eingerostet war. Dass ich mich am Ende doch dafür entschied, die Südvariante zu wagen, hatte mit der Art und Weise zu tun, in der ich in Barcelona aufgenommen wurde.

Ich fuhr im März 2001 dorthin, um mir das Ambiente anzusehen. Die Lehrveranstaltungen fanden in einem kleinen Palast im französischen Stil am Universitätscampus von Vall D'Hebron statt, mitten in den grünen Bergen, die Barcelona wie ein natürliches Amphitheater umgeben. Er war bedeckt mit Efeu und lag in einem Pinienwäldchen. Springbrunnen plätscherten, Elstern schwirrten durch den Park, dem Palmen eine tropische Note verliehen, die hart mit der Winterkälte kontrastierte. Das Gebäude war in den 1920er Jahren von einem *Indiano* erbaut worden, so nannte man die spanischen Zuckerbarone, die im 19. Jahrhundert auf Kuba reich geworden waren und die nach ihrer Rückkehr ihr Geld in die Industrialisierung Kataloniens und die Pracht Barcelonas investiert hatten.

Über eine Freitreppe betrat ich den Palast. Auf mich zu kam ein kleiner Mann mit wachen, freundlichen Augen und rotem Bart, der sich als Roberto Herrscher vorstellte. Er war Argentinier und selbst Columbia-Absolvent. Die New Yorker Universitätsleitung hatte ihn wegen seiner Leistungen dazu auserkoren, die spanischsprachige Ausgabe des Studiengangs aufzubauen und zu leiten. Nebenbei schrieb er für lateinamerikanische Reportagemagazine wie *Gatopardo* oder *Etiqueta Negra*, er verfasste Opernkritikern für die *New York Opera Review* und konnte hervorragend Tangos singen.

Wir spazierten durch den Park, und ich erzählte ihm von meinem Erlebnis mit den acht Toten. »Das ist es, was die Routine mit uns macht«, sagte er; aus einer solchen auszusteigen sei sicher nicht falsch. Im Nu diskutierten wir über Zynismus und Moral im Journalismus, landeten bei Tangolyrik, dann bei Habermas und anderen deutschen Philosophen, die Herrscher ebenso liebte wie Opern. Sein ganzes Auftreten war eine leise, liebenswürdige Ermunterung zum Bleiben.

Ich äußerte Zweifel wegen meiner Sprachkenntnisse. »Du hast die Chance, richtig gut in Spanisch zu werden«, sagte Herrscher in seinem melodiösen argentinischen Akzent, »das kriegen wir schon geschafft.« Die Fehlerhaftigkeit meiner Übungsreportage, die als Aufnahmeprüfung verlangt war, nahm er mit dem Großmut des geduldigen Lehrers hin.

Ich beantragte ein Sabbatjahr bei meinem Arbeitgeber, das mir freundlicherweise gewährt wurde. New York hätte zweifellos die größeren beruflichen Perspektiven, bessere Ressourcen und mehr Reputation bedeutet, auch der sprachliche Einstieg wäre leichter gewesen. Doch was mich in Barcelona überzeugte, war das Gefühl, auf Empathie und Verständnis zu stoßen, auf eine humanitäre, einladende Freundlichkeit, die zuerst den Menschen sah und dann erst die Qualifikation. Im Kurs traf ich auf Spanier, Italiener, Lateinamerikaner, in deren Gegenwart sich binnen weniger Tage ein tiefes Gemeinschaftsgefühl einstellte und die mir bei meinen anfänglichen stammelnden Rechercheversuchen stets mit dem geeigneten Vokabular aushalfen und meine fragwürdigsten Ungeschicklichkeiten ausbügelten, ohne jemals das geringste Ellbogenverhalten an den Tag zu legen. Es war die integrative Kraft des Südens, die mich behutsam und solidarisch durch dieses Abenteuer lenkte, welches damit endete, dass meine Abschlussreportage mit minimalen Korrekturen in der Barceloner Literaturzeitschrift *Lateral* veröffentlicht wurde. Mein Thema war eine sehr spanische Geschichte über einen individuellen und sehr südlichen Akt der Menschlichkeit, auf den ich im Zuge der journalistischen Streifzüge gestoßen war, die unser Lehrer Roberto Herrscher im Rahmen des Studiengangs alltäglich einforderte.

Ich hatte Jaime Vandor auf einer Podiumsdiskussion über die Franco-Zeit in einer Buchhandlung am Paseig de Gràcia kennengelernt. Vandor war ein zierlicher alter Mann mit kahlem, kantigem Schädel, aus dem zwei melancholische, tiefsitzende Augen blickten. Er saß auf dem Podium zwischen greisen spanischen Veteranen des Widerstands und fiel gleich zu Anfang mit der Bemerkung auf, er freue sich über die Einladung, sei hier aber wahrscheinlich an der falschen Stelle. Er wolle keineswegs einer Diktatur das Wort reden, aber es sei nun mal so, dass er einem Funktionär Francos das Leben verdanke. Von den anderen Diskussionsteilnehmern wurde er fortan geschnitten. Mich aber interessierte gerade er.

Ich besuchte Jaime Vandor in seiner Wohnung im sechsten Stock eines Mietshauses in der Eixample. Von seinem Wohnzimmer aus sah man auf einen Platz mit Bäumen und Bänken, wo sich Liebespaare trafen und Leute ihre Hunde ausführten. »So ähnlich war die Aussicht von unserer Wohnung in Budapest«, sagte Vandor und blickte durch die Panoramascheiben in den Smoghimmel Barcelonas. »Wenn die alliierten Tiefflieger kamen, sah es immer so aus, als rasten sie direkt auf unser Fenster zu.« Er deutete mit dem Finger auf einen imaginären Punkt in der Ferne, als würde dort Mündungsfeuer aufblitzen. »Von dort aus konnten sie mit ihren Bordkanonen genau ins Zimmer zielen.« Die Wahrscheinlichkeit, in jenem Raum jemanden zu treffen, war ziemlich hoch. 51 Menschen lebten in der Zwei-Zimmer-Altstadtwohnung, die die spanische Gesandtschaft in Budapest 1944 und 1945 angemietet hatte, um Juden einzuquartieren. Insgesamt unterhielt die diplomatische Vertretung der Franco-Regierung acht solcher Häuser in der ungarischen Hauptstadt.

5 200 von den Nazis Verfolgte rettete sie so vor dem Holocaust. In einem der mit dem spanischen Hoheitszeichen geschützten Häuser erlebte auch Jaime Vandor das Kriegsende.

Die Vandors stammten eigentlich aus Wien, wo Helmut »Jaime« Vandor 1933 geboren wurde. Von dort war die Familie nach dem »Anschluss« Österreichs 1938 nach Budapest geflohen, wo sie bis 1944 relativ sicher lebte. Ungarn war zwar mit Deutschland verbündet, jedoch wurde die Judenverfolgung dort noch nicht mit aller Konsequenz betrieben. Doch im März 1944 besetzten deutsche Truppen Ungarn. Sie installierten eine ihnen genehme Regierung und begannen, die Juden zu deportieren. Nun griffen die diplomatischen Vertretungen Spaniens, der Schweiz, Portugals, des Vatikans und des Roten Kreuzes eine Initiative des schwedischen Diplomaten Raoul Wallenberg auf: Sie stellten Schutzbriefe für Juden aus. Keine dieser Rettungsaktionen erreichte solche Ausmaße wie die der Spanier – und das, obwohl die Franco-Regierung Hitler-Deutschland ideologisch zumindest nahestand.

Bereits 1940 hatte das spanische Außenministerium begonnen, seinen Diplomaten vorsichtig die Türen für Rettungsaktionen zu öffnen. Dies fing an nach einem Besuch von Francos Außenminister, Schwiegersohn und Chefideologen, Ramón Serrano Súñer, in Berlin. Er sollte dort eigentlich den Kriegseintritt Spaniens auf deutscher Seite aushandeln – zu dem es jedoch, abgesehen von der Entsendung einer Hilfstruppe, nie kam. Serrano Súñer berichtete in seinen Memoiren von dem Eindruck, den die Präsenz der gelben Sterne in den Straßen Berlins auf ihn gemacht hatte: »Wer konnte wissen, was im Inneren dieses schrecklichen Nazi-Räderwerks vor sich gehen mochte?« In der Folgezeit ermunterte das Außenministerium in Madrid die spanischen Gesandtschaften in den von Deutschen besetzten Ländern, ein fast vergessenes Gesetz des Diktators Antonio Primo de Rivera von 1924 anzuwenden: Damals erinnerte Spanien sich seiner 1492 vertriebenen jüdischen Bevölkerung. Primo de Riveras Gesetz eröffnete jedem sephardischen Juden die Möglichkeit, in einer diplomatischen Vertretung um die spanische Staatsbürgerschaft nachzusuchen. Der Diktator hatte nicht allein aus Menschenfreundlichkeit gehandelt und auch nicht aus historischer Wiedergutmachung, auch wenn die Maßnahme offiziell so begründet war. Spanien hoffte, dass ein Zuzug wohlhabender und dynamischer jüdischer Geschäftsleute der spanischen Wirtschaft nützen könnte.

Serrano Súñer schrieb in seinem Brief, gefährdeten sephardischen Juden sollte die Möglichkeit gegeben werden, »klarzustellen, dass sie Spanier sind, damit man sie im geeigneten Moment als solche schützen kann«. Inwieweit dann wirklich geholfen wurde, hing vom jeweiligen Diplomaten ab. Niemand entfaltete dabei so viel Eifer wie der spanische Geschäftsträger in Budapest, Ángel Sanz Briz. Dabei half ihm sein Mitarbeiter Giorgio Perlasca, ein Italiener.

Als glühender Bewunderer Mussolinis hatte Perlasca in den dreißiger Jahren auf Francos Seite im Spanischen Bürgerkrieg gekämpft. Für seine Verdienste um den Sieg stellte ihm der Diktator 1939 ein Dokument aus, das ihm den Schutz jedweder spanischen Vertretung garantierte. Im Zweiten Weltkrieg organisierte Perlasca als Viehhändler Verpflegung für die italienische Armee. Dabei kam er in ganz Osteuropa herum und wurde dort Zeuge der Massendeportation von Juden. Obwohl er sich weiterhin zum Faschismus bekannte, entsetzte ihn das brutale Vorgehen der deutschen Verbündeten. Das Ausscheren Italiens aus der Achse machte Perlasca 1943 offiziell zum Feind der Nazis. Die Nachricht überraschte Perlasca in Budapest, und er beschloss, von seinem spanischen Dokument Gebrauch zu machen. In der spanischen Gesandtschaft traf er auf Ángel Sanz Briz, der ihm umgehend einen spanischen Pass auf den Namen »Jorge« Perlasca ausstellte. Es war der Beginn einer segensreichen Freundschaft.

Jaime Vandor zeigt mit dem Finger auf einer Karte von Budapest, wo das offizielle Ghetto lag und wo sich die Häuser befanden, die Sanz Briz unter spanischen Schutz stellte: »Mehr als einmal versuchten die Deutschen oder ihre ungarischen Helfershelfer, sich darüber hinwegzusetzen, und ließen uns auf der Straße antreten, um uns zu deportieren.« Manche der Verfolgten stürzten sich vor Verzweiflung aus dem Fenster. Einmal, erinnert sich Vandor, sei ein Körper direkt neben ihm auf dem Straßenpflaster aufgeschlagen. »Das Geräusch kann ich nicht vergessen.« Doch die Räumung der Häuser konnte das spanisch-italienische Rettungsgespann Sanz Briz und Perlasca jedes Mal verhindern.

Im September 1944, als sich die deutsche Niederlage abzeichnete, brach Madrid mit der von den Deutschen eingesetzten ungarischen Marionettenregierung. Ángel Sanz Briz wurde aus Budapest abberufen. »Jorge« Perlasca jedoch blieb und spielte mit einem gefälschten Dokument die Rolle eines spanischen Geschäftsträgers. Gegenüber den deutschen Besatzern gab er sich arrogant und drohte mit Vergeltungsmaßnahmen gegen in Spanien lebende Deutsche und Ungarn. Und kam damit bis Kriegsende durch.

So überlebten hinter den Mauern mit dem spanischen Hoheitszeichen und unter dem Schutz eines italienischen Hochstaplers der elfjährige Helmut Vandor, sein älterer Bruder und ihre Mutter die beiden letzten Kriegsjahre, während gleichzeitig 850 000 ungarische Juden in Vernichtungslager deportiert wurden.

Nach dem Einmarsch der Roten Armee verschwand Perlasca. Helmut Vandor ging 1947 ins Land seiner Retter, nach Barcelona. Aus Helmut Vandor wurde »Jaime«. Auf Perlascas Liste hatte er die Nummer 1990 getragen. Der Gedanke an den verschwundenen Perlasca ließ Vandor jedoch nie los. Erst 1988 spürten er und eine Gruppe Überlebender des Budapester Ghettos ihren Retter auf. Er lebte mehr schlecht als recht als Kaufmann in Parma. Über seine Taten hatte der italienische Oskar Schindler nie geredet. Man organisierte Ehrungen für ihn in Rom, New York und Budapest. Perlasca und Sanz Briz wurde der Titel »Gerechte der Nationen« der Jerusalemer Gedenkstätte Jad Vaschem verliehen. 1992 starb Perlasca. In einem Interview kurz vor seinem Tod beantwortete er die Frage nach seinen Motiven lapidar mit: »Was hätten Sie an meiner Stelle getan?« Perlasca hat in all den Jahren nie aufgehört, sich zum Faschismus zu bekennen. Sein Sohn heißt Franco.

Nach Kriegsende versuchte der Diktator Franco, aus der Rettungsaktion politisches Kapital gegenüber den siegreichen Alliierten zu schlagen. Der Caudillo brüstete sich, er habe 40000 Sephardim vor der Ermordung bewahrt. Ángel Sanz Briz wurde zu der Erklärung genötigt, er habe in Budapest in höchst offiziellem Auftrag gehandelt. Jaime Vandor hat Zweifel an dieser Version. Spaniens Politik sei widersprüchlich und inkonsequent gewesen. In der Tat wurden viele Juden auf der Flucht aus dem besetzten Frankreich an der spanischen Grenze zurückgewiesen. Vandor glaubt, dass Sanz Briz und Perlasca aus individueller Solidarität handelten, nicht als Vertreter einer institutionellen Macht. »Sie haben sich als gute Christen verstanden, nicht mehr und nicht weniger«, sagt Vandor. 1958 suchten die Vandors um die spanische Staatsbürgerschaft nach, die ihnen jedoch auf Betreiben der erzkatholischen Opus-Dei-Bewegung verweigert wurde. Ohne Staatsbürgerschaft erhielt Vandor aber auch keine Professur an der Universität von Barcelona, wo er Judaistik unterrichtete. Er blieb einfacher Dozent: »44 Jahre war ich der einzige Jude in der Fakultät.« Doch unter dem Strich, so betont er, habe er sich in Spanien immer sicher gefühlt.

Das war mal anders. Mehr als 300000 Sephardim mussten Ende des 15. Jahrhunderts die iberische Halbinsel verlassen. Es war das Ende der *convivencia*, eines überwiegend friedlichen Nebeneinanders der drei großen monotheistischen Religionen. Andalusische Städte wie Cordoba waren zuvor Zentren der Wissenschaft gewesen, in denen Gelehrte wie der Muslim Averroes und der Jude Maimonides wirkten, deren Erkenntnisse sich über ganz Europa verbreiteten. Nirgendwo auf dem Kontinent war der Lebensstandard höher. Der Historiker Américo Castro hat die *convivencia* als identitätsstiftend für die spanische Kultur bezeichnet. »Für Castro setzte deren Identität ein in diesem erstaunlich spannungsfreien Zusammenleben (...) auf der iberischen Halbinsel während des Mittelalters«, hat der Romanist Hans-Ulrich Gumbrecht geschrieben.[2]

Die Rollen waren klar aufgeteilt. Juden dominierten in der Verwaltung und im Handel, Muslime in der materiellen Produktion, Christen im Militär. Die Christen hätten sogar Elemente absorbiert aus den anderen Religionen, so Castro: Die Pilgerfahrt nach Santiago de Compostela etwa sei eine Übernahme der muslimischen Hadsch nach Mekka. Auch »eine mystisch-verinnerlichende Tendenz in der religiösen Selbstreflexivität« und das Kriegerethos hätten sich die Christen bei den Muslimen abgeschaut. Leider waren sie dabei zu eifrig, denn es war eben jenes übersteigerte Kriegerethos, gemischt mit einem kruden Reinheitsgedanken, die die *convivencia* auslöschten. 1492 erklärte das Königspaar Isabella von Kastilien und Fernando von Katalonien Spanien zu einem rein christlichen Land. Fortan galt jeder, der jüdischer oder maurischer Herkunft war, als verdächtig. Spanien schnitt sich selbst von seiner Geschichte ab.

Nach der Vertreibung siedelten sich viele jüdische Kaufleute, Wissenschaftler und Ärzte in den Hafenstädten des östlichen Mittelmeerraums an. Die Mehrheit zog in das Osmanische Reich, wo sie mit offenen Armen aufgenommen wurden. Ihnen wurden eigene Schulen und Gerichte garantiert. In Saloniki etwa erhielt sich das sephardische Spanisch, angereichert durch Vokabeln aus dem Hebräischen, Griechischen und Arabischen, bis zum Holocaust. Erst im 19. Jahrhundert begann eine zögerliche Rückkehr nach Spanien, die nach Ausrufung der Republik 1931 eine kurze Blüte erlebte, dann aber unter den Stiefeln von Francos Putschtruppe zertreten wurde.

Erst im Zuge der Annäherung an die Westmächte in den 1950er Jahren habe die Diktatur begonnen, eine gewisse Toleranz zu zeigen, sagt 2010 der Vorsitzende der Kultusgemeinde, Jacobo Israel Garzón, bei einem Auftritt im Münchner Instituto Cervantes. Antisemitismus habe es »bei den Machthabern weiter gegeben, aber kaum im Volk«. Heute zählt die jüdische Gemeinde Spaniens wieder etwa 40 000 Mitglieder. Seine Gemeinde sei ein im Alltag gut verwurzeltes, aber sehr heterogenes Gebilde, gespeist aus Einwanderung aus Marokko und Lateinamerika, einigendes Element sei die spanische Sprache, erklärt Garzón, ein freundlicher, ironischer Mittsechziger. Man sei eine »Minderheit wie viele andere«, aber Wachstum in Zahlen sei ihm auch nicht so wichtig, fährt er hintersinnig lächelnd fort, er bevorzuge »Wachstum an Weisheit«. Wobei mit »Weisheit« in diesem Fall offenbar »abwartende Gelassenheit« gemeint ist.

Die Entwicklung sollte Garzón recht geben: Einen überraschenden weiteren Schritt hin zu einer Wiedergutmachung kündigt der konservative spanische Justizminister Alberto Ruiz-Gallardón Anfang 2014 an:[3] Ein Gesetz sei in Vorbereitung, das den Sephardim die spanische Staatsbürgerschaft in Aussicht stellt, das Edikt von 1924 also gewissermaßen runderneuert.

Spross einer sephardischen Familie, die Spanien 1492 verlassen musste und nach Galiläa floh, ist der Historiker David Abulafia. Teile seiner Familie leben heute über die Welt verstreut, David Abulafia ist Brite und hat 2011 eine monumentale »Biographie« des Mittelmeers geschrieben, in der auch die *convivencia* eingehend gewürdigt wird. Als eine ihrer Symbolfiguren nennt der Historiker den katalanischen Geistlichen Ramon Llull. »Er imitierte Sufi-Gedichte und verkehrte gerne mit Kabbalisten. Er war zugleich ein eifriger Missionar (…) und er erkannte im Gott der drei abrahamitischen Religionen ein und denselben Gott.«[4] Nach Llull ist heute eine Universität in Barcelona benannt, die der wissenschaftlichen *universitas* des Mittelmeerraums Rechnung tragen soll.

Doch welche Rolle kann dieses Erbe in der globalisierten Welt spielen, in der die Mittelmeerregion nur noch ein peripherer Schauplatz ist? Abulafia schreibt, der Mittelmeerraum sei die Region, in der es »weltweit zu den wohl intensivsten Wechselwirkungen zwischen verschiedenen Gesellschaften kam«.[5] Daraus leitet er eine Art Referenzcharakter für die Globalisierung ab. In gewisser Weise, so schreibt David Abulafia, sei die Welt »ein einziger großer Mittelmeerraum« geworden.[6]

Und könnte dieses »mediterrane Vaterland« nicht als Vorbild dienen, »als Hort von Toleranz und Dialog«, als den ihn etwa der in Algerien lebende französische Schriftsteller Albert Camus ansah?[7] Derzeit ist die *convivencia* eher ein touristisches Werbemittel, um die baulichen Überbleibsel der jüdischen und muslimischen Kultur in Andalusien zu vermarkten. Das Idealbild von al-Andalus soll die Phantasie der Feriengäste beflügeln, die staunend durch das Halbdunkel der früheren Moschee von Cordoba wandeln, eines der größten Gotteshäuser der Welt. In der Tat ist das zur katholischen Kirche umgewidmete Gewölbe aus maurischen Hufeisenbögen, die auf 856 Säulen aus Onyx, Marmor und Granit aus römischer Zeit ruhen, der geeignete Ort, um sich den »außerordentlichen welthistorischen Reichtum« des Mittelmeerraums in Erinnerung zu rufen, von dem Claus Leggewie spricht.[8] Die mediterranen Netzwerke, die urbanen Systeme mit der Vitalität ihrer öffentlichen Räume, so stellt es Leggewie dar, haben dem Norden Europas jahrhundertelang die entscheidenden kulturellen, zivilisatorischen und wissenschaftlichen Impulse geliefert, damit er zu dem werden konnte, was er heute ist. Und liegt genau in diesem gemeinsamen historischen Reichtum nicht auch die Inspiration für eine neue europäische *universitas* der Kulturen und des Wissens, nun eben unter dem Dach der Europäischen Union? Um zu spüren, wie sich diese *universitas* in ihrer linearen geographischen Ausformung anfühlt, muss man die Wanderschuhe schnüren.

Pilgerfahrt nach Santiago

»Mit der peregrinatio ad loca sancta begann die (…)
Geschichte der Reise in den Süden.«
Dieter Richter[9]

Ein Kanten trockenes Brot, eine matschige Tomate, eine halbvolle Feldflasche mit lauwarmem Rotwein. Wir kratzen die letzte Schicht Käse von der Rinde und teilen die Krümel durch vier. Scharf sticht die Mittagssonne durch das Laub der Bäume vor dem Kirchengemäuer. Eine karge Mahlzeit, wenn man 10 Kilometer Fußmarsch hinter und 15 vor sich hat. In Azqueta mitten in der trockenen Hitze Navarras aber gibt es kein Geschäft, kein Restaurant, keine Bar. »Aquí no hay nada«– hier gibt es nichts – ist 1994 eine oft gehörte Antwort auf dem spanischen Jakobsweg. Doch was lehrt die Inschrift an der Pilgerherberge von Gonzar? »Ein Pilger ist anspruchslos, gutherzig und dankbar.«

Wir sind keine Wanderer, keine Touristen – wir sind Pilger. Es ist weniger die eigene Einstellung, die einen dazu werden lässt. Wer sich an den spanischen Pyrenäen auf den 700 Kilometer weiten Weg nach Santiago de Compostela macht, ist ein Pilger, basta. Er kann gar nichts dagegen tun, auch wenn ihn keine religiösen Gründe vorwärtstreiben. »Hola, peregrinos!« – Hallo Pilger! – haben uns die alten Frauen begrüßt, die in Los Arcos in den Hauseingängen saßen. In Padornelo bot uns eine Frau einen Schlafplatz in ihrem Haus an – weil wir Pilger sind. In Logroño umarmte uns ein schwarzgekleidetes altes Mütterchen – weil es Glück bringt, einen Pilger zu berühren. In Cirauqui filmte uns ein holländischer Tourist mit der Videokamera – weil Pilger eine Touristenattraktion sind. Und im kargen Azqueta werden wir schließlich von einer alten Frau zu Graupensuppe und Sardinen eingeladen – weil es Glück bringt, einen hungrigen Pilger zu bewirten, der zum Grab des heiligen Jakob unterwegs ist.

Jakobus der Ältere war ein Jünger Jesu, der nach dem Tode Christi in der römischen Provinz Hispanien missionierte. Nach seiner Rückkehr nach Jerusalem wurde er im Jahr 44, so will es die Überlieferung, enthauptet und als Märtyrer begraben. Wegen der Sarazenen-Einfälle brachten Getreue seinen Leichnam im 7. Jahrhundert in einem Boot nach Nordspanien. Der Legende nach strandeten sie an den windumtosten Küsten Galiziens. Man legte den Leichnam in einen Ochsenkarren und dort, wo die Ochsen stehen blieben, begrub man ihn. Im Jahre 825 sah ein Hirte ein Licht über einem Feld leuchten. Es führte ihn zu einer Grabstätte, die der herbeigerufene Bischof als die des heiligen Jakobs – Santiagos – identifizierte. Über dem Grab wurde eine

Kathedrale gebaut, der Ort hieß fortan Campus Stellae – Sternenfeld: Santiago de Compostela.

Es waren die Cluniazenser, die die Kunde vom Apostelgrab über ganz Europa verbreiteten. Die, die in den folgenden Jahrhunderten ans Westende Europas liefen, taten dies teils aus freiem Antrieb, meistens aber, weil man sie dazu verdonnert hatte – als Strafe für Totschlag, Raub, Brandstiftung, Unzucht, Fluchen, Ketzerei. Ritterorden wie die Templer schützten die Pilger, bauten Burgen und Kirchen. Aus westgotischen, maurischen, karolingischen Elementen entwickelte sich der romanische Baustil – die erste gesamteuropäische Architektur. Zur Blütezeit im 12. bis 15. Jahrhundert sollen sich jedes Jahr 500 000 Menschen auf den Weg an die spanische Atlantikküste gemacht haben, doppelt so viele wie heute. Viele Pilger – so sie denn ihr Ziel überhaupt erreichten – kehrten nie zurück, sondern siedelten sich in Nordspanien an; von den Herrschenden wurden sie dazu ermuntert. Der Camino de Santiago entwickelte sich zum bevölkerungspolitischen Instrument.

Die maurischen Königreiche im Süden der iberischen Halbinsel, die *taifas,* gerieten gegenüber dem erstarkenden Norden militärisch mehr und mehr ins Hintertreffen, sie wurden tributpflichtig. Nordspanien entwickelte sich nicht zuletzt dadurch zusammen mit Flandern und dem Norden Italiens zum reichsten Gebiet Europas. Als *matamoros* – »Maurentöter« – wurde Jakob dabei zum Symbol der »Reconquista«, der christlichen Wiedereroberung. Erst später wandelte sich sein Bild zu dem des gütigen Pilgeropas, als der er heute dargestellt wird. Jede Epoche bastelt sich den Heiligen eben so zurecht, wie sie ihn braucht. Mit dem Abschluss der christlichen Rückeroberung Spaniens hatte Jakob dann seinen Dienst erfüllt, die Pilgerei zu seinem Grab geriet in Vergessenheit.

Als die spanische Regierung Anfang der 1990er Jahre beschloss, den Weg wiederzubeleben, war noch nicht absehbar, dass die Schinderei bald zu einer neuen Massenbewegung ausarten würde. 1992 erreichten knapp 10 000 Pilger Santiago de

Compostela. Im Jahr 2013 absolvierten fast 215 000 Wanderer den Jakobsweg, Buspilger und Spaziergänger nicht eingerechnet. Er ist, gemessen an den Zuwachszahlen, das erfolgreichste touristische Projekt der Welt. Pilgern auf dem Jakobsweg ist im 21. Jahrhundert keine meditative oder gar individuelle Angelegenheit. In den Herbergen ist ein gänzlich unheiliger Konkurrenzkampf um die Übernachtungsplätze entbrannt. Ähnlich wie Badegäste die Liegestühle am Pool mit Handtüchern reservieren, postieren Pilgerprofis bereits am späten Vormittag vor der Herbergstür ihre Rucksäcke, um Ansprüche anzumelden. Nicht mal die Wanzenplage, die in manchen Unterkünften grassiert, hat der Begeisterung Einhalt gebieten können. Der Camino de Santiago ist nicht zuletzt durch die Bestseller von Promipilgern wie Paulo Coelho, Shirley MacLaine und Hape Kerkeling zum Hype geworden, von der kasteiungsvollen Bußroute zur längsten Partymeile der Welt. Tatsächlich aber hat gerade die Massenbegeisterung dem Jakobsweg seine Bedeutung als Versammlungsort von Menschen unterschiedlichster Herkunft zurückgegeben, die dort eine *convivencia* auf Zeit eingehen. Es wiederholt sich das, was Cees Nooteboom »die starke Internationalisierung« Spaniens durch die Pilgerroute im Mittelalter genannt hat.[10]

1997 erhob der Europarat den Jakobsweg für seine Bedeutung als gemeinsamer Identifikationsraum zur »europäischen Kulturroute«. In der Tat schweißt nichts die Menschen mehr zusammen als der Austausch eines Blasenpflasters oder einer Kniebandage im Moment großer Wandersnot. Längst haben sich in ganz Europa Fremdenverkehrsämter an den Trend angehängt und eigene Jakobsrouten ausgewiesen, die sich wie ein Strickmuster über den Kontinent legen und im spanischen Puente la Reina zu einem einzigen Weg bündeln. Das Bewusstsein, ihre Existenz dem Camino de Santiago zu verdanken, lebt in vielen Städten und Gemeinden Nordspaniens fort. Es äußert sich in einer Haltung gegenüber den Pilgern, in der sich Gastfreundschaft und Respekt mischen. Der Weg, das spürt man, ist eine Art spirituelles Territorium, das einem für die Zeit der Pilgerschaft gehört.

Man lernt viel über andere Kulturen, wenn man sich auf den Weg macht, etwa über den beizeiten lässigen Umgang der Spanier mit ihrer Grundreligiosität, die sie für die Zeit des Pilgerns aktivieren. Juan aus dem andalusischen Huelva hängt sich für den steilen Abstieg vor Portomarin ein Medaillon der Schutzpatronin seiner Heimatstadt um den Hals – wegen seines Knöchels, wie er erklärt. »Und, hat sie geholfen?«, frage ich ihn später. »Klar«, antwortet er. »Wir Spanier sind nämlich sehr gläubig.« Und schiebt verschmitzt nach: »Wenn wir es brauchen.«

Viele von denen, die nach vier, fünf, sechs Wochen abgemagert und braungebrannt vor die Kathedrale in Santiago humpeln, schreiben dem Weg eine heilende Wirkung zu – an Körper und Seele. »Täglich acht Stunden laufen bei 35 Grad Hitze – ich wusste vorher nicht, ob ich das schaffen würde«, sagt Harald Zimmermann aus Salzburg. Der Mittvierziger wanderte nach Santiago, weil er seit einem Autounfall mit einem gelähmten rechten Arm lebt: »Ich bin dankbar, dass es nicht die Beine waren und ich gehen kann – also wollte ich wissen, wie weit ich komme.« Das Gewimmel habe ihn nicht gestört: Jeder auf dem Weg habe seine Geschichte, das habe etwas Einendes. »Ich wusste, da sind Tausende gegangen, die haben hier ihre Träume, Ziele, Verzweiflung und Hoffnung reingetreten. Damit lädt man sich auf.«

Der Jakobsweg zeugt von der Kraft des Südens, sich touristisch immer wieder neu zu erfinden. Spanien, aber auch Portugal und Italien haben viel investiert, um jenseits von Sonne und Strand ihr historisch bedeutsames Hinterland zu beleben. Das ist wichtig, denn der Fremdenverkehr wird bis auf weiteres die wichtigste Einnahmequelle des Südens bleiben. David Abulafia schreibt: Der Tourismus ist der »einzige Wirtschaftszweig, der im Mittelmeer nach dem Krieg einen beispiellosen Aufschwung erlebt hat«.[11] Jährlich 230 Millionen Besucher reisen von Norden nach Süden. Der Tourismus verbraucht extrem viel Land und Wasser, er hat jedoch auch die kulturellen Beziehungen bereichert. Das Flugzeug und der Bikini veränderten die Beziehungen zwischen Nord- und Südeuropa nachhaltig, schreibt Abulafia.[12] Aber auch der Tourismus verändert sich. »Manche Regionen wie Apulien und Teile Sardiniens werden bewusst als Qualitätsurlaubsziele vermarktet, und kleine Hotels beginnen, Gäste von den gigantischen Hotelkomplexen abzuziehen.«[13] Man verbringt vierzehn Tage in einem *rustico* in der Toskana oder einem sizilianischen *agriturismo*, einer *masia* in Katalonien oder einer *casa rural* in Andalusien und weilt dort oft in dem Gefühl, bei jemandem persönlich zu Gast zu sein. Viele Touristen zeigen auf die Dauer ein tieferes Interesse an der Sprache des Landes. Manche kaufen sich Häuser und putzen andalusische Dörfer heraus, die Fremden werden im günstigsten Fall Teil des örtlichen Soziallebens. Auf Mallorca seien manche deutsche Hausbesitzer sogar eher bereit, die Inselsprache Mallorquí zu erlernen als Festlandsspanier, berichtet der mallorquinische Tourismusexperte Josep Brunet.

Nicht immer ist es den Europäern bewusst, dass es in Zeiten des Euro ihr gemeinsames kulturelles Erbe ist, das sie da im Süden konsumieren. Andere haben die über die Folklore hinausweisende Bedeutung der Kultur längst erkannt. Die Japaner, schreibt David Abulafia, »suchen die Erklärung für die wirtschaftlichen Erfolge Westeuropas in der europäischen Kultur und Geschichte«.[14]

Selbst da, wo Krieg herrschte, wird alles getan, um den Tourismus so schnell wie möglich wieder anzukurbeln. Ein Beispiel ist die kroatische Stadt Dubrovnik an der dalmatinischen Küste. Ich besuchte sie 1992 kurz nach Ende der serbischen Belagerung. Damals war Dubrovnik in etwa das, was im Jahr 2014 das syrische Aleppo ist, eine Stadt unter Belagerung und Beschuss, in der die Menschen hungerten und der Tod jede Sekunde einschlagen konnte. Auf den Bergen rundum standen die Geschütze der Tschetniks, in der Stadt wimmelte es von martialisch Uniformierten, jedes zweite Haus der einst prachtvollen Altstadt war ausgebrannt oder beschädigt, Brücken gesprengt, die Hotels zu Kasernen umfunktioniert, auf die Autofähren rollten die Panzer und die Hilfstransporte des Roten Kreuzes; Brunnen und Denkmäler waren mit Holz gegen Splitter geschützt. Die Menschen litten unter Bombenpsychosen, das einzige, was blühte, war der Drogenhandel. Im Jahr 2014 ist davon so gut wie nichts mehr zu spüren. Dubrovnik zieht im Sommer so viele Kreuzfahrttouristen an, dass in der Hochsaison Verkehrspolizisten den Strom der Touristen durch die Altstadt regulieren müssen.[15] Die dalmatinische Stadt ist das Symbol für das kriegerische Potenzial des Mittelmeerraums. Aber auch für seine Kraft, sich zu regenerieren.

KULINARISCHE VÖLKERVERSTÄNDIGUNG

Ein warmer Wind weht von der Biskaya herüber, die Luft ist feucht und schmeckt nach Salz, das macht Appetit. Der Abend blaut, und an der Uferpromenade des Nervión springen die Straßenlaternen an. Zeit fürs Abendessen. Ein paar Schritte vom Fluss entfernt liegt das Restaurant »Zortziko«, der Name bezeichnet eigentlich ein Gedicht mit acht Versen in *Euskera* – jener Sprache, die außer den Basken keiner versteht. Auch was im Zortziko vor sich geht, versteht man nicht unbedingt auf Anhieb. Widerstrebend gibt die schwere Holztür nach. Innen warten ernste junge Männer in schwarzen Gewändern mit grauen Schärpen, die aussehen, als betrieben sie eine fernöstliche Kampfsportart oder gehörten einer verschworenen Bruderschaft an. Sie geleiten die Gäste in einen grell ausgeleuchteten, fensterlosen Raum, in dem Stühle um einen großen Tisch stehen. Eine Wand ist bedeckt mit Sätzen in einer verschlungenen Kalligraphie. Die gastronomischen Ordensleute beginnen, Kelche mit schwarzer Flüssigkeit zu füllen. Es geht still und dezent zu, eben wie bei einem Geheimzirkel. Keine Musik, kein Geklapper, kein Gemurmel anderer Gäste, die man in den angrenzenden Separees nur vermutet.

Das Zortziko ist das Lieblingsrestaurant des Stararchitekten Frank Gehry. Außer als Schauplatz progressiver Architektur hat sich das Baskenland als Inbegriff progressiver Küche etabliert. Im Zortziko schlürft man Fischsorbet, rätselt über die Zusammensetzung raffinierter Mousses, die in fingerhutgroßen Gläsern gereicht werden, und lässt winzige, geheimnisvolle Gemüsekreationen auf der Zunge zergehen, die im Mund unerwartete Aromaexplosionen freisetzen. Was der Jakobsweg für den Wandertourismus, ist die baskische Küche für die gastronomische Kultur Spaniens. Sie hat einen kulinarischen Neubeginn markiert, ihre Kreationen finden auf der ganzen Welt Nachahmer. Ein Paralleluniversum ist die katalanische Küche; an der Costa Brava hat Starkoch Ferran Adrià mit Fruchtschaum, Olivenextrakt, Muschelpüree, Ingwermus, Gemüsegelatine, Duftnebel und Holzkohlenöl experimentiert, aus klassischer mediterraner Kochkunst und High-Tech-Biochemie mit Hilfe von Sphärisierung oder Gefriertrocknung die »molekulare Küche« geformt, die das Geschmacksempfinden revolutionieren sollte. Wichtig für Adrià ist, dass man die mediterrane Tradition trotz aller Mätzchen auf der Zunge spürt.

Laut David Abulafia fand die mediterrane Küche über England den Weg nach Nordeuropa, und zwar in den 1950er Jahren, als Elizabeth Davids *Book of Mediterranean Food* die Küchen in gehobenen britischen Haushalten eroberte. In Deutschland dauerte es ein paar Jahre länger, bis die südländische Küche Allgemeingut wurde. In den 1950er Jahren warnte man Italien-Reisende noch davor, sie sollten »nicht dieses Olivenöl« essen, davon bekomme man Durchfall. »Um 2000 war der Gedanke, dass die an Fisch, Olivenöl und Gemüse reiche mediterrane Kost gesünder sei als die traditionelle (…) nordeuropäische Ernährung, fast schon Gemeingut«, stellt Abulafia fest.[16] Dieser Veränderung in der Ernährung weist der Historiker mehr als anekdotische Bedeutung zu. Mit der Globalisierung der mediterranen Küche seien »alte ethnische Identitäten« zerbrochen[17] – etwa in Deutschland, wo die traditionelle Stahlkocherküche mit Soßenbinder, gesüßtem Salat und Sättigungsbeilage aus dem Alltagsspeisezettel verschwunden ist. Pasta und Co. sind so normal geworden, dass sie schon fast nicht mehr als Importprodukt wahrgenommen werden. Was der Einfluss der mediterranen Küche verändert hat, ist vor allem die Einstellung zum Essen. Während Nordmenschen dazu neigen, Nahrungsaufnahme als lästige Pflicht wahrzunehmen, die zwischen zwei Arbeitsgänge geschoben wird, zelebriert der mediterrane Esser seine Mahlzeiten nicht nur, er saugt Identität aus ihnen. Zwei Italiener, die aus verschiedenen Regionen des Landes stammen und sich im Ausland treffen, können nach der Eingangsfrage »Da Voi, che si mangia?« – Was isst man bei euch so? – ohne weiteres eine stundenlange Konversation am Köcheln halten.

Dabei gibt es *die* mediterrane Küche gar nicht, sie ist mindestens so vielfältig wie der Mittelmeerraum selbst. Was weltweit als mediterran konsumiert wird, ist größtenteils italienischen Ursprungs und besteht im Wesentlichen aus Variationen einer Arme-Leute-Küche, Italien hat damit einen demokratischen Mittelweg zwischen gesund, lecker und erschwinglich aufgezeigt, der weltweit nachgeahmt wird. In Frankreich hingegen klafft zwischen Haute Cuisine und Tiefkühlbaguette eine Lücke. In Dalmatien wird am liebsten scharf gegrillt, Spanier schätzen Frittiertes aus dem Meer, im Hinterland ist die iberische Halbinsel eine Hochburg von Blutwurst, Kaninchen, Kartoffeln, Bohnen, Knoblauchsuppe, Kalbshaxe, Speck, brombeerigem Wein, eine bäuerliche Küche mit schwerer Kost für harte Winter und körperlich hart arbeitende Menschen, der deutschen nicht unähnlich.

Letztlich ist das, was heute als »mediterrane Küche« gilt, längst eine Art kulinarische Nord-Süd-*convivencia*, für die der Süden die Impulse lieferte. So war die Pizza bis spät in die 1990er Jahre in Mailand oder Florenz schwer zu finden. Es gab sie allenfalls in der Bäckerei vom Blech oder als Snack in der *birreria*, wo die Vorstadtjugend abhing. Süditalienische Gastarbeiter hatten sie in den 1960er Jahren mit in den europäischen Norden gebracht, wo sie einen beispiellosen Siegeszug antrat. Erst von München und Düsseldorf aus eroberte die Pizza in einer Art gastronomischer Reconquista später das Zentrum und den Norden ihres eigentlichen Herkunftslandes Italien. Dort brach sie mit der gastronomischen Etikette vergangener Zeiten, die einen Restaurantbesuch stets zu einer zeremoniellen, teuren und umständlichen Angelegenheit gemacht hatte, und trug damit nachhaltig zur »Demokratisierung der Essgewohnheiten« bei, wie es der Journalist Michael Frank ausdrückt .[18]

Fisch spielt traditionell in der mediterranen Küche eine geringere Rolle, als im Norden weithin angenommen, was an der relativen biologischen Armut des Mittelmeeres liegt. Vieles von dem, was in lauschigen sizilianischen Hafenkneipen als lokaler Fang angepriesen wird, stammt aus dem Nordatlantik und erreicht nur über den Umweg über die Tiefkühltruhe den Teller des Gastes. Laut David Abulafia war Getreide mehr noch als Fisch lange Zeit »das wichtigste Erzeugnis, das über das Mittelmeer transportiert« wurde.[19] Die Nudeln haben wie die Pizza ihre Urheimat in Neapel und dem umliegenden Kampanien. Dort gab es immer bestes Getreide. Es war die Familie De Cecco aus den Abruzzen, die 1886 erkannte, dass das Klima ihres Heimatorts Fara San Martino ideale Bedingungen bot, Pasta zu trocknen. Die *pasta asciutta* war geboren – eine Innovation, die die Welt mindestens so verändert hat wie die Erfindung des Mikroprozessors. Heute braucht man dazu nicht mehr abruzzesische Luft, die Trocknung geschieht in gigantischen metallenen Klimastraßen.[20]

Süd-nördliche Kulturvermischung findet auch beim Wein statt. Noch vor zweieinhalb Jahrzehnten produzierte Italien nur wenige Spitzenweine wie Brunello di Montalcino oder Barolo, paradoxerweise hatte der Qualitätsmangel damit zu tun, dass so viel Wein getrunken wurde, er war zu alltäglich, als dass man sich große Mühe mit seinem Anbau gegeben hätte. Mit den Urlaubsgewohnheiten der Nordländer und der Migration der Südländer eroberte die Banalität des Weintrinkens Mitteleuropa. Der Konsum hat seit den 1980er Jahren im Norden explosionsartig zugenommen – paradoxerweise begleitet von der umgekehrten Entwicklung im Süden, wo das tägliche Gläschen *rosso* als Sitte der *nonni*, der Großväter, gilt. Spanier und Italiener greifen vermehrt zum Bier, zur Cola oder zum Energy Drink.

Der extrem vermehrten Nachfrage und dem wachsenden Qualitätsbewusstsein im Norden nahmen sich ausländische, vor allem US-amerikanische Produzenten an. Es sei der ausgeklügelte kalifornische Weinbau[21] gewesen, der den bis dahin als mindere Ware gehandelten Tropfen aus Apulien oder Valencia plötzlich internationale Aufmerksamkeit gesichert habe, stellt der Historiker Abulafia fest. Kalifornische *winemaker* designten die trockenen Tropfen nach den Anforderungen des internationalen Geschmacks, und der Nordmensch hat seinen Rotwein nun mal gern schwer, alkoholisch, tanninhaltig. Der Rote muss knallen, denn die ungeübte Zunge verwechselt Wuchtigkeit mit Charakter.

Im spanischen Alicante floss bis vor kurzem fast die ganze Traubenproduktion in die Produktion von Sangria. Mittlerweile liefern früher vernachlässigte Sorten wie Monastrell oder Merseguera hochwertige Qualitäten. Voll durchgegoren und mit viel Holz ausgebaut, sind aus früher geringgeschätzten Zechweinen abgerundete Kreationen geworden, deren einziger Nachteil ist, dass alle ein bisschen gleich schmecken, amerikanisch eben. Dieser Stil hat auch den Norden erobert. Immer mehr junge Winzer an Rhein und Mosel tun es ihren Kollegen in Südeuropa gleich und trimmen ihre Tropfen – begünstigt durch den Klimawandel – auf Schwere, Fülle und Gehalt. Die vermehrte Nachfrage führt dazu, dass Süden und Norden zusammen mit der Produktion kaum nachkommen; ein Jahrgang ist heutzutage schnell ausgetrunken.

Und der Kult um Sorten und Ausbau macht nicht mal vor dem früher im Norden so geringgeschätzten Olivenöl Halt, um dessen Herkunft und Reinheit längst ein ähnlicher Kult betrieben wird wie beim Wein. Es sieht so aus, als habe die beste Zeit der drei uralten Grundbestandteile mediterranen Wirtschaftens – Öl, Wein, Getreide – gerade erst begonnen.

Kraftraum Mittelmeer

»Die historischen Stärken des Mittelmeerraums lagen
in einem Netzwerk lebendiger Städte,
in der Flüssigkeit seiner Grenzen und in der
hohen Dichte des Personen- und Warenverkehrs an seinen Küsten.«
Claus Leggewie[22]

Als er 2010 anfing, haben ihn alle für verrückt erklärt, Freunde, Verwandte, Kollegen. Ein Unternehmen gründen, mitten in der Krise, und dazu noch eines, das mit Bauen zu tun hat? Doch Ignacio Triana ließ sich nicht beirren. Der Ingenieur kündigte seinen festen Job, um den ihn viele beneideten angesichts der rapide steigenden Arbeitslosigkeit in Spanien. Ignacio Triana hat seine Entscheidung keinen Moment bereut, sagt er. »Die Krise war der beste Moment, um etwas zu beginnen.« Triana fing mit zwanzig Leuten an, zwei Jahre später hatte er 200 sozialversicherungspflichtige Angestellte – solcher Zuwachs ist eine kleine Sensation in einem Land mit fast 6 Millionen Arbeitslosen. »Es geht uns gut«, sagt er, »das ist in Spanien leider nicht normal.«[23] Triana baut Sportstätten. Keine pharaonischen Luxusobjekte, wie sie im Spanien der Immobilienblase in bald jedes Dorf gepflanzt wurden. Es sind funktionale Breitensportanlagen für die Mittelschicht. Seine Firma Forus plant, designt und baut die Anlagen nicht nur selbst, sie betreibt sie auch. Es gibt dort alles, was das Sportlerherz weitet, Laufbänder, Schwimmbecken, Krafträume, Wellness. Die Beiträge sind bewusst niedrig gehalten, um die 40 Euro im Monat, die Masse soll es machen. Und in der Krise wächst die Bereitschaft, Sport zu treiben.

Triana errichtet solche Zentren überall da, wo im Boom große Trabantensiedlungen entstanden, in denen jede Form von Freizeitinfrastruktur fehlt. Die Gemeinden sind begeistert, denn sie müssen nur Grund und Boden liefern. Zum Bau von Sportstätten sind sie von einer bestimmten Größe an verpflichtet, doch in der Krise sind die Kassen leer. Trianas Projekte kosten die Gemeinden weder Geld, noch machen sie viel Arbeit. Dafür schafft er Arbeitsplätze. Die Baufirmen reißen sich um die Aufträge. »Weniger Konkurrenz, niedrigere Preise«, das sei die Erfolgsformel in der Krise, sagt Triana. Gerade ist seine Firma umgezogen in ein neues Domizil in bester Lage, Calle Alcalá 96 in Madrid. Die Krise spürt er nur insofern, als es enorm schwierig sei, Kredite zu erhalten. Er hat es mit Zähigkeit geschafft. »Ich versuche, mich in die Banken hineinzuversetzen«, sagt Triana. »Sie haben lange den falschen Leuten Kredit gegeben, das hat sie vorsichtig gemacht.« Deshalb checken sie seine Projekte auf Herz und Nieren durch. »Ich begrüße das«, sagt Triana, »das bestätigt mir, ob ich richtig liege.«

Im Eingang des Firmensitzes hängt eine alte Fahne seiner Basketballmannschaft, sonst ist in den sparsam möblierten Räumen wenig Dekoratives zu entdecken. »Leider komme ich kaum noch zum Sport«, sagt Triana. Doch die Zuversicht des erfolgreichen Sportlers ist dem Jungunternehmer anzumerken. Diese Zuversicht kommt ihm auch nicht abhanden, wenn er über Spanien spricht. Hinter den runden Brillengläsern wacht stets ein aufmerksamer Blick über die Reaktion des Gesprächspartners, vor allem, wenn er aus Deutschland kommt. Spanien müsse sich seiner Kräfte besinnen, findet Triana und verweist auf die gewaltige Aufbauleistung seit der Demokratisierung in den 1970er Jahren. Seit den 1990er Jahren habe Spanien eine Reihe von Weltkonzernen hervorgebracht. Inditex (Zara) und die Supermarktkette Mercadona sind Trianas Vorbilder, weil sie sehr spanisch wirtschaften. »Bei denen ist alles in einer Hand, deshalb kommen sie durch die Krise. Genauso machen wir es auch.«

Triana ärgert sich, dass Nordeuropa das Bild vom faulen Spanier pflegt. »Hier wird verdammt viel gearbeitet«, sagt er und schiebt nach: »Ich habe seit Jahren keine Siesta gehalten.« Spanien habe einen drastischen Wandel von arm zu reich und wieder zu arm erlebt, das sei ein Trauma. »Wir werden für diese Krise dreißig Jahre lang bezahlen.« Aber selbst in der Krise kann er Positives entdecken: »Wir werden uns unserer selbst immer bewusster. Es wird etwas Gutes dabei herauskommen.« Nötig sei in Spanien ein Mentalitätswandel hin zu mehr Eigeninitiative, findet er. »Die größte Enttäuschung, die ich meiner Mutter bereiten konnte, war, dass ich nicht Beamter geworden bin, sondern Unternehmer«, sagt Triana lachend. Seine Kinder – zwei, vier und sechs Jahre alt – erzieht er in diesem Sinne. Er versucht, ihnen die Haltung zu vermitteln, nach der auch er handelt: »Einfach ein bisschen mehr arbeiten für ein bisschen weniger Geld.«

SPANIENS MOTOREN

Mehr als ein Dutzend Global Players sind in Spanien seit dem EU-Beitritt entstanden – und nicht nur Banken und Bekleidungsproduzenten. Es sind Firmen wie der Technologiekonzern Indra, die Energieversorger Iberdrola oder Endesa oder der Erdölförderer Repsol. Es gibt den Versicherer Mapfre, den Textilkonzern Inditex, die Banken Santander und BBVA (Banco Bilbao Vizcaya Argentaria). Die Solarfirma Isofoton aus Málaga hätte fast den deutschen Pleitekonzern QCells erworben, verlor dann aber im Bieterkampf gegen die Koreaner. Einige der größten Ferienhotelketten der Welt sind spanisch. Die meisten dieser Firmen haben eines gemeinsam: Sie sind stark im Lateinamerikageschäft. Jenseits des Atlantiks werden 30 Prozent der spanischen Wirtschaftsleistung erbracht, hat der Journalist Enric Juliana errechnet. Er ist deshalb der Meinung: Die Zukunft Spaniens ist atlantisch.

Einer, der das bestätigen kann, ist Antón Pradera. Wenn er über Brasilien spricht, kommt der Baske in Fahrt. Längst sei das kein Schwellenland mehr, sondern »ein Gigant« voll expansionslüsterner Banken und hungriger Märkte. Von Mexiko bis Argentinien 5 Prozent Wachstum – im Vergleich zu Europa sei das die »helle Seite des Mondes«. Pradera ist Vorstand von CIE Automotive, größter börsennotierter Autozulieferer Spaniens mit 1,6 Milliarden Euro Jahresumsatz und 62 Werken in fünfzehn Ländern. Wichtigster Standort ist Brasilien. Außer an der Börse in Madrid ist CIE deshalb in São Paolo notiert. Dort, aber auch in

Shanghai, Moskau oder Bombay liege Spaniens Chance, prognostiziert der Mittfünfziger.[24]

Und die Entwicklung scheint ihm recht zu geben. Spaniens kleiner Wachstumslichtblick 2013 war vor allem auf gestiegene Ausfuhren zurückzuführen. Schon im Juni 2011 exportierte Spanien erstmals mehr Güter in die Länder der EU, als es von dort importierte, die Außenhandelsbilanz zur EU wies ein Plus von 1,6 Milliarden Euro auf. Das lag allerdings auch daran, dass der Konsum wegen der Überschuldung der Privathaushalte eingebrochen war, was den Import drückte. Motor des spanischen Exports sind im Übrigen nicht nur traditionelle Agrarprodukte, Gurken, Tomaten, Wein oder Olivenöl, mit denen das Mittelmeer einen guten Teil der europäischen Nahrungsmittelversorgung sicherstellt; im atlantischen Baskenland sind es eher der Maschinenbau und die Autozulieferindustrie, die vor allem Hersteller in Frankreich, England und Deutschland beliefern. Die spanische Autoindustrie ist die zweitgrößte Europas nach der deutschen, auf ihr ruhen viele Hoffnungen, sie wächst wegen der steigenden Nachfrage in Schwellenländern. Im Baskenland ist die Hälfte der Betriebe zu Hause, sie setzen im Jahr 10 Milliarden Euro um und folgen den Autobauern mit ihren Werken an Standorte in aller Welt. Die Basken sind traditionell Tüftler und Ingenieure, Fabrikarbeit genießt anders als in Madrid hohen sozialen Status. Man hat an der Biskaya den Fehler vermieden, nach der Strukturkrise der 1980er und 1990er Jahre ganz auf Fremdenverkehr zu setzen. Man wollte kein Land der Kellner werden und lieferte ein Beispiel, wie aus einer Krise neue Möglichkeiten entstehen können. Ein neuer Hafen wurde an der Mündung des Fjordes Nervión in den Atlantik gebaut. Die Industrie knüpft an die alten metallurgischen Traditionen an. Bilbao hat noch immer Werften und Stahlwerke, aber es hat auch den Tecnalia-Park im Vorort Zamudio, wo an Neuentwicklungen in Luftfahrt, Mikroelektronik, Biotechnologie und Maschinenbau geforscht wird. Auf die Mischung komme es für ein Land wie Spanien an, glaubt Unternehmer Pradera: im Süden Tourismus, im Norden des Landes Export.

Eins sei klar, sagt Antón Pradera: Spanien müsse sich als Ganzes neu erfinden. »Der Immobilienboom wird nie zurückkommen.« Pradera sieht Spaniens Chance unter anderem im Management, denn seine Landsleute hätten »Geschick im menschlichen Umgang«. Pradera setzt auf diese Stärke, wenn CIE indische oder brasilianische Betriebe übernimmt. »Wir krempeln nicht alles um wie die Amerikaner. Wir gehen behutsam voran.« Pradera glaubt, dass Spaniens Problem vor allem eines der Darstellung ist. Hauptaufgabe der Politik wäre es, ein besseres Bild zu vermitteln. »Wir haben viele Krisen erlebt und haben immer wieder herausgefunden. Krisenfestigkeit ist vielleicht unsere größte Stärke.«

STARKES ERBE

Neben dem Baskenland und Norditalien ist Katalonien die wirtschaftlich stärkste Region des europäischen Südens. Die Katalanen unterscheiden sich insofern von vielen anderen Mittelmeerbewohnern, als sie vor ökonomischem Selbstbewusstsein sprühten, das behauptet jedenfalls Josep Rull, 45, Generalsekretär der katalanischen Regierungspartei CDC (Convergència Democràtica de Catalunya).[25] Er stellt im Gespräch den Vorteil »mediterranen Denkens« in der Wirtschaft heraus. »Wir sind optimistisch, lebensfroh, offen, kontaktfreudig, kreativ. Die Zivilgesellschaft ist bei uns extrem aktiv. Und wir können hart arbeiten, haben Initiativkraft.« Katalonien sei wissbegierig und zukunftsorientiert, die Region rufe »nach den Niederlanden die meiste EU-Förderung für Forschung und Bildung ab«, allerdings müsse das noch in Produktivität verwandelt werden. Konkrete Ideen, wie das gehen soll, seien vorhanden: Rull schlägt vor, Barcelona mit seiner »offenen Ökonomie« könne das Einfallstor für asiatische Waren in Europa sein. Die Schiffe, die von Suez kämen, könnten sich den Umweg nach Norden über Gibraltar sparen. »Den Hafen wollen wir ausbauen, um dort Produkte erstverarbeiten zu können. Wir wollen das Antwerpen des Südens werden«, sagt der katalanische Politiker. Katalonien ist aus seiner Sicht die ideale Brücke zwischen Norden und Süden – »Barcelona ist dafür eine Metapher: hochmodern, aber mit kulturellen Wurzeln und authentisch.«

In Barcelona wird auch gerne daran erinnert, dass von den Gestaden Kataloniens aus bereits im Mittelalter ein mediterranes Reich verwaltet wurde, das bis Sizilien und weiter östlich reichte. Es war eine der Epochen, in denen der Mittelmeerraum das ökonomische und politische Kraftzentrum Europas bildete. In Italien wurde damals das moderne Bankwesen erfunden (dass später mit Mario Draghi ein Italiener als Zentralbankchef eine der Kernfiguren des europäischen Krisenmanagements werden sollte, kann man als Fortsetzung einer Tradition ansehen). Genua und Venedig kontrollierten den lukrativen Gewürzhandel. Florenz war ein Zentrum der Wissenschaft und der Kunst. Kia Vahland hat diese Glanzzeit des Südens in der *Süddeutschen Zeitung* folgendermaßen gewürdigt: »Die Idee des überlegenen, kultivierteren Südens hielt sich lange. Als in der Renaissance die Handelsstädte nördlich der Alpen florierten, beanspruchten toskanische Künstler und Forscher den mathematischen und ästhetischen Fortschritt für sich. Den Flamen und Deutschen gestand man Beobachtungsgabe, Farbenfreude und Detailliebe zu. Das große Ganze aber, die Zentralperspektive, die umfassenden Kunst- und Wissenschaftstheorien trauten alle Beteiligten im Zweifel eher den Sonnenkindern zu als den Finsterlingen.«[26]

Und auch demokratische Bewegungen keimten. Der Mexikaner Carlos Fuentes vertritt in seiner *Geschichte der hispanischen Welt* die Auffassung, die iberische Halbinsel habe eine ältere demokratische Tradition als der Norden Europas, er bezieht sich dabei auf die parlamentarischen Frühformen der konstitutionellen Monarchie, die *Cortes*, die den König kontrollierten, oder den Aufstand der Kommunarden in den spanischen Städten zu Beginn des 16. Jahrhunderts gegen die zunehmende Macht des Monarchen. Leider habe die iberische Welt durch die Aufgabe der *convivencia* die Chance verpasst, ihr eigenes soziales und politisches Modell weiterzuentwickeln, beklagt Fuentes, das nach Ansicht des Mexikaners sogar das Zeug gehabt hätte, zu einer Alternative zum angloamerikanischen Kapitalismus und zum Marxismus heranzuwachsen.[27] Fast wäre ein solches Experiment sogar geglückt – in Gestalt der zweiten spanischen Republik (1931–1939), die einer der reformfreudigsten Staaten Europas war, dann jedoch von dem Putschisten Franco mit Waffenhilfe Hitlers und Mussolinis ausgelöscht wurde.

Kann der Süden auf seinem Erbe aufbauen? Die basisdemokratische Bewegung der letzten Jahre, die Bürgersolidarität, die intensive Krisenreflexion, die nicht abreißende Diskussion neuer Wachstumsmodelle zeigen: Er kann. Mittelfristig kann der Süden darüber hinaus noch an ein weiteres Erbe anknüpfen: Er kann viel stärker als bisher als Brücke zu den Teilen der Welt fungieren, die einst von ihm erobert, erschlossen oder mitgeprägt wurden. Spanien ist Europas Tor zu Lateinamerika, Portugal zu Brasilien, Angola und Mozambique. Griechenland und Zypern besitzen Referenzpunkte auf dem Balkan, im Nahen Osten und der Levante. Italien liegt als mediterranes Gravitationszentrum in der Mitte. Derartige Überlegungen flossen zusammen im sogenannten Barcelona-Prozess. 1995, lange vor der Euro-Krise, versuchte die EU, alle Mittelmeerländer zur Verfolgung gemeinsamer politischer, ökonomischer und kultureller Ziele zu bewegen. Eines dieser Ziele war eine Freihandelszone, die »an die große Zeit des römischen oder auch des frühislamischen Mittelmeerhandels denken« lässt, wie der Historiker David Abulafia schreibt. Daraus entstand die Idee der Mittelmeerunion, die jedoch von Anfang an nur schleppend in Gang kam. »Der große Nachteil dieser Union ist die Tatsache, dass manche Mittelmeerländer, die nicht Mitglied der EU sind, vor allem die Türkei, darin einen schwachen Ersatz für die EU-Mitgliedschaft erblicken, und tatsächlich zeigen einige europäische Politiker, die gegen den EU-Beitritt der Türkei sind, eine verdächtige Begeisterung für die Mittelmeerunion«, meint Abulafia.[28] Er räumt ein, dass eine solche Union vorerst ein »utopischer Traum« bleibe. Das »Gravitationszentrum Europas liegt noch immer im Norden«.[29]

Doch ist das wirklich ein Widerspruch? Liegt es nicht im Interesse des nördlichen Gravitationszentrums, die historischen Referenzpunkte an seiner Peripherie in die gemeinschaftlichen Überlegungen einzubeziehen? China jedenfalls, das Entwicklungen manchmal früher erkennt als andere, zeigt größtes Interesse am Mittelmeerraum, hat sich Anteile am Hafen von Piräus und am portugiesischen Energieversorger gesichert. Will Europa wirklich riskieren, dass Peking das Geschäft macht, wie schon in Afrika und Lateinamerika – und das noch direkt vor der Haustür?

FRISCHER WIND

Die erste Etappe des »Ursprünglichen Weges« führt von Asturiens Hauptstadt Oviedo aus durch Eukalyptushaine, Eichen- und Kastanienwäldchen direkt in die Berge. Asturien ist der grüne Teil Spaniens, im lokalen Idiom *Bable* sagt man *orvallu* zu dem beständigen Nieselregen, der aus den dichten Wolken rieselt, die sich vom Atlantik über die Picos de Europa schieben. Die Gegend ist arm, die Regierung half in den guten Zeiten mit großen Autobahnbauten. Auch eine Variante des Jakobswegs gibt es hier, um den Tourismus anzukurbeln. Es ist der »Ursprüngliche Weg«. Er heißt so, weil die Jakobspilgerschaft in Oviedo erfunden wurde. Auf dem Weg in die Berge latscht man um riesige Betonpfeiler der neuen Autobahn herum; dann geht es entlang der kahlen Hänge der Sierra hinauf nach Tineo, von wo aus man einen weiten Blick auf die kantabrischen Kordilleren mit ihren Zweitausendern genießt. Hier kommen Freunde der äolischen Energieerzeugung auf ihre Kosten. Windräder, so weit das Auge reicht, praktisch auf allen Graten und Höhenzügen drehen sich weiße Propeller.

Was man da besichtigt, sind die Überbleibsel des Versuchs des früheren Ministerpräsidenten Zapatero, Spanien von der Monokultur der Immobilien wegzubringen. Ähnlich wie sein Kollege Socrates in Portugal setzte er auf alternative Energie als Wachstumsmotor, wurde jedoch durch die Krise ausgebremst. Die Subventionen versiegten im Sparzwang. Iberien wurde im Sprung in die Energiewende gestoppt.

Stürmische Höhen und endlose Glutöfen mit gewaltiger Sonneneinstrahlung sind kennzeichnend für die Landschaften der iberischen Halbinsel. Die European Wind Energy Association, eine Lobbyvereinigung der Windenergiebetreiber in Brüssel, schreibt gerade Portugal und Spanien, aber auch Frankreich ein enormes Potenzial in diesem Sektor zu. Der Wissenschaftler Claus Leggewie hat es in seinem Buch *Zukunft im Süden* analysiert. »Die Exportmuster der südlichen Peripherie reflektieren bisher nur ganz schwach das Potenzial, das erneuerbare Energien in dieser von Sonne und Wind begünstigten Zone haben«, schreibt er.[30] Erneuerbare Ressourcen seien im Mittelmeerraum »in Hülle und Fülle vorhanden«.[31] Es hat einige Initiativen gegeben, Solarkraft aus Griechenland, Südeuropa und Nordafrika, Windkraft vom Balkan, aus Spanien, der Nordsee und den Alpen oder Wasser aus der Türkei effizienter auszubeuten und die Erzeugungsorte zu vernetzen. Doch keines der überwölbenden Projekte ist bislang über das Anfangsstadium hinausgekommen.

Ein nach Leggewies Meinung nach »absolut überzeugendes« Beispiel ist »Desertec«. Es war geplant als privatwirtschaftliches Joint Venture mit 21 Shareholdern und 35 assoziierten Partnern, dazu wurden eine zivilgesellschaftliche Stiftung und ein universitäres Netzwerk ins Leben gerufen. Als Standort war zunächst Nordafrika vorgesehen. Leggewie erinnert daran, dass allein die Sonneneinstrahlung im südlichen Maghreb den ganzen Energiebedarf Europas decken könnte.[32] Leider, so hält er fest, wirke das Konsortium im Jahr 2013 »eher saft- und kraftlos«, im April 2014 verstärkt sich der Schwund durch den Ausstieg gewichtiger Gründungsmitglieder wie Eon. Gründe sind der fehlende Stand der Technik sowie der hohe Bedarf an Einstiegsinvestitionen, an die sich angesichts der unsicheren politischen Lage in Nordafrika niemand herantraut. Trotzdem sei ein Ende des Projekts »unwahrscheinlich«, befindet die *Süddeutsche Zeitung* im April 2014.[33]

Womöglich hat Leggewie recht, wenn er fordert, Desertec müsse sich neu erfinden. Es müsse »sich als ein bis dato wesentlich von deutschen Akteuren betriebenes Unterfangen europäisieren, indem es an die aktuelle Dynamik der europäischen Integration anschließt und eine Antwort auf deren Krise gibt«.[34] Ein südeuropäisches Desertec also? Auch dazu gibt es Anknüpfungspunkte wie den »Mittelmeer-Solarplan«[35] der Mittelmeerunion, der sich 2013 allerdings ebenfalls noch im Pionierstadium befand. Leggewie übt in diesem Zusammenhang Kritik an Deutschland: Die Energiewende sei nicht mit den europäischen Partnern abgesprochen worden, deshalb werde sie im Süden eher als Ausdruck eines »grünen Imperialismus« verstanden, der irgendwie zur Austeritätspolitik passe.[36] Leggewie fordert: Anstatt Milliarden Euro für die Rettung bankrotter Banken und Staatshaushalte auszugeben, sollten lieber »gezielte Anreize für nachhaltige Zukunftsinvestitionen in den krisengeschüttelten Volkswirtschaften erfolgen«.[37] Griechenland bezeichnet er als den geeigneten Ort für eine »industrie- und energiepolitische Initiative« der EU. Vorarbeit wurde geleistet. Der damalige Energieminister Giorgos Papakonstandinou startete 2011 das Helios-Projekt: Benannt nach dem Sonnengott, sollte es der größte Solarpark Europas werden, der bis 2050 rund 10 Gigawatt Solarstrom exportieren und 60000 Arbeitsplätze bieten könnte, dazu 15 Milliarden Euro Staatseinnahmen. Allerdings habe Papakonstandinou es versäumt, den »Finanzierungsrahmen von geschätzten 20 Milliarden Euro auch nur ansatzweise« zu klären, »weshalb nach einem Regierungswechsel das ambitionierte Projekt genauso wenig zu retten gewesen sei wie Papakonstandinou selbst«, berichtet die *Deutsche Welle* 2014 pessimistisch.[38]

Doch bedeutet es, dass die spanische und portugiesische Windkraft, die griechische Solarenergie tot sind, nur weil Megaprojekte nach zwei, drei Jahren nicht realisiert sind, wie es deutsche Ungeduld fordert (dabei gern deutsche Sackgassenprojekte wie den Stuttgarter Bahnhof oder den Berliner Flughafen vergessend)? Sicher nicht. Doch wäre frischer Wind von Seiten der EU nötig, um das schlafende Potenzial zu aktivieren, damit, so wie es Claus Leggewie prognostiziert, Griechenland eines Tages tatsächlich »eine Vorreiterrolle bei der Dekarbonisierung des Mittelmeerraums« spielen kann.[39]

Vom Stolz, ein Grieche zu sein

»Mehr als fünfzehn Jahre lang surfte Griechenland auf der Welle des Materialismus (…) Es war wahrscheinlich der am wenigsten hellenistische Ort der Welt.«
Yiannis Olympios[40]

1975 unternahm der griechische Schriftsteller Nikos Dimou in einem schmalen Bändchen mit dem Titel *Über das Unglück, ein Grieche zu sein* den ironisch-liebevollen Versuch, Gründe für ein »Anderssein« seiner Landsleute aufzuspüren. Er geht davon aus, dass dieses Anderssein tatsächlich existiert, und vermutet seinen Ursprung in der langen Fremdherrschaft der Osmanen, der schwankenden nationalen Identität, der Sonderrolle an der Nahtstelle zwischen Ost und West. All das habe dazu geführt, dass Griechenland sich keiner Sphäre wirklich zugehörig fühle. Dimou führt Beispiele für dieses Anderssein unter anderem aus dem Bereich der Wirtschaft an: Die Romanze der Griechen mit der Konsumgesellschaft sei eine »lange quälende Verlobung ohne Aussicht auf Hochzeit«. Griechische Unternehmen bewahrten »die Wärme, aber auch die Grausamkeit der familiären Atmosphäre«.[41]

Dimous Büchlein erfreut sich in der Krise neuer Beliebtheit. Es ist ein Plädoyer dafür, Anderssein nicht zwangsläufig als einen Makel anzusehen. Griechenland müsse lernen, zu sich selbst zu stehen, in dieser Forderung ähnelt er seinem spanischen Vorläufer und Kollegen Unamuno. Der griechische Hang zur Übertreibung, das Bestreben, die »Kluft zwischen Wunsch und Wirklichkeit zu vergrößern«, die Komplexe und die Unsicherheit, das ständige Spannungsfeld zwischen himmelhoch jauchzend und zu Tode betrübt:[42] All das könne am Ende auch ein Quell der Kreativität sein,[43] führt der Philosoph wie zum Trost an. Denn die »Wahrheit« des »neugriechischen Komplexes« sei: »Dieses Land ist so schön, dass seine Schönheit auf unserer Seele lastet wie der Schatten unserer Ahnen.«[44]

An diesen Komplexen hat der Norden einen gewichtigen Anteil. Kein Land ist so sehr Ziel ausländischer Projektionen gewesen wie Griechenland. Der Philhellenismus bastelte sich stets ein Hellas zurecht, wie es den Antikeschwärmern am besten gefiel. Eine europäische Streitmacht half in den 1820er Jahren beim Unabhängigkeitskrieg gegen das Osmanische Reich, das Griechenland ein halbes Jahrtausend unterjocht hatte. Jedoch wollte man verhindern, dass der junge Staat sich republikanischen oder gar den demokratischen Idealen des antiken Athen hingab, also verpasste man Hellas einen importierten König, den bayerischen Prinzen Otto, der 1862 in einem Volksaufstand wieder verjagt wurde. Doch blieb der ausländische, vor allem der britische Einfluss stark, nach dem Zweiten Weltkrieg verhinderte ein Expeditionskorps der Alliierten den Sieg einer starken kommunistischen Bewegung. Griechenland wurde politisches Objekt im Kalten Krieg.

Die nördliche Sicht auf Griechenland changierte stets zwischen Extremen. Hellas verkam auf der einen Seite zum Inbegriff der Rückständigkeit, der Korruption und der Ineffizienz; »die Kehrseite derselben Betrachtung lieferte dann die romantische Mystifizierung einer ursprünglichen mediterranen Hirtenkultur«.[45] Noch in den 1960er Jahren wurden die Griechen von ausländischen Anthropologen beäugt wie Eingeborene eines fernen Entwicklungslands, ihr soziales Gefüge wurde mit Hilfe archaischer Begriffskategorien wie Ehre und Schande klassifiziert. Gleichzeitig wurde die retsinaselige Sorglosigkeit eines Alexis Sorbas zum Symbol nordischen Eskapismus verklärt.[46] Aus dem breiten Sortiment der Griechenland-Klischees kramte man jeweils das hervor, das am besten zur politischen Konjunktur passte: Bei der Euro-Einführung wurde volltönend an die Bedeutung der klassischen griechischen Kultur für Demokratie und Zivilisation erinnert, die dazwischenliegenden 2000 Jahre schmerzlicher Geschichte ließ man unerwähnt, so als habe es in Griechenland keine identitätsverändernde osmanische Herrschaft und keine ausbeuterische venezianische Kolonialzeit gegeben, die womöglich mehr im sozialen Gefüge und in der Wirtschaftsform hinterlassen haben als Aristoteles und Pythagoras.

Seit die Euro-Krise in Griechenland ihren Ausgang nahm, sind die Bewohner nun nicht mehr die Nachfahren des Sokrates, sondern die »Pleite-Griechen«. Hellas wurde wie der ganze Süden Europas umgehend »räumlicher Indikator für eine mehr als fragile Demokratie, einen aufgeblähten Staat mit geringer Industrialisierung und beharrlichen patriarchalischen Verhältnissen, der die Distanz anzeigte, die diese Region zu überbrücken hatte, wollte sie in die europäische Familie aufgenommen werden«.[47] An Griechenland wurden übergangslos strengste Parameter angelegt, knallharte Erfolge in Wirtschaft und Politik sollten als »dominierende Indikatoren« für Stand und Fortschritt der griechischen Gesellschaft dienen. Die ehemalige Freundschaft zwischen Griechen und Deutschen – so sie denn je eine war – sei »wegen der enormen Summen, um die es geht, zu einer geschäftlichen Beziehung degradiert worden, die nun auf bestem Wege zu sein scheint, in einem zerrütteten Verhältnis zu enden«, schreibt der Journalist Alexandros Stefanidis. Politiker wie Merkel oder Schäuble würden Griechenland nur von Schnellbesuchen kennen. »Kann man in dieser kurzen Zeit tatsächlich erfahren, wie es einem Freund geht? Die Griechen bezweifeln das. Beide, Merkel wie Schäuble, begehen denselben Fehler, den schon Schiller und Goethe begangen haben. Sie definieren Griechenland aus der Ferne, aus buchdicken Schriften.«[48]

Nikos Dimou beschreibt das gespannte Verhältnis der modernen Griechen zu den Vorfahren, an denen sie stets gemessen würden, ohne dass man ihnen Zeit gelassen hätte, »all die neuen kulturellen Elemente aufzunehmen und auszubalancieren, die die Kreuzritter, Slawen, Türken und Albaner«[49] mitgebracht hatten. Für den Philosophen sind die Griechen »ein Volk, dem man nicht erlaubt, das zu sein, was es ist, sondern das immer mit anderem, fremdem Maß gemessen wird«.[50] Was Griechenland am meisten brauche, so stellte er in den 1970er Jahren fest, seien Entmythologisierung und moderne Bildung. Er war der Meinung, dass die Chancen für einen Wandel gar nicht schlecht stünden, und zwar deswegen, weil den Griechen – vielleicht gerade wegen der Prägung durch die lange Fremdbesetzung – die Fähigkeit zu eigen sei, Negatives in Positives umzupolen: »Ein seltsames Band verbindet den Griechen mit seinem Unglück«, heißt es da: »Darum läuft er immer zur Bestform auf, wenn er unglücklich ist oder wenn er sich bedroht fühlt. Krise und Konfrontation bestärken ihn.«

Beste Voraussetzungen also für ein starkes, neues Griechenland. Dass es ein solches geben kann, dafür spricht das Ergebnis einer so lobenswerten wie außergewöhnlichen Initiative, die die *Frankfurter Allgemeine Zeitung* im September 2013 unternimmt. Die Journalisten Frank Schirrmacher und Dirk Schümer setzen sich mit erfolgreichen griechischen Unternehmern – ja, die gibt es – zusammen, um eine »griechische Utopie« zu entwerfen.[51] Der *Frankfurter Allgemeinen Zeitung* ist diese Antwort auf das »Griechenland-Bashing mit der Vernunft von Griechen« so wichtig, dass sie ihr mehrere Seiten einräumt. Die anwesenden Unternehmer, so heißt es zur Einleitung, versuchten, »das Gleiche zu tun, was die Nachkriegsdeutschen einst in ihrem Land taten. Sie glauben an ein Griechenland 2.0.« Manche sind zum Teil in traditionellen mediterranen Branchen erfolgreich, in Olivenölexport, Weinbau und Tourismus, andere in Zweigen, von denen viele Deutsche gar nicht glauben würden, dass es sie in Griechenland gibt: Mobilfunktechnologie, Medizin, Software, Consulting.

Alle Interviewten heben hervor, dass Griechenland zweifellos eine Depression durchmache. Aber gerade dadurch begännen sich Strukturen zu verändern, die bislang den Stillstand bewirkt hätten: die Subventionswirtschaft etwa und die Herrschaft der korrupten Eliten. Hotelfachmann Achilles Constantakopoulos, verantwortlich für den Bau eines innovativen touristischen Großprojekts auf dem Peloponnes, hebt hervor: Das Arbeitsrecht sei jetzt flexibler, Unternehmer würden mehr geachtet, die ganze Mentalität beginne sich zu ändern. Das Baurecht sei liberalisiert, gleichzeitig aber seien überhaupt erst »adäquatere Umweltstrukturen« entstanden, »die das Wesen der Dinge betreffen und nicht einfach die Entwicklung anhalten«. Yannis A. Retsos, Präsident des hellenischen Hotelverbands, erläutert eine neue Marketingstrategie im Tourismus, die über die Bereiche Sport, Kultur und Tagungen neue Besucherschichten erschließen wolle. Schließlich sei der Fremdenverkehr noch immer der Motor Griechenlands, er erbringe insgesamt ein Achtel der Wirtschaftsleistung. Marco Veremis, Vorstandsvorsitzender eines Unternehmens, das Marketingtechnologien für den Mobilfunk entwickelt und in mehr als 40 Ländern präsent ist, verweist auf die gute Ausbildung der Griechen. »Wir haben nicht nur ausgezeichnete Universitäten, sondern auch einige ausgezeichnete Professoren.« Diese suchten die Talentiertesten heraus und schickten sie fast alle in eine der Spitzenuniversitäten. Veremis und seine Firma nutzen dieses Talent. Das Positive an der Krise sei, so Veremis, dass »wir nun Leute erhalten, die früher in unproduktiven, nicht wirklich innovativen Technologiefirmen festsaßen«.

Der Winzer Stellios Y. Boutaris, geboren 1965, sagt, wenn Spezialisten nun in die griechische Wirtschaft kämen und die besten Praktiken aus Deutschland oder Europa an die griechischen Bedingungen anpassen würden, dann könnte das viel bringen. Allerdings sei es wichtig, dass diese Spezialisten etwas von der griechischen Wirtschaft verstünden. Auf die Rücksichtnahme auf örtliche Besonderheiten pocht auch Angelos M. Stergiou, Vorstandsvorsitzender der Sellas Life Science Group, die sich auf klinische Forschung spezialisiert hat. Die Deutschen müssten begreifen, dass die Griechen keine »schlechten Deutschen« seien, sondern eben Griechen. Und die Griechen gehörten einer völlig anderen Kultur an. Zu dieser Kultur gehöre es, sich nicht ständig über alles Sorgen zu machen. »Wir Griechen sind ein stolzes Volk und mögen es nicht, auf Rettungsaktionen und politische Entscheidungen angewiesen zu sein, während unsere Wirtschaft zugrunde gerichtet wird. Unterstützt uns mit Würde!«, fordert er. Yiannis Olympios, Gründer des größten auf dem Gebiet der Öffentlichkeitsarbeit tätigen Unternehmens in Südosteuropa, springt ihm bei, indem er die

Troika kritisiert: »Das gefühllose und ganz aufs Fiskalische fokussierte Troika-Programm hat das soziale Netz zerrissen und Zehntausende von Griechen in eine Abwärtsspirale ohne Boden gezwungen. Wir reden hier von ganz normalen Menschen, die nichts mit dem Griechenland von gestern zu tun hatten, die nicht von der kapitalistischen Vetternwirtschaft profitiert und nicht im öffentlichen Dienst gearbeitet haben.« Fast trotzig fügt Olympios hinzu: »Ich war noch nie so stolz, ein Grieche zu sein.«

Die Interviewer zeigen sich beeindruckt vom zur Schau gestellten Optimismus: »Man hat wirklich das Gefühl, dass Sie alle in einem einig sind: Es gibt immer noch eine unglaubliche verborgene Kraft in diesem Land«, bilanzieren Schirrmacher und Schümer und leiten daraus sogar eine Vorbildfunktion ab: »Wenn in Deutschland eine ähnliche Situation herrschte wie jetzt in Griechenland, hätten wir wahrscheinlich keine Demokratie mehr.« In einem Moment, in dem Europa sich neu strukturiere, habe Griechenland alle Chancen, vom letzten zum ersten Land des Kontinents aufzusteigen.

Zwei Jahre später, im April 2014, wird in der europäischen Presse das »Comeback« Griechenlands auf den Finanzmärkten gefeiert, weil das Land wieder Anleihen auf dem Kapitalmarkt platziert hat. Dass die Nachfrage groß ist, überrascht angesichts des hohen Zinsniveaus nicht. Die Banken holen sich bei der Europäischen Zentralbank billiges Geld und kaufen damit Staatsanleihen, die viel höhere Rendite bringen. Ob Griechenland diese neuen Schulden je wird zurückzahlen können? Fraglicher noch ist, ob der Versuch, Griechenland so schnell wie möglich wieder auf den Kapitalmarkt zu hieven, wirklich den richtigen Ansatz darstellt. Die Gier der Finanzmärkte, die die Krise ausgelöst hat, ist natürlich nicht gestillt, im Gegenteil, sie hat sich gesammelt und rüstet zu einem neuen Angriff. »Das Monster lebt«, warnt das *SZ-Magazin* am 21. März 2014 unter Berufung auf Brancheninsider.

Wäre es nicht die bessere Gegenwehr, die Versuche von Unternehmern zu fördern, die in der Realökonomie wirtschaftliche Ergebnisse diesseits der Spekulation erzielen wollen, in Tourismus, Agrarproduktion oder Consulting und Management? Liegen die Kräfte Griechenlands nicht in der breiten Bürgersolidarität, die sich entwickelt hat und in der der Kern für ein neues Staatsverständnis liegen könnte? Am Beispiel Griechenlands wird deutlich, wie wenig Europa in der Lage gewesen ist, sich auf seine eigentlichen Potenziale zu besinnen, und wie sehr es unter der »primitiven Fuchtel der Finanzmärkte« steht, wie Claus Leggewie zornig anprangert.[52] Er formuliert einen Vorschlag, der die verborgene griechische Kraft besser zur Entfaltung bringen könnte. Was, so fragt der Essener Wissenschaftler, könne der Norden tun, wenn alle griechischen Abzahlungspläne scheitern? Er schlägt dafür die »Utopie der Gabe«[53] vor. »Gegen Abzahlen stünde Vergeben, gegen Schuldknechtschaft Freiheit«,[54] die Freiheit, »neu zu beginnen«.[55] Leggewie ist sich der geringen Erfolgsaussichten seines Vorschlags natürlich bewusst, deshalb schiebt er die mahnende Erklärung nach: Der Gedanke an Schuldvergebung wirke dann weniger bizarr, wenn man die wechselseitige Verstrickung von Schuldner und Gläubiger in Rechnung stellt.[56] »Mit der Aufnahme in die EU und Euro-Zone gelangten Struktur- und Regionalhilfen aus Brüssel relativ unkontrolliert und wirkungslos in die griechischen Subventionskanäle. Unbeabsichtigt schürten sie die Korruption, es wuchs aber auch das Handelsbilanzdefizit, nicht zuletzt durch den Import von Luxusgütern.«[57]

Doch solche Verstrickungen bleiben im rechthaberischen nördlichen Krisendiskurs auch aus Eigeninteresse meist unerwähnt – ebenso wie die Tatsache, dass auch Deutschland nach dem Krieg erst durch den Schuldenerlass in Milliardenhöhe von 1953 und den Verzicht auf Kriegsreparationen durch die Siegermächte die Rückkehr in den internationalen Wettbewerb geebnet wurde. »Wenn das Londoner Abkommen bekannter wäre«, so glaubt der Historiker und Griechenlandspezialist Ekkehard Kraft, »würden die Deutschen in Bezug auf Griechenland vielleicht etwas weniger überheblich sein.«[58] Zeit also, sich zu informieren und vom hohen Ross der Besserwisserei herabzusteigen.

Die große Wanderung

»Wenn ich aus den Ferien zurückkomme und in Berlin lande,
lächle ich noch zwei Tage lang den Leuten zu.
Das vergeht mir dann. Man nennt es Integration.«
Aus dem spanischen Blog Berlunes«[59]

José Antonio Sampedro hat sie kommen und gehen sehen. Seit dreißig Jahren leitet der Priester das spanische Kolleg in der Dachauerstraße in München. Es ist ein nüchternes Gebäude mit kleinen Zimmern, für die lange Wartelisten bereitliegen, denn das Wohnheim ist beliebt. Es ermöglicht einen günstigen Aufenthalt für Studenten und Auszubildende in München, in Garten und Gemeinschaftsküche sind allerhand Karrieren geplant, vorangetrieben und beendet worden, und viel gefeiert wird nebenbei auch. 1954 wurde das Kolleg gegründet, es hat Generationen von Spaniern beherbergt. »Früher wollten alle irgendwann nach Hause zurück«, sagt Sampedro. Damals war ein Auslandsstudium eine Karrieregarantie in Spanien. »Hier haben ein späterer Oberster Richter, ein Erzbischof, ein Musikdirektor gewohnt«, berichtet der 71-Jährige in seinem winzigen Arbeitszimmer, in dem ein Wellensittich trällert und religiöse Gemälde die Wände erhellen. »Die, die damals kamen, hatten nur ihre Peseten in der Tasche, sie waren arm, aber hatten Perspektive. Die, die heute kommen, haben Euro, alle Möglichkeiten, aber keine Perspektive.«

Das bestätigt Eric González, den ich in der Küche des Kollegs treffe. Er ist Oboist, macht eine Weiterbildung in München. In Barcelona hatte er an der weltberühmten Oper Liceu gespielt. Aber die Sparmaßnahmen erstickten das Kulturleben, klagt er. Er gehe jetzt nach China, dort hat er ein Engagement in einem Orchester. »Nach Spanien kehre ich die nächsten zehn Jahre nicht zurück«, sagt Eric und verschwindet im Keller des Colegio español, um Oboe zu üben.

In der Krise mit Arbeitslosenraten von 50 Prozent und mehr unter Jugendlichen in Südeuropa ist Deutschland für junge, gut ausgebildete Spanier, Griechen, Italiener und Portugiesen ein gelobtes, wenn auch nicht zwingend geliebtes Land geworden. Politiker wie Angela Merkel und Rainer Brüderle haben den Zustrom mit ihren Aufrufen befeuert, Deutschland brauche Ingenieure, hieß es 2012. Fast 30 000 Spanier kamen im selben Jahr nach Deutschland, dreimal so viele wie noch 2008. Aus Griechenland wanderten mit 34 000 Menschen sogar viermal so viele ein wie 2008, aus Portugal kamen 11 000, aus Italien 42 000. Insgesamt strömten 2013 mehr als eine Million Menschen nach Deutschland – so viele wie seit den 1990er Jahren nicht mehr, die meisten waren Rumänen, Polen und Bulgaren. Die Einwanderung besaß allerdings schon mal ganz andere Dimensionen. Anfang der 1970er Jahre lebten 600 000 Spanier in Deutschland, die allermeisten kehrten im Zuge der Demokratisierung und der wirtschaftlichen Konsolidierung ihrer Heimat in den 1980er Jahren zurück.

Berlin ist das Lieblingsziel vor allem der Spanier, denn Berlin ist in gewisser Weise das Spanien Deutschlands. Die große Latino-Gemeinde mit ihrer Infrastruktur, ihren Blogs, Jobbörsen und Treffs ist eine bequeme Andockstation. Aber eigentlich ist Berlin mit seinem eingeschränkten Jobangebot der falsche Ort. Während die vielen Einwanderer manchen Kiezpatrioten in Neukölln und Kreuzberg schon auf die Nerven gehen, werden sie woanders sehnsüchtig erwartet. In der deutschen Provinz gibt es Dutzende Initiativen, arbeitslose junge Südländer zu holen. Es sind Orte wie Wunsiedel, Schwäbisch Hall oder das nördliche Emsland – Landstriche mit einer teils hoch spezialisierten Wirtschaft, aber wenig Nachwuchs. »Wir haben ein demographisches Problem«, sagt Dirk Lüerßen, Geschäftsführer der Ems-Achse e.V. in Papenburg, einer Wirtschaftsförderungsagentur, die in Spanien gezielt Lehrlinge anwirbt.

Manche wissen gar nicht, was sie damit auslösen. Schwäbisch Hall startete im Februar 2012 vor südeuropäischen Journalisten einen Aufruf, man brauche Arbeitskräfte. In Portugal löste das einen wahren Schwaben-Hype aus. 15 000 Bewerbungen kamen, die Arbeitsamtsleiter Guido Rebstock sichten musste. Manche Portugiesen setzten sich auch gleich ins Auto, fuhren quer durch Spanien und über die Pyrenäen und stellten sich persönlich vor. Rebstock räumt ein, die Aktion sei etwas aus dem Ruder gelaufen. Die Profile der Bewerber und die Jobs passten nicht immer zusammen. Doch die Weltpresse stand danach bei ihm Schlange, um zu fragen, warum ein 36 000-Einwohner-Ort so viele Jobs bieten könne. Schwäbische Kleinstädte haben eben etwas, was in Spanien, Griechenland und Portugal schwerer zu finden ist: den Tüftlergeist und die Innovativkraft, die den Weltmarkt mit hochspeziellen Produkten beliefern, irgendein Teil, das jeder Aufzug oder jede Lokomotive auf der Welt braucht, um zu laufen – erdacht und gefertigt am Neckar oder auf der Alb. Es zahlt sich aus, dass Deutschland sich dem europäischen Trend zur Deindustrialisierung widersetzt hat, bei Innovation und Produktion blieb, als andere begannen, auf Finanzwirtschaft und Dienstleistung zu setzen, wenig nachhaltige Sektoren, wie sich vor allem in Ländern wie Zypern oder Slowenien herausgestellt hat. Doch was manchem deutschen Tüftler fehlt, ist die Kommunikationsfähigkeit. »Mit Mitarbeitern aus anderen Kulturkreisen sind andere Kulturkreise leichter zu erobern«, sagt Rebstock. Deshalb sind Südländer bei international tätigen Firmen willkommen, denn an Offenheit seien sie schwer zu übertreffen, so die Beobachtung in vielen Betrieben.

Um einen Ansturm wie in Schwäbisch Hall zu vermeiden, gehen viele Regionen gezielter vor. Das nördliche Emsland knüpfte Kontakte nach Murcia und Kastilien-La Mancha, der Heimat Don Quijotes, die zu den ärmsten spanischen Regionen zählen. »Anfangs hatten wir ein schlechtes Gewissen«, berichtet Ems-Achse-Geschäftsführer Lüerßen, man wollte den armen Gegenden nicht die Arbeitskräfte wegnehmen. Doch im strukturschwachen Albacete bat ein Berufsschulrektor die Norddeutschen inständig: »Nehmen Sie so viele, wie Sie können, und nehmen Sie unsere Besten.« »Das hat dann die Bedenken vertrieben«, sagt Lüerßen. Dem Ruf folgte Ginés Huertas Llamas aus Murcia. Der 24-Jährige stieg bei einem Online-Weinhandel in Rhede ein. Mit dem Job komme er prima zurecht, sagt er kurz nach seiner Ankunft im Mai 2012, aber die Umstellung des Lebensumfeldes sei brutal. Einen größeren Kontrast als zwischen dem staubtrockenen Murcia und dem nassen Emsland kann man sich kaum vorstellen. Es kann hart sein, wenn man der einzige Spanier in einem Dorf der norddeutschen Tiefebene ist. Ginés lebte anfangs in einem Wohnheim der örtlichen Jagdschule; um den nächsten Landsmann zu sehen, musste er kilometerweit radeln.

Laut Lüerßen integrierten sich die meisten Spanier jedoch schnell, die Hälfte habe gleich angefangen, Fußball in den Vereinen zu spielen. Ginés Huertas Llamas sagt, er sei bereit, lange zu bleiben; aber man hörte, wie er einen Kloß im Hals hinunterschlucken muss. Geschockt waren die Spanier im Emsland, dass sie noch einmal eine Ausbildung beginnen sollten, wo sie doch schon eine hatten. Doch Berufsausbildungen sind in Spanien zu theoretisch für den deutschen Geschmack. Es gibt kein duales System. Von der Einstellung der Neuankömmlinge sind die meisten Unternehmer aber begeistert: »Ihre Motivation ist ansteckend«, sagt Lüerßen.

Und es ist ja auch nicht mehr wie in den Zeiten, als die Gastarbeiter mit einem Karton voller Chorizowurst nach tagelanger Zugfahrt in einem völlig unbekannten Land ankamen und jahrelang nicht mehr heimkehrten. Die Migranten von heute fliegen low-cost mit dem Laptop unter dem Arm oder dem Tablet in der Hand. Ryanair ist Europas Straßenbahn. Skype, Chat und Facebook ermöglichen einen ständigen Austausch mit der Familie. Allerdings kann es sein, dass viele – anders als früher – gar nicht mehr zurückkehren.

Der Blogger Diego Ruiz del Árbol will vorläufig in Berlin bleiben, wo er 2007 ankam. Er unterhält den vielgelesenen Blog Berlunes.com für die spanische Community, der den sprechenden Titel trägt: »Sie haben Mallorca, wir haben Berlin«, und kommentiert ironisch bis liebevoll, wie sich ein Spanier heute in Deutschland fühlt: »Die Deutschen sind nicht so offen wie die

Spanier, sie verkaufen ihre Freundschaft teurer. Anfangs war es für mich eine absolute Notwendigkeit, Spanier zu treffen, sonst wäre ich allein zu Hause sitzen geblieben. Trotzdem ist meine Integration stetig vorangegangen. Mein Deutsch ist nicht perfekt, aber wenn ich den Wagen zur Werkstatt in Lichtenberg bringe, kann ich dem Mechaniker das Problem hinreichend begreiflich machen und verstehe 70 Prozent der Antwort. Das ist das Maximum, das ein Ausländer erreichen kann. Ich habe inzwischen auch drei oder vier gute deutsche Freunde. Trotzdem fühle ich mich immer noch als Spanier in Deutschland. Bitte nicht falsch verstehen, ich rede nicht von Diskriminierung! Aber manchmal habe ich einfach Lust, Leute zu treffen, die meinen Humor verstehen, ohne dass ich alles Mögliche erklären muss. Ich möchte dann einfach mal nicht über tiefschürfende Dinge sprechen, sondern mich treiben lassen, durch eine Nacht mit ein paar Drinks und viel Gelächter, ohne ständig minutiös planen zu müssen, wo wir als nächstes hingehen. Das funktioniert gewöhnlich besser mit Südeuropäern als mit Deutschen.«[60]

Fehlen solche kreativen Menschen nicht einem Land, das dringend Talente bräuchte? Bei der spanischen Botschaft in Berlin ist man nicht dieser Meinung. Von dort aus werden die Arbeitseinsätze junger Spanier gefördert und koordiniert. Dahinter steckt nicht nur die Hoffnung auf sinkende Arbeitslosenzahlen – man hofft auch, dass die Leute langfristig mit neuen Kenntnissen nach Spanien zurückkehren, ähnlich wie damals die Gastarbeiter, die das Land öffneten und deren Ersparnisse einen Wohlstandsschub auslösten. Auf eines kann man sich nicht nur bei Spaniern, sondern bei allen Südländern verlassen: auf ihre Heimat- und Familienverbundenheit, die letztlich bei den meisten stärker ist als der Karrierewunsch.

Der französische Mittelmeerhistoriker Fernand Braudel hat die Migration einst eine zivilisatorische »Unentbehrlichkeit«[61] genannt. Wer migriert, erwirbt Flexibilität und Spontanität, enorme Vorteile in der globalisierten Welt. Es ist nicht auszuschließen, dass der Süden durch die erzwungene hohe Mobilität seiner Menschen an der Schwelle zu einem größeren Entwicklungsschub steht als das saturierte Deutschland. Die ohnehin hohe Integrationsfähigkeit von Spaniern, Italienern, Portugiesen und Griechen wird im internationalen Kontext geschult. Claus Leggewie nennt als Beispiel für geglückte Migrationsentwicklung die Türkei. Aus der Wanderung Hunderttausender seien »hochmobile Kohorten« entstanden, »die sich zwischen der Türkei und Europa (und auf dem Weltmarkt) bewegen, ohne damit ihre nationale Identität ganz aufzugeben.[62] Solche »Kosmopoliten bereichern nicht nur den Kulturbetrieb, sondern auch die transnationalen Unternehmen, die Nachbarschaften, die internationale Diplomatie.«[63]

Die Wirtschaft jedenfalls schätzt die Kulturen der Bewegung. In der *Frankfurter Allgemeinen Zeitung* schildert der Personalberater Ilker Özsoy, was »Südländer im Vorstandssessel«[64] besser machen: Die Mentalität südländischer Führungskräfte sei »geprägt von Intuition, Entscheidungsfreudigkeit, Emotionalität, sozialer Kompetenz und den Umgang mit Unsicherheit«. Genau diese Mentalität brauche Deutschland. Vor allem die empathischen Qualitäten von Menschen aus dem Süden werden in Betrieben gelobt. Und Empathie ist ein hoher Wert, seit die Organisationspsychologie einen Führungsstil propagiert, der Vorgesetzte dazu anhält, ganz persönlich auf ihre Angestellten einzugehen.[65] Dazu passt, was der Italiener Emanuele Gatti, Vorstandsmitglied bei einem großen deutschen Medizinkonzern, in dem Beitrag der *Frankfurter Allgemeinen Zeitung* über das Bild des Italieners in der Unternehmenswelt sagt. Es sei geprägt von »Spontanität und Entscheidungsfreudigkeit, gepaart mit sozialer Kompetenz. Südländer reagierten in vielen Situationen kreativer und phantasievoller.« Seinem spanischen Vorstandskollegen Roberto Fusté fällt auf, dass deutsche Manager den Fokus häufig stärker auf das Produkt legten als auf den Kunden, das aber widerspreche dem ökonomischen Leitsatz: »People make business with people, not with products«. Der Aufbau eines vereinigten Europas biete eine hervorragende Chance, mit einem Mentalitätenmix die Wirtschaftskraft zu stärken, findet

Fusté: »Wenn wir als Europäer in Europa Forschung und Entwicklung den Deutschen überließen, Finanzen den Briten und PR, Marketing & Sales den Spaniern, Italienern und Türken, so wäre das Ergebnis eine optimale Mischung der Kulturen entsprechend ihren Fähigkeiten.«

Wäre das nicht Grund genug, Migranten die Türen weiter zu öffnen, zumal der Akademikeranteil unter Einwanderern längst höher ist als bei den Deutschen?[66] Doch nicht nur migrierende Manager und Wissenschaftler könnten das deutsche Sozial- und Wirtschaftsleben bereichern. Das Potenzial der Migration wird weitgehend unterschätzt.

EINGANG ZUM PARADIES?

Sie hatten es fast geschafft. In Libyen waren sie aufgebrochen und zwölf Stunden übers Meer unterwegs gewesen. Nur noch eine gute Seemeile trennte sie von der rettenden Küste Lampedusas. Doch dann geriet ihr Boot in Seenot. Viele sprangen ins Wasser, andere versuchten, auf sich aufmerksam zu machen, indem sie ein Feuer an Bord entzündeten. Doch die Flammen, die sie retten sollten, wurden ihnen zum Verhängnis, es entzündete sich der Treibstoff. Mindestens 132 afrikanische Flüchtlinge, die meisten aus Eritrea, starben nach Angaben der italienischen Küstenwache an einem Oktobermorgen des Jahres 2013 im Mittelmeer, darunter schwangere Frauen und kleine Kinder.

Das Flüchtlingsdrama war das schlimmste in dem vor Dramen strotzenden Jahr 2013, in dem 43 000 Flüchtlinge die Küsten Südeuropas erreichten. Binnen weniger Tage starben allein im Oktober 400 Menschen auf See. Italiens Premier Enrico Letta sprach von einer »Tragödie ungeheuren Ausmaßes«. Staatspräsident Giorgio Napolitano bat die EU um Hilfe. Inselbürgermeisterin Giusi Nicolini, wahrhaft katastrophenerprobt, stand weinend am Ufer, als die Boote mit den Leichen anlandeten. »Es ist der Horror, was kommt noch alles auf uns zu?!«, sagte sie.

Viel. Der Strom an Migranten, die nach Europa wollen, ist so konstant wie gewaltig. Der französische Politiker Jacques Chirac sagte schon 1984 voraus: »In dreißig Jahren wird es nicht mehr möglich sein, die Menschen des Südens daran zu hindern, nach Norden zu wandern.« Sein algerischer Kollege Houari Boumedienne prophezeite: »Millionen von Menschen werden die südlichen, armen Teile der Erde verlassen, um zu überleben.« Der Journalist Rudolph Chimelli, der diese Zitate gesammelt hat, kommentiert sie kurz und bündig: »Europa hat keine Ahnung und keine Rezepte.«[67]

Der Sturz der Regime in Libyen, Ägypten und Tunesien tat sein Übriges, um die Schleusen zu öffnen. Durch die Waffenhilfe für libysche Rebellen hat sich Europa das Schlamassel zum Teil selbst eingebrockt. Mehr als 68 000 Flüchtlinge landeten zwischen Oktober 2013 und Juli 2014 in Italien an. Die genaue Zahl der Toten und Vermissten kennt niemand. Zwischen 300 000 und 600 000 Menschen seien bereit, auf dem Seeweg nach Europa zu flüchten, schätzte die italienische Regierung im April 2014. Der Flüchtlingsansturm übers Mittelmeer stellt vor allem die Integrationsfähigkeit Südeuropas auf die Probe. In Griechenland, Italien und Spanien weiß man sehr wohl, dass das eigentliche Ziel der meisten Flüchtlinge nicht das südliche Kriseneuropa ist, sondern der prosperierende Norden. Es waren auch nicht die Mittelmeergesellschaften, die das Meer zur Todeszone machen wollten. »Ausschluss, Abschottung und Abwehr sind die vorherrschenden Phantasien im Norden«, sagt Claus Leggewie.[68] Die EU gebe für Frontex und Eurosur mehr Geld aus als für Asylangelegenheiten.[69] Die technisch immer ausgeklügeltere Überwachungs- und Abwehrapparatur wurde in Brüssel erdacht.

Kann man aber Migration auf Dauer stoppen? Kaum. Migration ist Menschenschicksal seit biblischen Zeiten. Von Indogermanen über Teutonen und Hugenotten bis zu den Sudetendeutschen, stets wollten oder mussten die Menschen ihre Heimat verlassen, um ein besseres Leben zu finden oder überhaupt am Leben bleiben zu können. Noch nach dem Zweiten Weltkrieg schifften sich Hunderttausende Europäer auf der Flucht vor Not nach Nord- und Südamerika ein und waren froh, dort Aufnahme zu finden. Wo Armut und Krieg herrschen, machen die Menschen sich auf den Weg, das ist beinahe ein Naturgesetz – das umso mehr gilt, wenn ausbeuterische Wirtschaftspolitik der Reichen ihren Anteil an der Armut hat. Wenn man die Meere vor Westafrika leerfischt und den Menschen die Lebensgrundlage nimmt, muss man sich nicht wundern, wenn Westafrikaner ihre Heimat verlassen. Solange das Weltwirtschaftssystem diese Schieflage aufweist, werden die Menschen kommen, ob es uns passt oder nicht.

Und warum sich angesichts einer ohnehin unabwendbaren Entwicklung verkrampfen? Gerade der alternde Norden Europas könnte den kontrollierten Zuwachs an motivierten, beweglichen und gut ausgebildeten Migranten für seine ausgebluteten Sozialsysteme gebrauchen – und es sind ja stets die Stärksten und Mutigsten, die aufbrechen. Einwanderung könne im Norden »zum Garanten des Wohlfahrtsstaates« werden, schreibt Claus Leggewie.[70] Umgekehrt kann die Migration die Entwicklung in den Herkunftsländern beflügeln – durch Überweisungen an die Familie, die jedes Jahr Hunderte Milliarden Dollar weltweit ausmachen, aber auch durch die Heimkehr derer, die im Ausland dazugelernt haben. 2014 hält der Internationale Währungsfonds bei seiner Frühjahrstagung in Washington fest: Migranten gehörten weltweit zu den wichtigsten Investoren. Ihre Aktivitäten seien eine Chance für die Weltwirtschaft und zur Behebung der Euro-Krise.[71]

Solche Fakten aber saufen im Krisendiskurs ab. Nur dort, wo sie anlanden, in Lampedusa oder Algeciras, können Migranten bei der lokalen Bevölkerung zumeist noch mit einer gewissen Solidarität und Anteilnahme rechnen, der Widerstand wird größer, je weiter die Beschwerdeführer von dem Problem entfernt sind. In Italien ist es die fremdenfeindliche Lega Nord, die davor warnt, es den Flüchtlingen zu leicht zu machen. Sie setzte zu Berlusconis Zeiten Gesetze mit durch, die es den Fischern von Lampedusa bei Strafe verboten, in Seenot geratene Flüchtlinge an Land zu bringen. Man setzte sie mit Schleppern gleich. Italien, Griechenland und Spanien sind durch den Flüchtlingszustrom und durch ihre eigene Krise nicht nur Fronstaaten, sondern auch Aus- und Einwanderungsländer zugleich geworden – eine Belastung, die sozial weniger stabile Gesellschaften kaum bewältigen würden. Es gelingt, weil den Mittelmeergesellschaften, die ja aus jahrtausendelanger Vermischung entstanden sind, Rassismus grundsätzlich wesensfremd ist. Trotz der enormen gesellschaftlichen Veränderungen, die der massenhafte Zuzug mit sich brachte und Viertel der Ankunft wie Lavapies in Madrid radikal veränderte, ist der Umbruch ohne extreme Verwerfungen vonstatten gegangen. Afrikanische Händler prägen die Fußgängerzonen südlicher Großstädte, Migranten aus Marokko und Senegal halten die riesigen Gemüseplantagen in Almería mit ihrer Arbeitskraft am Laufen. In Portugal ist man an Afrikaner wegen der vergleichsweise kurz zurückliegenden Kolonialepoche ohnehin gewöhnt. Auf Sizilien betonen viele Einheimische, dass sie sich mit den *boat people* aus Afrika und Asien solidarisch fühlen, da sie ja selbst durch die Krise zur Migration gezwungen seien.

Dass es in Griechenland immer wieder zu Ausschreitungen gegen Migranten kommt, hat mit den besonders knappen Ressourcen des Landes und der Radikalisierung infolge der Härten des Sparzwangs zu tun; auch ist dort der Flüchtlingsanteil prozentual besonders hoch. Doch nichtsdestotrotz überwiegen die Gesten der Solidarität die der Fremdenfeindlichkeit, auch wenn es in den Medien des Nordens anders dargestellt wird (– vielleicht, um von eigenen xenophoben Tendenzen abzulenken?). Die Einwohner der griechischen Insel Lesbos etwa erachten es für selbstverständlich, Neuankömmlingen aus ihren Schlauchbooten zu helfen, sie mit Medikamenten und Kleidung zu versorgen. Dafür haben sie ein Netzwerk aufgebaut. Pfarrer Nikolaos Mavroudis sagt in einem Interview mit *Deutschlandradio Kultur*: »Wir haben kein Problem mit den Fremden. Die meisten von uns haben Wurzeln in Kleinasien. Wir wissen aus Erzählungen unserer Großeltern, was es bedeutet, Flüchtling zu sein.«[72]

Miteinander reden

»Heute ist europäische Politik eindeutig Innenpolitik.«
die tageszeitung[73]

Am 2. Juli 1870 erschütterte eine Nachricht die europäische Machtbalance. Der Erbprinz Leopold aus der süddeutschen Hohenzollern-Linie von Sigmaringen gab seine Kandidatur für den spanischen Thron bekannt. Der Posten war vakant nach einem Putsch des spanischen Militärs, in dessen Folge Königin Isabella von Bourbon vertrieben worden war. Frankreich war elektrisiert: ein Hohenzollern-Prinz auf dem spanischen Thron? Das würde einen Machtzuwachs Preußens bedeuten, wo ja auch Hohenzollern regierten. Paris witterte Umzingelung durch Hohenzollern. Frankreichs Regierung protestierte heftig, der Prinz aus der deutschen Provinz zog seine Kandidatur prompt am 12. Juli 1870 zurück. War die Angelegenheit damit erledigt? Der preußische König Wilhelm I. meinte, ja – er wollte sich seine Ferien in Bad Ems nicht durch die leidige Angelegenheit verderben lassen. Aber Paris wollte mehr.

Der französische Botschafter verlangte am 13. Juli von Wilhelm I. eine Garantie, dass der preußische König auch in Zukunft Kandidaturen von Hohenzollern verhindern würde. Das war dann doch zu viel: Wilhelm I. lehnte das französische Verlangen als unzumutbar ab und telegrafierte den Inhalt der Unterredung an Otto von Bismarck. Der Kanzler zögerte nicht. Er spielte die sogenannte »Emser Depesche« mit den französischen Forderungen der Presse zu – nicht ohne sie vorher ein wenig zu redigieren und zuzuspitzen, so dass sie viel aggressiver klangen. Ein Sturm nationaler Entrüstung brach aus. In Paris wurde Bismarcks Veröffentlichung als Affront interpretiert, Frankreich erklärte Preußen am 19. Juli 1870 den Krieg. Preußen gewann den Feldzug, und Bismarck konnte ein knappes Jahr später die deutsche Einigung verkünden. Viele Historiker sind der Meinung, dass die Kriegserklärung genau Bismarcks Absicht gewesen war. So konnte er der Welt weismachen, dass Preußen Opfer einer französischen Aggression gewesen sei.[74]

Eine scharf redigierte Depesche als Kriegsgrund? Was das angeht, ist man im Europa des beginnenden 21. Jahrhunderts weiter. Zwar mangelt es gerade vor dem Gedenkjahr 2014 nicht an mühsam hingebogenen Parallelen zum Ausbruch des Ersten Weltkriegs. »Mich frappiert die Erkenntnis, wie sehr die europäischen Verhältnisse (...) denen von vor hundert Jahren ähneln«, warnt etwa der damalige Luxemburger Premier und Chef der Euro-Gruppe, Jean-Claude Juncker, 2013 im *Spiegel*-Interview und fährt raunend fort: »Die Dämonen sind nicht weg, sie schlafen nur.«[75] Doch zum Glück hat die europäische Politik auch in Krisenzeiten alle Gelegenheiten zu Kriegserklärungen vorbeiziehen lassen, obwohl es genügend gegeben hätte, jedenfalls wenn man die Empfindlichkeiten zu Zeiten der Emser Depesche als Maßstab anlegt. Spätestens nach dem EU-Gipfel von Cannes 2011 etwa hätte nach diesen Maßstäben Italien genügend Gründe gehabt, kriegerische Phantasien gegenüber Frankreich und Deutschland zu entwickeln. Bei einer gemeinsamen Pressekonferenz von Nicolas Sarkozy und Angela Merkel, damals gern zu *Merkozy* synthetisiert, fragte eine Journalistin den französischen Präsidenten und die deutsche Kanzlerin, was sie zu Italiens Regierungschef Berlusconi gesagt hätten. Noch während die Frage gestellt wurde, verzog Sarkozy das Gesicht. Statt zu antworten, verdrehte er die Augen und wandte sich zu Merkel, die ob der Grimasse lachen musste.[76] Es war eine gezielte Demütigung Berlusconis vor laufenden Kameras. Doch was folgte, war kein Weckruf an die Dämonen des Krieges, sondern Berlusconis Rücktritt gute drei Wochen später und die Einsetzung eines Statthalters von *Merkozys* Gnaden, Mario Monti. In Euro-Zeiten ist kein Krieg mehr nötig, um Regierungen fremder Länder zu stürzen.

Und es ging ja nicht nur um Italien: *Merkozy* räumten beim Gipfel in Cannes mit halb Südeuropa auf. Als der griechische Ministerpräsident Giorgios Papandreou eine Volksabstimmung über die ihm auferlegten Sparmaßnahmen ankündigte, redeten *Merkozy* ihm die Idee eiligst wieder aus, ganz so, als wäre Papandreou ein widerspenstiger Provinzfürst und nicht Regierungschef eines souveränen Staates. Diese Niederlage leitete Papandreous politisches Ende ein. Ist das unzulässige Einmischung? Oder schon der Beginn einer europäischen Innenpolitik? Vieles spricht für letzteres.

Längst macht eine deutsche CDU-Kanzlerin wie selbstverständlich Wahlkampf für einen konservativen französischen Präsidentschaftskandidaten, der die Wahl dann prompt verliert; man weiß nicht, ob trotz oder wegen Merkels Hilfe. Der Präsident des EU-Parlaments, Martin Schulz, sagt 2013 in einem Interview, Wahlentscheidungen in einem EU-Mitgliedsland seien »auch immer Teil einer gesamteuropäischen Innenpolitik«.[77] Ins gleiche Horn bläst Edmund Stoiber, indem er den Italienern empfiehlt, dem »Bunga-bunga-Ministerpräsidenten«, also Berlusconi, bei der nächsten Wahl die »rote Karte zu zeigen«.[78] Kanzlerin Angela Merkel benutzt den Begriff erstmals beim CDU-Parteitag 2011 in Leipzig. »Wir alle sind Teil einer europäischen Innenpolitik«, sagt sie vor den Mitgliedern. Die Euro-Krise habe gezeigt, »dass unsere Verantwortung eben nicht mehr an den Grenzen unserer Länder endet«, so Merkel. Vielmehr gelte in diesen Zeiten: »Irische Sorgen sind slowakische Sorgen, griechische Sorgen sind niederländische Sorgen, spanische Sorgen sind deutsche Sorgen. Es sind unser aller Sorgen, Sorgen aller 27 Mitgliedsstaaten der Europäischen Union.«[79] *Die Zeit* nennt das eine »paradoxe, widersprüchliche, aufregende Entwicklung«.[80]

Außenminister haben nur noch wenig zu tun, weil das europäische Ausland immer weniger als Ausland wahrgenommen wird. Es ist längst die EU der Finanzminister. *Die Zeit* vermutet 2013, der deutsche Amtsinhaber »Schäuble hat mit seinen Kollegen aus Frankreich oder Griechenland in diesem Jahr sicherlich häufiger gesprochen als mit vielen seiner Berliner Kabinettskollegen«. In Europa seien Politikfelder in den Mittelpunkt gerückt, die bislang ureigene Domäne der Nationalstaaten gewesen seien: Rentenalter, Arbeitsrecht, Lohnpolitik, Haushaltsfragen.[81] Ein Zentralbankchef Mario Draghi fällt mit seiner Niedrigzinspolitik längst weitreichendere Entscheidungen über die persönliche Daseinsvorsorge der Deutschen als die Parteien im Bundestag, die sich im müden Wahlkampf 2013 in Debatten über Mindestlohn und Autobahnmaut verfangen. Die Nationalstaaten mit ihrem Klein-Klein wirken im zusammenwachsenden Europa manchmal so provinziell wie früher die deutschen Bundesländer.

Es ist kein Zufall, dass diese neue europäische Innenpolitik aus der Krise des Südens heraus entsteht. Sie zwingt gerade dort Entscheidungsträger und Bürger, immer aufs Neue Farbe zu bekennen und sich zu positionieren, sei es in Parlamenten oder protestierend an der Puerta del Sol oder in Exarchia. Das bekommt ganz Europa mit, weil es alle angeht. Jeder einigermaßen politisch interessierte Europäer weiß inzwischen, wer Silvio Berlusconi ist; man hat den Aufstieg von Nachfolger Matteo Renzi im Fernsehen miterlebt. Man hat sich an das bartumkränzte Lispeln des Spaniers Mariano Rajoys gewöhnt. Wer kannte schon früher einen griechischen Oppositionspolitiker? Vor der Europa-Wahl 2014 reißen sich deutsche Medien darum, den telegenen griechischen Sozialisten Alexis Tșipras zu interviewen. Aber wer war noch gleich Regierungschef der Niederlande? Oder der Ministerpräsident von Mecklenburg-Vorpommern?

Gerade die biederen EU-Eliten tun sich schwer, sich in der hitziger werdenden Auseinandersetzung zu behaupten und an der Wahlurne durchzusetzen, wie das Scheitern des Brüsseler Statthalters Mario Monti bei der Wahl 2013 in Italien gezeigt hat. Wo das Problem liegt, illustrieren etwa die Auftritte des finnischen EU-Wirtschaftskommissars Olli Rehn, der einen eindeutig politischen, nämlich marktliberalen Standpunkt vertritt, das Dogma von Austerität und Staatsabbau aber aus seiner bürokratischen Brüsseler Position heraus zu einem technokratischen Muss erhebt. Er setzt damit eine von vielen konkurrierenden Überzeugungen quasi mit der europäischen Idee gleich. Das jedoch ist nicht die Art und Weise, wie man Politik auf dem neu entstandenen Forum erfolgreich vermittelt. Für Politiker wie Angela Merkel oder Olli Rehn müsste diese Vermittlungsleistung damit beginnen, die individuellen Eigenheiten der Europäer zu studieren, zu verstehen und zu respektieren. Nur so kann der empathische Dialog entstehen, den Europa dringend braucht.

»Der Mensch findet erst durch ein Du zum Ich«, hat Martin Buber gesagt, einer der Begründer der Dialogphilosophie. Laut Buber sind die Voraussetzungen für einen erfolgreichen Dialog ein Forum für das Gespräch und die Bereitschaft der Partner, den jeweils anderen in seiner »Andertheit«, wie es Buber nennt, zu akzeptieren. Das Forum ist vorhanden – es sind die digitalen Kanäle und die sich immer stärker formierende gesamteuropäische Öffentlichkeit. Doch die dialogische Anerkennung des »Du« wird den Völkern Europas vom Berliner und Brüsseler »Ich«, das sich hinter dem Dogma der Alternativlosigkeit verschanzt, in der Krise verweigert. Mit der Folge, dass es auch um dieses »Ich« nicht zum Besten bestellt ist. Bei der Europa-Wahl 2014 wissen die EU-Eliten noch nicht recht, als was sie sich präsentieren sollen: wie gewohnt im Merkel-Stil als mit der alternativlosen Wahrheit ausgerüstete Technokraten – oder doch lieber als bissige Wahlkämpfer, die das Forum dieser europäischen Innenpolitik bespielen? Doch immerhin – die Wahl kann als Beginn eines Lernprozesses angesehen werden. In Gestalt des Luxemburger Konservativen Jean-Claude Juncker und des deutschen Sozialdemokraten Martin Schulz treten im Mai 2014 erstmals zwei Vertreter der alteingesessenen EU-Elite als politische Spitzenkandidaten auf den politischen Marktplatz, um Stimmen und Wählerherzen zu erobern. Sie tun das mit der gebremsten Leidenschaft derer, für die diese Rolle neu ist. Das respektable Ergebnis der Sozialdemokratie in Deutschland zeigt am Ende jedoch, dass der Klimmzug sich zumindest für Schulz gelohnt hat. »Brüssel hatte für die Wähler plötzlich ein Gesicht«, heißt es am Tag nach der Wahl in der *Süddeutschen Zeitung*[82].

Ist das gleich Populismus, wie Verteidiger einer elitistischen, vom Ministerrat bestimmten EU einwenden? Populisten sind Politiker, die in der Wählerschaft wider besseres Wissen und um des persönlichen Erfolgs willen Parolen verbreiten, von denen sie glauben, dass das Volk sie hören will. Deswegen ist noch lange nicht jeder, der sich den Wählern verständlich machen will, gleich ein Populist. Der Auftritt von Juncker und Schulz auf dem europäischen Forum kann sogar als erster zaghafter Versuch gewertet werden, sich aus der »Schreckstarre«[83] zu lösen, in der die offizielle Brüsseler Politik jahrelang gegenüber den Populisten verharrt hat, wie Jürgen Habermas beizeiten kritisch anmerkte. Ob gegenüber der Alternative für Deutschland (AfD), der italienischen Fünf-Sterne-Bewegung des Komikers Beppe Grillo oder dem griechischen Linkspopulisten Alexis Tsipras: Stets beschränkte man sich aus dieser Schreckstarre heraus darauf, die Kritiker von Links und Rechts als ideologisch verblendet darzustellen oder lächerlich zu machen. »Unangenehme Kritiker zu dämonisieren, statt bessere Argumente zu liefern, ist politische Faulheit«, kritisiert Thomas Kirchner vor der Europa-Wahl in der *Süddeutschen Zeitung* diese Haltung. Europa brauche die Kritik wie eine Pflanze den Wind, um stärker zu werden.[84]

Die Faulheit äußerte sich vor allem darin, dass man alle Populisten in die Ecke der gefährlichen Sonderlinge stellte, anstatt ihnen differenziert zu begegnen. Die Fremdenfeindlichkeit einer Marine le Pen in Frankreich oder eines Geert Wilders in den Niederlanden hat wenig zu tun mit den linksalternativen Vorschlägen des Griechen Alexis Tsipras oder der über digitale Kanäle organisierten Totalopposition des Italieners Beppe Grillo. Beim Rechtspopulismus fällt auf, dass er nicht da triumphiert, wo Europa am ärmsten, sondern da, wo es am reichsten ist: in Frankreich, Österreich, den Niederlanden, Großbritannien, auch Norditalien. Ausgerechnet die Wohlhabenden meinen, sich abschirmen zu müssen vor einem dynamischeren Europa.

Im Süden zeigt der Populismus teils konträre Züge: Das Phänomen Beppe Grillo in Italien entspringt einem Überdruss gegen jede Form von Elitenherrschaft. Nach einem kurzen Leuchten 2013 verglüht seine Fünf-Sterne-Bewegung bei der Europa-Wahl 2014, weil das Prinzip der Totalverweigerung die Wähler nicht nachhaltig überzeugt – und weil es inzwischen eine konstruktivere Alternative in Gestalt des Sozialdemokraten Matteo Renzi gibt. Renzi habe vorgemacht, wie man Populisten besiegen könne, heißt es nach der Wahl in der *Süddeutschen Zeitung*: durch einen selbstbewussten, europafreundlichen Auftritt. Er habe den Italienern das Gefühl gegeben, dass sie »ihr Land nicht Europa zuliebe, sondern für sich selbst reformieren müssten«.[85]

Der Grieche Tsipras ist anders als der Italiener Grillo EU-Befürworter, er favorisiert aber eine andere, mehr auf Umverteilung basierende Gemeinschaft. Tsipras erinnert in seinem geschliffenen Diskurs und seinem offensiven, jungdynamischen Auftreten mal an Matteo Renzi, dann wieder an einen lateinamerikanischen Linkspopulisten wie den Präsidenten Rafael Correa, der in Ecuador mit einer klar definierten gesellschaftspolitischen Alternative zur vorherigen Herrschaft der postkolonialen Eliten (und allerdings auch mit sehr autoritären Methoden) von Wahlerfolg zu Wahlerfolg eilt. Tsipras will einen Bruch mit der finanzkapitalistischen Hegemonie, er fordert ein Ende der Sparpolitik, einen europäischen New Deal mit Investitionen in Arbeitsplätze, eine Nationalisierung der Banken und ein Schuldenmoratorium für Griechenland. Und er will eine europäische Demokratie, die auf sozialem Zusammenhalt begründet ist.[86] Damit wird er nicht nur Spitzenkandidat der europäischen Linken bei der Europa-Wahl, sondern auch klarer Sieger bei dem Urnengang in seinem Land mit mehr als 26 Prozent der Stimmen. Tsipras ist für die europäische Linke 2014 die Referenzfigur, wie sie der Italiener Renzi für die Sozialdemokratie erst noch werden könnte.

Insgesamt ergibt die Europa-Wahl 2014 in allen südeuropäischen Krisenländern einen Linksruck, der möglicherweise Beginn eines linken Roll-back von Süden nach Norden in Europa werden könnte.

Wie man dem Rechtspopulismus, der zur Identitätsfindung das Prinzip der Abgrenzung und Feindschaft braucht, entgegentreten könnte, dafür liefert der deutsche Philosoph Jürgen Habermas ein Argument. Habermas erinnert daran, dass der Nationalismus eine Erfindung des 19. Jahrhunderts ist und keinesfalls eine *Conditio humana*, die zum Menschsein gewissermaßen dazugehört, wie die Rechtspopulisten glauben machen wollen. Die überproportionale Bedeutung, die dem Nationalismus eingeräumt werde, ist laut Habermas »einer Überverallgemeinerung einer zufälligen historischen Konstellation«[87] geschuldet. Der »künstliche und daher fließende Charakter eines im Europa des 19. Jahrhunderts konstruierten Bewusstseins nationaler Identität« werde verkannt. Mit anderen Worten: Nationalismus ist – ähnlich wie puritanischer Kapitalismus – ein historisch gesehen verhältnismäßig junges Phänomen, das sich erst im 19. Jahrhundert voll etabliert hat. Um diesem Phänomen zu begegnen, müsste man die Karten auf den Tisch legen,[88] fordert Habermas.

Man könnte etwa die rhetorischen Instrumente des mediterranen Forums im Kampf gegen die Europa-Feinde offensiver zum Einsatz bringen. Auf dem Forum wurde gestritten und gelitten, es dominierten Emotion und Rhetorik, Zorn und Begeisterung, Gesten der Verzweiflung und der Hoffnung, Furor und Witz und natürlich die Prise Demagogie, ohne die der europäische Diskurs der fade technokratische Auflauf bleiben wird, den die Brüsseler Elite aufgetischt hat. Die Verfassungskonzepte der Vergangenheit sind nicht zuletzt deshalb beim Wähler in vielen Ländern gescheitert, weil sie keine Leidenschaft zu wecken vermochten. Doch nur in einem leidenschaftlichen Dialog auf europäischer Ebene kann dereinst vielleicht der institutionelle Rahmen entstehen, der Europa fehlt: eine auf Selbstbestimmung und Konfliktüberwindung fußende Verfassung, die die individuellen Lebensweisen der Völker ebenso respektiert wie supranationale Interessen.

Jürgen Habermas hat dafür einen Vorschlag entwickelt. Er wendet sich gegen den »postdemokratischen Exekutivföderalismus« Brüssels und schlägt eine überstaatliche Demokratie für Europa vor, in der man zugleich Unionsbürger ist und weiter seinem Volk angehört. Der Philosoph stellt sich dafür eine »transnational ausgedehnte Bürgersolidarität zwischen den Unionsbürgern vor«.[89] Dazu aber, so hält er ebenso fest, müsste Europa erst demokratisiert, die sich verselbständigende Macht, die »postdemokratische Herrschaftsausübung« des Europäischen Rates der Staats- und Regierungschefs, müsse eingefangen werden. Wenn dies gelinge, so Habermas, wäre eine transnationale Demokratie in Europa womöglich sogar nur ein erster Schritt hin zu einer demokratisch verfassten Weltbürgergesellschaft mit einer globalen Verfassungsordnung. Kühn gedacht, aber was sollte ein Intellektueller schon anderes tun, als kühn zu denken? *Die Zeit* empfiehlt jedenfalls: »Lassen wir uns ein bisschen vom konstruktiven Furor des Jürgen Habermas anstecken.«[90] Seine Schrift sei »zugleich Arbeitsauftrag für die europäischen Bürger wie auch ein intellektuelles Vermächtnis einer Generation«. Die junge Generation Aufbruch des Südens hat diesen Arbeitsauftrag gezwungenermaßen als erste angenommen – wenn auch nicht unbedingt in der Weise, in der ein Jürgen Habermas sich das vorgestellt hat.

Europäisches Herz

»Wanderer, es gibt keinen Weg,
der Weg entsteht beim Gehen.«
Antonio Machado

Als 2013 in Berlin ruchbar wurde, dass Teile der alten Berliner Mauer für Luxuswohnungen abgerissen werden sollten, machte auch die spanische Gemeinde der Hauptstadt mobil. Der Blog Berlunes und andere digitale Plattformen schlossen sich dem Widerstand an. Es gehe ja schon zu wie im Bauboom in Spanien, lautete ein spöttischer Kommentar auf Facebook[91] zu dem bevorstehenden Abriss an der East Side Gallery, der in den Blogs und mit etwas Verspätung auch in den Kommentarspalten spanischer Zeitungen als *barbaridad* gebrandmarkt wurde. Die Mauer, so zeigt die südliche Empörung, gehört uns längst nicht mehr allein. Kann es ein überzeugenderes Zeichen für ein allmähliches Zusammenwachsen Europas geben?

Was für die Mauer gilt, gilt für ganz Berlin. Und es liegt sicher nicht am speziellen Charme der Berliner oder an der optischen Schönheit, dass die deutsche Hauptstadt heute als pulsierendes Zentrum des Kontinents gelten kann. Es ist der Zusammenfluss vieler Talente und Mentalitäten aus Europa und der ganzen Welt, der es möglich gemacht hat, dass Berlin nun ansetzte, den früheren Platz von Paris oder gar New York einzunehmen, wie es der Italiener Angelo Bolaffi ausdrückt.[92] In seinem Buch *Deutsches Herz* schreibt der Politologe: »Ich habe gesehen, wie sich Berlin zum geistigen Zentrum des alten Kontinents entwickelte, zum neuen Mekka einer avantgardistischen Jugendkultur (…)«,[93] zu einer Stadt, »die ein kritisches Bewusstsein für die Grenzen des Fortschritts besaß und für die der Mythos Konsum jeden Zauber verloren hatte«. Bolaffi weiß, wovon er spricht. Der Philosoph leitete von 2007 bis 2011 das Italienische Kulturinstitut in Berlin, seine Arbeit hat einen nicht geringen Anteil am Beitrag italienischer Künstler zur Betriebstemperatur dieses *melting pots*.

Berlin, das ist für Bolaffi die Metropole einer postindustriellen Zivilgesellschaft, wo in der Innenstadt ein Viertel des Verkehrs per Fahrrad abgewickelt wird. Berlin fasziniert Bolaffis Meinung nach wegen des »eklatanten Widerspruchs, den es auf geradezu skandalöse Weise verkörpert: die Erinnerung an eine schreckliche, oft auch tragische Vergangenheit – und die Gegenwart, die getragen ist von einem großen Projekt: zu einer Modellstadt für ganz Europa zu werden, und zwar nicht nur städtebaulich, sondern auch hinsichtlich des kulturellen und sozialen Zusammenlebens«.[94] Bolaffis Lob beschränkt sich jedoch nicht auf die Hauptstadt, er sieht ganz Deutschland als politisch stabil und kulturell gereift, »endlich im Frieden mit sich«[95] (jedenfalls bis zur Krise), und preist den guten alten rheinischen Kapitalismus als Vorbild – vor allem auch wegen seines im Katholizismus fußenden Prinzips der sozialen Verantwortung. Man sollte *Deutsches Herz* lesen, um zu wissen, worauf man stolz sein kann, bevor dieses soziale Verantwortungsgefühl verschwindet.

Der Italiener ruft für seine Thesen eine Reihe von Kronzeugen an, etwa die römische Zeitung *La Repubblica*, sonst eher eine kritische Betrachterin Deutschlands: »Die deutsche Stabilitätskultur ist kein Monster (…). Es ist eine Kultur, die aus Deutschland die einzige nicht erbarmungslose Alternative zum chinesischen und amerikanischen Modell gemacht hat.«[96] Oder seinen italienischen Kollegen Claudio Magris, der die Ursache für die deutsche Prosperität in der sozialen Marktwirtschaft der Nachkriegszeit verortet: »Es ist eine kapitalistische Tradition, die auf das Sparen setzt, die die Produktion nicht zugunsten der Spekulation vernachlässigt (sie im Gegenteil befördert). Eine Tradition, an der die Gewerkschaften in vielerlei Hinsicht mitgewirkt haben und die ein System der Finanzvorsorge, der Renten, und der Gesundheitsvorsorge hervorgebracht hat, aus der eine anständige Welt entstanden ist.«[97] Bolaffi leitet daraus eine Modellfunktion für ganz Europa ab.[98]

Gustav Seibt schreibt über Bolaffis Ausführungen treffend: »Als Deutscher könnte man erröten, wenn man dieses enthusiastische Porträt liest.«[99] Entscheidend sei aber etwas anderes: »Hat je ein europäischer Politiker so konkret über die sozialen Potenziale des Euro gesprochen?« Seibt destilliert aus Bolaffis Ausführungen die These heraus: Nur vereint könne Europa seine zivilen und ökonomischen Errungenschaften, nicht zuletzt seine weltweit einzigartigen Sozialstandards, behaupten. »Sozialstaat, nicht Markt, ist das Ziel, aber einer, der sich auf Dauer finanzieren lässt.« Der deutschen Politik, so Seibt, liefere Bolaffis Essay »ein unerwartetes Arsenal an Argumenten: Wir haben Europa mehr anzubieten als schmallippige Regeltreue und bittere Haushaltskonsolidierung, sondern einen attraktiven Lebensstil, zusammengesetzt aus postnationaler Lässigkeit und sozialer Verlässlichkeit.«[100]

Ist es nicht bezeichnend, dass ein Italiener kommen musste, um den Deutschen zu sagen, was nachahmenswert an ihrem Modell ist? Mit mediterraner Lockerheit legt Bolaffi offen, was sich Deutsche nie trauen würden, über sich selbst zu sagen. Und könnte man als Deutscher nicht auch ein bisschen stolz sein, wenn man die Chance bekommt, anderen aus der Krise zu helfen, anstatt zu lamentieren über die Risiken, die der Euro für das Sparbuch birgt? Könnte in der Euro-Krise nicht gar der Keim für einen zeitgemäßen Nachfolger des alten bundesrepublikanischen Verfassungspatriotismus liegen – in Form eines europabezogenen Solidaritäts- und Jobpatriotismus? Man muss es nur wollen.

MEHR SÜDEN WAGEN

Andrea Montanari führt ein Consultingunternehmen in Turin, das sich darauf spezialisiert hat, Unternehmen dabei zu beraten, wie sie ihre Arbeitsprozesse verflüssigen können. Die Liste seiner Kunden liest sich wie ein Who's who italienischer Global Players: Barilla, Fiat, Pininfarina, Parmalat, Unicredit, Ferrero, Campari, mehrere Ministerien, aber auch Gewerkschaften. Die meisten sind in der Turiner Region zu Hause, die trotz Krise immer noch vor Kraft strotzt, wie Montanari sagt, sie ist das Zentrum der italienischen Wirtschaft. Noch bis in die entlegensten Täler der piemontesischen Hügellandschaft hinein findet man Betriebe mit Weltgeltung. Doch es ist für sie schwieriger geworden, sich in der Globalisierung zu behaupten, auch für die hochspezialisierten Firmen der Nahrungsmittel- oder Bekleidungsindustrie, die hier neben dem Maschinenbau besonders stark sind. Montanari kann sehr farbig erzählen, welche Probleme es den oft patriarchalisch strukturierten Firmenchefs in einer auf Familientradition basierenden Wirtschaftsstruktur bereitet, flache Hierarchien einzuführen, Ratschläge von Mitarbeitern anzunehmen und Aufgaben zu delegieren, so wie es die Konkurrenten in anderen Ländern mit Erfolg tun. Insofern besteht für Montanaris Beratungsangebot eine steigende Nachfrage. In sein Konzept fließen Erkenntnisse der interkulturellen Kommunikation, des Qualitätsmanagements, der Psychologie, der Dialogschule und der Konflikttransformation ein. Sogenannte weiche und harte Qualifikationen könne man nicht unabhängig voneinander betrachten, sagt er. Beides müsse zusammenwirken, das wirke sich positiv auf die Unternehmenskultur und den Erfolg am Markt aus.

Beim Spaziergang über die sonnige Piazza Castello legt Montanari dar, welche Unterschiede er in deutscher und italienischer Unternehmenskultur ausgemacht habe. Italienische Firmen, sagt er, hätten tendenziell Probleme mit der Formulierung klarer Regeln und Abläufe, da könnten sie von den Deutschen einiges lernen. Umgekehrt seien italienische Betriebe sehr flexibel. Es gebe die Neigung, Dinge erst im letzten möglichen Moment fertigzustellen. Das müsse aber kein Hindernis für den Erfolg sein, im Gegenteil: In Zeiten von Just-in-Time-Produktion sei es genau diese Fähigkeit, die Italienern einen Vorteil vor der internationalen Konkurrenz verschaffe. Sie könnten auf punktuelle Anforderungen mit großer Dynamik reagieren. Montanaris Unternehmensphilosophie ist es, beide Eigenheiten miteinander in Übereinstimmung zu bringen. In der richtigen Mischung aus strategischem Denken und Flexibilität liege das Erfolgsgeheimnis, sagt er.

Könnte eine solche Mischung der Talente nicht auch zum Erfolgsmodell auf europäischer Ebene taugen? Sollte man nicht, anstatt die Ressentiments zu pflegen, versuchen, in gemeinsamer Anstrengung die Fähigkeiten zu bündeln – mit dem Ziel, ein »euro-mediterranes« Denken zu entwickeln, das, wie Claus Leggewie es ausdrückt, auf eine »ganzheitliche Sicht und wechselseitige Solidarität«[101] aufgebaut ist? Denn in einem hat der Politologe zweifellos recht: »Auswege aus der akuten Krise und Kooperationsperspektiven für die nächsten Jahrzehnte finden wir nur gemeinsam.«[102] Für mehr Miteinander plädiert auch der Österreicher Robert Menasse: Es sei noch lange nicht ausgemacht, »in welcher Form, in welchen Produktionsverhältnissen die Menschen auf diesem Kontinent letztlich wirtschaften wollen oder wirtschaften werden, es ist nur eines in der Idee der EU und ihrer Implementierung in der Realität angelegt: dass sie zunehmend solidarisch wirtschaften müssen«.[103]

Das lateinische Wort *crisis* bedeutet: »Wendepunkt«. Der Konflikt, den Süden und Norden im Spannungsfeld der Euro-Krise miteinander austragen, könnte ein solcher sein, der Moment, um zu beginnen, nach einer wirtschaftlichen, kulturellen und sozialen Nord-Süd-*convivencia* neuen Typs zu suchen. Die Lehre von der Konflikttransformation[104], die ein probates Mittel der internationalen Friedensarbeit darstellt, besagt, dass Konflikte ein unvermeidlicher Bestandteil menschlicher Interaktion sind und – so sie nicht in Gewalt eskalieren – keineswegs immer schlecht. Konflikte können, wenn richtig gehandhabt, Konstruktivität und Kreativität freisetzen, neue Formen des Zusammenlebens schaffen, weil sie zur Auseinandersetzung mit den Vorstellungen und dem Wertesystem des Gegenübers zwingen. Dafür bedarf es eines Rahmens, in dem die Konfliktparteien einander begegnen können. Die Europäische Union mit der Euro-Zone bildet einen idealen Rahmen.

Eine zweite Voraussetzung fehlt jedoch bislang: die Bereitschaft, die Legitimität der Interessen des jeweils anderen anzuerkennen, ihn in seinem Sein zu akzeptieren. Wer in München wohnt, fährt zwar schneller nach Venedig als nach Frankfurt, die Toskana ist vielen Deutschen vertrauter als das nächstgelegene Bundesland. Wir essen selbstverständlicher Mozzarella als Mettwurst. Doch über kulinarische und touristische Klischees reicht das Wissen über die, mit denen man eine Währung teilt, kaum hinaus.

Mehr Süden wagen heißt also als erstes: Beweglichkeit und tiefere Neugier entwickeln, die sich nicht in den eigenen Projektionen erschöpft. Es heißt, sich auf den Weg machen und den anderen kennenlernen, über Blitzbesuche in der Regierungsmaschine oder im Billigflieger hinaus. Der Süden ist da übrigens einen Schritt weiter. Er hat gezwungenermaßen die Initiative ergriffen – mittels der Migration gebildeter Spanier, Portugiesen, Italiener und Griechen. Sie wissen längst viel mehr über ihre Gastländer und ihre Wirtschaftsweise, über Stärken und Schwächen ihres Zusammenlebens als umgekehrt und haben begonnen, ihre Erkenntnisse in eine Transformation ihrer Länder einzubringen, vom Export des Fahrradfahrens bis zur Forderung nach mehr Steuerdisziplin.

Tieferes Kennenlernen ist die Voraussetzung für den zweiten Schritt: Der Kulturwissenschaftler Dieter Richter empfiehlt, in »den gescholtenen Südländern über Zahlungsbilanzen und Bruttoinlandsprodukte hinaus auch Ressourcen und nicht nur Defizite zu entdecken und damit schließlich sogar das Eigene vor dem anderen ein wenig zu relativieren.« Als »südliche« Kompetenzen zählt Richter auf: »Großzügigkeit, Improvisationsfähigkeit, eine Art von anarchischem Zusammenhalt, der Primat des Persönlichen vor dem Institutionellen, Schönheitssinn, Darstellungskunst, Genussfähigkeit, ein ungezwungeneres Verhältnis zur Arbeit.« [105]

Soll heißen: Der Norden könnte sich von den Werten des Südens nicht nur einiges abschauen; er könnte auch sein eigenes Lebensmodell kritisch hinterfragen. Wollen wir wirklich ein marktkonformes Leben leben, wie es Max Weber beschrieben hat? Oder wollen wir unsere Lebensweise nicht lieber an den Prinzipien von Solidarität, Ganzheitlichkeit und Empathie ausrichten, die der Franzose Edgar Morin als kennzeichnend für südliches Denken definiert? Das ist kein Umweg zu einer mediterranen Dolce Vita, die außerhalb der Köpfe nordländischer Schwärmer sowieso nie existiert hat: Sondern es ist die Chance, die Mängel eines Wachstumsmodells zu korrigieren, das ganz auf Kumulation gebaut ist. In Deutschland könnte man sich in diesem Zusammenhang gleich noch die Frage stellen, ob wir weiter die ewigen Besserwisser sein wollen, die wieder als Eroberer wahrgenommen werden, wo wir dieses Bild doch gerade erst abgeschüttelt hatten? Oder wollen wir dem tiefersitzenden Ziel unseres Strebens näherkommen, nämlich dem, nicht nur gelobt, sondern auch geliebt zu werden? Mehr Süden wagen kann da nur heißen: hegemoniale Rechthaberei in Frage stellen und mehr Empathie wagen, mit sich selbst und den anderen.

Empathie ist mitnichten ein Entwicklungshindernis, wie es das Effizienzdogma weismachen will, sondern ein Entwicklungsmotor. Einfühlungsvermögen kann auch in der Wirtschaft auf die Dauer bessere Ergebnisse erzielen, weil man Geschäfte eben mit Menschen und erst in zweiter Linie mit Waren macht. Dies umso mehr in einer Zeit, in der die schiere Kommunikation ein immer wichtigeres, den Ergebnissen findiger Ingenieurskunst annähernd gleichwertiges Gut im Warenkreislauf geworden ist.

Mehr Empathie wagen, das ist insbesondere eine Forderung an die Politiker. Es heißt: sich nicht in Dogmen der Alternativlosigkeit verschanzen, sondern sich in guter alter mediterraner Tradition auf das *forum*, die *plaza,* die *agora* hinaustrauen, die Menschen in einer Weise ansprechen, die verstanden wird, und ihnen unvermeidbare Einschränkungen oder Reformen so erklären, dass ihre Werte und die Würde nicht verletzt werden. Es bedeutet, den Süden in die Überlegungen einbeziehen, anstatt ihn zu bevormunden; es bedeutet, den Versuch zu unternehmen, seine Qualitäten zu sehen, anstatt ihn wie einen unheilbaren Krisenfall zu behandeln. Mehr Süden wagen heißt in der Politik: Gemeinsamkeit suchen, nachhaltiges Wirtschaften stärken, statt darum zu wetteifern, wer der unersättlichen Finanzindustrie die günstigsten Konditionen bietet. Und es heißt: den Rechtspopulisten und Nationalisten mit nüchternen Argumenten und mediterraner Leidenschaft begegnen.

Für die Bürger Europas, die nicht zu den Krisengewinnlern zählen, heißt »mehr Süden wagen«: ihrer Empörung über Missstände Ausdruck verleihen, wie es die spanische, griechische, portugiesische Protestbewegung unter Wahrung demokratischer Prinzipien vorgemacht hat. Es heißt: den Widerstand wagen gegen Auswüchse eines Systems, das wenigen nutzt und viele benachteiligt.

Doch auch der Süden muss wieder mehr Süden wagen: Die Krise bietet die Gelegenheit, die konsumistischen Exzesse der Boomjahre zu hinterfragen und festzustellen, ob schnelles Geld ohne Nachhaltigkeit wirklich das ist, was man wollte. War es den Preis des Verlusts eines ganzen Lebensstils und Wertesystems wert? Mehr Süden wagen heißt für den Süden: anstatt zu jammern, sich der eigenen Potenziale bewusster werden, die Erinnerung an historische Leistungen pflegen, Verflechtungen mit den jeweiligen kulturellen Bezugsräumen stärker nutzbar machen. Und den Abschied einleiten von den Auswüchsen eines fehlgeleiteten Familismus.

Die sozial stabilisierende Seite des südlichen Familiensinns hingegen kann für das soziale Gefüge des Nordens nur förderlich sein. Denn was wird dem Norden bleiben, wenn sein wankendes institutionalisiertes Sozialsystem, das einst im Zeichen des Ost-West-Konflikts als Gegengewicht zum Kommunismus implementiert wurde, nun, nach dem von neoliberalen Dogmatikern deklarierten »Ende der Geschichte«, zusammengestrichen wird? Möglicherweise werden wir uns an den südlichen Wert direkter zwischenmenschlicher Solidarität noch viel stärker anlehnen müssen – in dem Maße, in dem die Institutionen als Instrumente des sozialen Friedens zu versagen beginnen. Die *Frankfurter Allgemeine Zeitung* warnt bereits: »Unsere Gesellschaft hält nicht zusammen; wir haben weder diese Familienbande noch starke Kirchen. Unsere gesamte Identität basiert auf dem Reichtum des Landes in den sechziger und siebziger Jahren.«[106] Mehr Süden wagen kann da nur heißen: mehr Familie, mehr Freundschaft wagen; die Beziehung zwischen den Menschen in den Mittelpunkt des Handelns stellen; sich nicht gänzlich auf die Beziehung zwischen Mensch und Institution verlassen.

Und zu guter Letzt heißt »mehr Süden wagen« natürlich auch: mehr Müßiggang wagen, so wie es der spanische Philosoph Miguel de Unamuno predigte und wie es sein Antipode Max Weber tat, als er erst über die Muße zu sich selbst und damit zur Klimax seiner Schaffenskraft fand.

Eines muss klar sein: Südliches Denken im Unamuno'schen Sinn gibt es im Norden ebenso wie nördliches im Süden. Die Festlegung auf Himmelsrichtungen dient hier allenfalls der Beschreibung einer unterschiedlich stark ausgeprägten Tendenz. Vielleicht sollte man den »Süden« letztlich auch eher als Metapher begreifen – jedoch nicht für Krise, sondern für eine Vorstellung von Leben, die den tieferen Wert des Daseins jenseits von Gewinnanhäufung und Effizienz sucht.

Was das konkret für die aktuellen Probleme der Euro-Krise bedeutet, für Zinsniveau, Neuverschuldung und Risikoaufschläge? Darauf sei ebenfalls mit Unamuno geantwortet: »Wenn jemand Lösungen will, so soll er es beim Laden gegenüber probieren, denn in meinem wird so ein Artikel nicht verkauft (...) Ich war immer bestrebt, aufzurütteln und allerhöchstens anzudeuten, mehr denn zu belehren. Wenn ich Brot verkaufe, so ist es nicht Brot, sondern Hefe oder Sauerteig.«[107] Ein Dialog auf Augenhöhe zwischen Norden und Süden ist überhaupt erst die Voraussetzung, das Treibmittel sozusagen, für den nötigen Verständigungsprozess, ohne den Europas Finanzprobleme sich niemals konstruktiv und nachhaltig werden lösen lassen.

Vielleicht ließe sich Europas Burn-out ja mit einer gesunden Mischung aus südlichen und nördlichen Idealen überwinden: Produktivität, gepaart mit einem gesundheits- und naturverträglichen, humanen Lebensstil; Effizienz, kontrolliert von Mechanismen, die uns sagen, wann Schluss ist; produktiver und sozialverträglicher rheinischer Kapitalismus, gebündelt mit südeuropäischer Begegnungskultur: schwäbisches Tüftlertum meets mediterranen Optimismus; südliche Beweglichkeit, angereichert durch deutsche Regeltreue; Improvisationstalent, Flexibilität, kulturelle Empathie und Duldsamkeit gegenüber Problemen, verbündet mit Zielgenauigkeit und Planbarkeit – wäre diese Form der *convivencia* nicht unschlagbar im weltweiten Wettstreit der Systeme? In einem Moment, in dem der angloamerikanische Anhäufungszwang und das Schwellenlandprinzip des »Immer-mehr-ohne-zu-wissen-wozu-eigentlich« die meisten Menschen an ihre Belastungsgrenze bringen und auch in Ländern wie Brasilien und sogar China zunehmend in Frage gestellt werden, hätte Europa ein probates Gegenmodell zu bieten. Und wäre ein selbstbesonnenes Europa, »nicht hierarchisch, sondern als Konzert gedacht«, nicht in der Tat »ein großer, herrlicher Anblick«, wie es Dieter Richter in Bezug auf Goethes Beschreibung von Neapel formuliert?[108]

Solcherlei herrliche Anblicke bieten nicht nur südliche Hafenstädte. Einen Blick auf dieses Europa kann man etwa auch an einem Samstagnachmittag in einem thailändischen Schnellrestaurant in der Münchner Theresienstraße werfen. Dort treffen sich José Angel Risco und José Guerrero aus Sevilla, Nekane Mendia aus San Sebastián, Daniel Rieger aus Valencia und Paula Barceló aus Málaga. Sie bestellen auf Deutsch Thai-Curry und Thai-Bier bei der thailändischen Kellnerin, die natürlich in fließendem Deutsch antwortet. Die Selbstverständlichkeit, mit der das geschieht, wirkt irgendwie charmant, als Deutscher ist man ja oft geneigt, die Eignung der eigenen Sprache als Lingua franca zu unterschätzen. Fast alle, die am Tisch sitzen, leben in München, arbeiten als Architekten, PR-Manager, im Fremdenverkehr, der Deutsch-Spanier Daniel Rieger ist Priester im Stadtteil Neuperlach. Alle haben hier Karriere gemacht und wollen vorläufig bleiben. Nur Paula, die zehn Jahre in Deutschland lebte und nun für die deutsche Entwicklungshilfe in Bolivien arbeitet, ist einen Schritt weiter gegangen. Sie ist gerade zu Besuch und trifft sich nun mit ihren Freunden aus der Münchner Zeit zum mittäglichen spanischen *almuerzo* in Thai-Ambiente. Es wird viel gelacht und laut geredet, viel schultergeklopft und gefrotzelt, man kann sich kaum eine integrativere Runde vorstellen als eine Gruppe Spanier beim Essen.

Mit ihrer Clique ist Paula einst durch die Münchner Bars und im Dirndl übers Oktoberfest gezogen, nun wollen ihre alten Freunde wissen, wie es ihr in ihrer neuen Heimat jenseits des Atlantiks geht. Gut, sagt sie, sie fühle sich angenommen von Südamerika, spüre kulturelle Gemeinsamkeiten, die ihr als Spanierin den Eintritt in die Kultur erleichtert haben. Gleichzeitig lerne sie viel Neues dazu, über das abweichende Zeitverständnis der Anden etwa, den gemächlicheren Rhythmus des Lebens. Sie hat einen Zweijahresvertrag der Gesellschaft für Internationale Zusammenarbeit (GIZ), die einen solchen »Brückenmenschen« gut gebrauchen kann. Danach will sie vielleicht nach Argentinien weiterziehen. Und Deutschland? Deutschland habe sie sehr stark geprägt, die Regeln, die Verlässlichkeit, die Gesetzestreue, das habe schon Vorteile, antwortet sie. Aber letztlich, da ist sie sich sicher, will sie lieber am Mittelmeer leben, das passe besser zu ihrer mediterranen Seele. Mittelfristig plane sie die Rückkehr in ihre Heimat. Alle Anwesenden denken ähnlich.

Es ist die südliche Generation Aufbau, die sich hier trifft und für die Paula nun ein paar stellvertretende Sätze formuliert: »Ich bin 35 Jahre alt, aber ich bin nicht Teil meiner Generation in Spanien. Ich fühle mich als Europäerin. In Spanien leben wir einige Jahre im Rückstand, es obliegt der nächsten Generation, den Wandel herbeizuführen, der mit Sicherheit von außen inspiriert sein wird. Spanier sind arbeitsam, bescheiden, ehrlich, solidarisch, und sie wissen, was es heißt zu kämpfen. Sie lieben aber auch die Familie und den Genuss. Und warum auch nicht? Ist Genussfähigkeit vielleicht ein Synonym für Faulheit und Ineffizienz? Absolut nicht, auch wenn das angloamerikanische Paradigma uns seine Art zu leben aufzwingen will. Der Wandel wird mit denen kommen, die heute weggehen und dann zurückkehren werden mit frischem Wind, neuen Ideen und Lebensstilen im Gepäck. Vor allem aber werden sie die Vorstellungskraft mitbringen, um zu verstehen, was in Spanien passiert ist und wie man es wieder in Ordnung bringt, ohne dass dabei die Essenz von dem auf der Strecke bleibt, was wir mal waren.«

Es gibt gute Gründe, um mit den Münchner Spaniern und einem Schluck Thai-Bier auf Europas gemeinsame Zukunft anzustoßen.

Anmerkungen

DIE ENTZAUBERUNG

1 Bolaffi 2014, S. 61 f.
2 Kaube 2014, S. 120
3 Ebd., S. 128
4 Ebd., S. 129
5 Ebd.
6 Larry Wolff: Dalmatinische und italienische Reisen, in: Schenk/Winkler 2007, S. 220
7 Schmitt 2012, S. 117
8 Kaube 2014, S. 126 f.
9 Schmitt 2014, S. 118
10 Bolaffi 2014, S. 69
11 Mark Schieritz, Marc Brost: Abschied vom Süden, in: *Die Zeit*, 26. 7. 2012
12 http://europa.eu/about-eu/basic-information/symbols/europe-day/schuman-declaration/index_de.htm
13 Bolaffi 2014, S. 58
14 Zitiert nach: Dressel 2010, S. 208
15 Juliana 2012, S. 25
16 Gustav Seibt: Der Euro als Besserungsanstalt, *Süddeutsche Zeitung*, 4. 10. 2013
17 Martin Baumeister, Roberto Sala: Der Süden und die Krise, *Süddeutsche Zeitung*, 10. 7. 2013
18 Leggewie 2012, S. 200
19 Bolaffi 2014, S.70
20 Ebd., S. 64
21 Leggewie 2012, S. 211

GRAN TOUR

1 »Und irgendwann bleib I dann durt«, aus dem Album »Grenzenlos« von Steinbäcker, Timischl, Schiffkowitz (STS), veröffentlicht am 14. 10. 1985
2 Goethe: Kampagne in Frankreich 1792 – Zwischenrede, http://de.wikiquote.org/wiki/Innigkeit
3 Sterne 1986, S. 37
4 Richter 2009, S. 145
5 Ebd., S. 170
6 Ebd., S. 146

7 Zitiert nach: ebd., S. 151
8 Heine 1964, S. 290
9 Zitiert nach: Richter 2009, S. 169
10 Richter 2009, S. 132
11 Zitiert nach: ebd., S. 147 f.
12 Larry Wolff: Dalmatinische und italienische Reise, in: Schenk/Winkler 2007, S. 220
13 Richter 2009, S. 156
14 Ebd., S. 136 f.
15 Martin Baumeister: Diesseits von Afrika, in: Schenk/Winkler 2007, S. 40
16 Zitiert nach: Richter 2009, S. 135
17 Zitiert nach: ebd., S. 137
18 Richter 2009, S. 148
19 Steinfeld 2007, S. 17
20 Zitiert nach: Larry Wolff: Dalmatinische und italienische Reisen, in: Schenk/Winkler 2007, S. 221
21 Kirstin Hausen: Dolce Vita und deutsche Wertarbeit, in: Hüsch 2013, S. 236
22 Festa dell'Unità = Fest der Einheit
23 Klemperer: *Curriculum vitae*, 1/2, S. 251
24 Hüsch 2013, S. 236
25 Ebd.
26 Schenk/Winkler 2007, S. 7
27 Nooteboom 1995, S. 14
28 Ebd., S. 365
29 Ebd., S. 14
30 Ebd., S. 28
31 Ebd., S. 59
32 Zitiert nach: Martín 1988, S. 6
33 Horst 1992, S. 200
34 Umgangssprachlich für Hoden
35 Elms 1994, S. 3
36 Tierras pobres, tierras tristes, tan tristes que tienen alma. Zitiert nach: Nooteboom 1995, S. 331
37 Horst 1992, S. 12
38 Meier-Graefe 1984, S. 304
39 Ebd., S. 229
40 Nooteboom 1995, S. 8

AUF DER SUCHE NACH EINER HIMMELSRICHTUNG

1 Zitiert nach: Richter 2009, S. 55
2 Martin Baumeister, Roberto Sala: Der Süden und Krise, *Süddeutsche Zeitung*, 10. 7. 2013
3 Gespräch mit dem Verfasser, Rom, 15. 2. 2014
4 »L'auberge espagnole« ist eine spanisch-französische Filmkomödie

aus dem Jahr 2002, die das bunte Leben französischer Erasmus-Studenten in Barcelona zeigt.

5 Braudel, Duby, Aymard 2013, S. 173

6 Achim Landwehr: Gottvater hinter Stacheldraht, *Süddeutsche Zeitung*, 30. 7. 2013

7 Abulafia 2013, S. 20

8 Zitiert nach: Larry Wolff: Dalmatinische und italienische Reisen, in: Schenk/Winkler 2007, S. 220

9 Braudel, Duby, Aymard 2013, S. 31

10 Ebd., S. 21

11 Ebd., S. 38

12 Ebd., S. 43

13 Ebd., S. 31

14 Ebd., S. 34

15 Ebd., S. 24

16 Zitiert nach: Karl Kaser: Braudels Mittelmeerwelten, in: Schenk/Winkler 2007, S. 79

17 Braudel, Duby, Aymard 2013, S. 103

18 Ebd., S. 59

19 Ebd., S. 142

20 Braudel, Duby, Aymard 2013, S. 123

21 Schenk/Winkler 2007, S. 12

22 Richter 2009, S. 168

23 Schenk/Winkler 2007, S. 12

24 Richter 2009, S. 29

25 Zitiert nach: Richter 2009, S. 34

26 Richter 2009, S. 13

27 Rolf Petri, Anastasia Stourati: Raummetaphern der Rückständigkeit, in: Schenk/Winkler 2007, S. 154 f.

28 Zitiert nach: Dressel: Werkstatt der Moderne, S. 208.

29 Zitiert nach: Martin Baumeister: Diesseits von Afrika, in: Schenk/Winkler 2007, S. 37

30 Ebd., S. 35

31 Reform failures may still kill off the euro, *The Sunday Times*, 25. 5. 2008.

32 *Süddeutsche Zeitung*, 11. 6. 2012

33 Es war der französische Schriftsteller Prosper Mérimée, der diesen Ausspruch Mitte des 19. Jahrhunderts prägte – ausgerechnet Mérimée, der mit seiner Novelle *Carmen* die ganze französische Spanienromantik erst angestiftet hatte.

34 Dieter Richter: Alles eine Frage der Klimazone, in: *Die Zeit*, 14. 6. 2012

35 Zitiert nach: ebd.

36 Dieter Richter: Alles eine Frage der Klimazone, in: *Die Zeit*, 14. 6. 2012

37 Gespräch mit dem Verfasser, 28. 9. 2008

38 El mal uso de aire acondicionado dispara los resfriados y el gasto energético, *Agencia EFE*, 20. 7. 2010

RÖMISCHE FAMILIENBANDE

1 Gespräch mit dem Verfasser in Rom 15. 2. 2014
2 El 80 % de los jóvenes menores de 30 años vive con sus padres, *El País*, 21. 8. 2013
3 Generazione Boomerang, *La Repubblica*, 10. 2. 2014
4 http://www.die-welt-ist-im-wandel.de/Videos/Anekdote_Heinrich_Boell.htm
5 *Padre Padrone – Mein Vater, mein Herr* ist ein italienischer Film der Regisseure Paolo und Vittorio Taviani von 1977, der das schwierige Verhältnis eines despotischen Vaters zu seinem aufbegehrenden Sohn erzählt.
6 Rudolph Chimelli: Die Macht der Bande, *Süddeutsche Zeitung*, 28. 12. 2013
7 Efi Avdela: Kulturelle Formation an der Peripherie, in: Schenk/Winkler 2007, S. 140 ff.
8 Karl Kaser: Braudels Mittelmeerwelten, in: Schenk/Winkler 2007, S. 85.
9 Ebd., S. 90
10 Ebd., S. 89
11 Ebd., S. 91
12 Leggewie 2012, S. 146
13 Rudolph Chimelli: Die Macht der Bande, *Süddeutsche Zeitung*, 28. 12. 2013
14 Karl Kaser: Braudels Mittelmeerwelten, in: Schenk/Winkler 2007, S. 87
15 Chimelli: Die Macht der Bande, *Süddeutsche Zeitung*, 28. 12. 2013
16 Tomasi di Lampedusa 1987, S. 125 ff.
17 Ebd., S. 32
18 Karl Kaser: Braudels Mittelmeerwelten, in: Schenk/Winkler 2007, S. 93
19 Rudolph Chimelli: Die Macht der Bande, *Süddeutsche Zeitung*, 28. 12. 2013
20 http://www.la-entrevista.com/2011/09/despues-de-ano-y-medio-escudrinando-los.html
21 Thomas Urban: Wie der Vater, so die Tochter, *Süddeutsche Zeitung*, 21. 8. 2013
22 Anne Grüttner: Spaniens Josef Ackermann, *Handelsblatt*, 13. 1. 2010
23 Nace el Centro Botín, el hermano pequeño del Pompidou, Expansión.com, 19. 6. 2012

DER SPANISCHE MYTHOS DES ZIEGELSTEINS

1 García 2007, S. 306
2 Braudel, Duby, Aymard 2013, S. 129
3 E-Mail an den Verfasser, 5. 7. 2010
4 Nooteboom 1995, S. 59
5 Juan Goytisolo: Hemos vivido un sueño, *El País*, 22. 7. 2012

6 Zitiert nach: Nooteboom 1995, S. 150
7 Gespräch mit dem Verfasser, 16. 7. 2013
8 Gemeint ist alles Fortschrittliche.
9 Goytisolo 1982, S. 258 ff.
10 Die endlose Krise ist ein Machtinstrument, *Frankfurter Allgemeine Zeitung*, 24. 5. 2013
11 Bescheidenes Spanien
12 Siempre la Siesta, *Der Spiegel*, 24. 6. 2013
13 Tremlet 2006, S. VIII

PLAZA, FORUM, AGORA

1 Braudel, Duby, Aymard 2013, S. 139
2 New Deal hieß die Politik der öffentlichen Investitionen, mit der US-Präsident Franklin D. Roosevelt sein Land in den 1930er Jahren aus Depression und Deflation holte.
3 Langfristig wird die Arbeit verschwinden, *Stuttgarter Zeitung*, 29. 4. 2005
4 Cerstin Gammelin: Europas neues Sorgenkind, *Süddeutsche Zeitung*, 6. 5. 2014
5 Die Helden des Rückzugs, *Frankfurter Allgemeine Zeitung*, 9. 12. 1989
6 Hans Magnus Enzensberger: Die Helden des Rückzugs, *Frankfurter Allgemeine Zeitung*, 9. 12. 1989
7 Javier Cáceres: Zeuginnen der Anklage, *Süddeutsche Zeitung*, 6. 3. 2014
8 Gespräch mit dem Verfasser, Madrid, 12. 6. 2012
9 Somos naturaleza, *El País*, 12. 6. 2011
10 Es ist auch eine Krise der Kultur, *Frankfurter Allgemeine Sonntagszeitung*, 7. 4. 2013
11 Zitiert nach: http://www.meneame.net/story/bipartidismo-segun-perez-galdos-hace-mas-100-anos
12 La transformación del 15-M, *El Periódico*, 13. 5. 2013
13 Haci-Halil Uslucan: Fünf gute Gründe für Erdogan, *Zeit-online*, 3. 4. 2014
14 Barcellona 2010, S. 21
15 Renzi liquida Letta, *Corriere della Sera*, 13. 2. 2014
16 Andrea Bachstein: Machiavellis Erbe, *Süddeutsche Zeitung*, 15. 2. 2014
17 Enrico Letta: Matteo Renzi ossessionato del potere, *Libero Quotidiano*, 13. 2. 2014
18 Ebd.
19 Eine Chance für Renzi, *Rheinische Post*, 14. 2. 2014
20 Franz Haas: Mit Volldampf in unbekannte Richtung, *Neue Zürcher Zeitung*, 1. 3. 2014
21 Ebd.
22 Luca Mastrantonio: La classe dirigente di Renzi è una boy band?, Blog *Corriere della Sera*, 7. 5. 2014
23 Leggewie 2012, S. 199

24 Europee, il flop del M5S, *La Repubblica*, 26. 5. 2014
25 Bolaffi 2014, S. 72
26 Bolaffi 2014, S. 74
27 Birgit Schönau: Es bleibt in der Familie, *Süddeutsche Zeitung*, 23. 11. 2013
28 Bolaffi 2014, S. 80.
29 Ebd., S. 86
30 Ebd., S. 87 ff.
31 Ebd., S. 86
32 Ebd., S. 61
33 Stefan Ulrich: Die heilende Kraft des Vergessens, *Süddeutsche Zeitung*, 11. 4. 2008

VOM DENKEN DES SÜDENS

1 Unamuno 1997, S. 138
2 Zitiert nach: Goytisolo 1982, S. 172
3 Zitiert nach: Moosmüller 2000, S. 16
4 Hall 1989, S. 42
5 Moosmüller 2000, S. 18
6 Efi Avdela: Kulturelle Formation, in: Schenk/Winkler 2007, S. 135 ff.
7 Moosmüller 2000, S. 22
8 Hall 1989, S. 150
9 Berthold Seewald: Katholiken können halt nicht rechnen, *Welt-online*, 7. 12. 2010
10 Kaube 2014, S. 116
11 Dirk Kaesler: Vorwort des Herausgebers, in: Weber 2013, S. 55
12 Ebd., S. 7
13 Ebd.
14 Ebd., S. 36
15 Ebd., S. 14
16 Ebd., S. 28
17 Ebd., S. 15
18 Ebd., S. 31 f.
19 Weber 2013, S. 82
20 Zitiert nach: Katholiken können halt nicht rechnen, *Welt-online*, 7. 12. 2010
21 Dirk Kaesler: Vorwort des Herausgebers, in: Weber 2013, S. 29
22 Weber 2013, S. 201
23 Ebd., S. 88
24 Ebd., S. 83
25 Ebd., S. 80 f.
26 Dirk Kaesler: Vorwort des Herausgebers, in: Weber 2013, S. 47
27 Diese Bemerkung findet sich etwa bei Dirk Kaesler, hier zitiert nach: Schmitt 2012, S. 92
28 Schmitt 2012, S. 137
29 Zitiert nach: Schmitt 2012, S. 105

30 Zitiert nach: Schmitt 2012, S. 117
31 Weber 2013, S. 81
32 Zitiert nach: Katholiken können halt nicht rechnen, *Welt-online*, 7. 12. 2010
33 Ebd.
34 Zitiert nach: Schmitt 2012, S. 90
35 Schmitt 2012, S. 137
36 Kaube 2014, S. 144
37 Magris 1988, S. 23
38 Gespräch mit dem Verfasser. 10. 2. 2014
39 Rusconi 2013
40 Rusconi 2006, S. 3
41 Ebd., S. 4
42 Magris 1988, S. 64
43 Kirstin Hausen: Dolce Vita und deutsche Wertarbeit, in: Hüsch 2013, S. 235
44 Ebd., S. 237
45 Ingo Schulze: Sich selbst wieder ernst nehmen, *Süddeutsche Zeitung*, 12. 1. 2012
46 Rolf Petri, Anastasia Stourati: Raummetaphern der Rückständigkeit, in: Schenk/Winkler 2007, S. 173
47 Barcellona 2010, S. 14
48 Ebd., S. 18
49 Ebd., S. 29
50 Ebd., S. 28
51 Ebd., S. 20
52 Ebd., S. 23
53 Ebd., S. 27
54 Ebd., S. 26
55 Ebd., S. 128
56 Ebd., S. 43
57 Ebd., S. 44
58 Ebd., S. 123
59 Ebd., S. 124
60 Ebd., S. 188
61 Il Pensiero meridiano oggi: Intervista e dialoghi con Franco Cassano, *California Italian Studies*, Santa Barbara 2010
62 Chirbes 2008, Amazon Kindle: Position 1975 von 6226, 32 %
63 Gespräch mit dem Verfasser, 28. 9. 2008
64 Chirbes 2008, Amazon Kindle: Position 2451 von 6226, 39 %
65 Zitiert nach: Unamuno 1997, S. 149
66 Goytisolo 1982, S. 175 f.
67 Unamuno 1997, S. 184
68 So formuliert es der in Stanford lehrende Romanist Hans Ulrich Gumbrecht in: Spaniens Sonderweg, *Frankfurter Allgemeine Zeitung*, 1. 4. 2009
69 Erna Pfeiffer: Nachwort zu: Unamuno 1997, S. 249

70 Unamuno 1997, S. 33 ff.
71 Ebd., S. 235
72 Ebd.
73 Ebd., S. 241
74 Ebd., S. 148
75 Pfeiffer: Nachwort zu Unamuno 1997, S. 238
76 Ebd., S. 234
77 Ebd., S 242
78 Unamuno 1997, S. 239
79 Ebd., S. 49
80 Ebd., S. 52
81 Ebd., S. 54
82 Ebd., S. 156
83 Pfeiffer: Nachwort zu: Unamuno 1997, S. 245
84 Unamuno 2002, S. 56.
85 Ebd., S. 55 ff.
86 Unamuno 1997, S. 133 f.
87 Unamuno 2002, S. 58
88 Unamuno 1997, S. 41
89 Ebd., S. 129
90 Que inventen ellos, *El País*, 23. 2. 2007
91 Unamuno 1997, S. 134
92 Siempre la Siesta, *Der Spiegel*, 24. 6. 2013
93 Giorgio Agamben: Se un impero latino prendesse forma nel cuore di Europa, *La Repubblica*, 15. 3. 2013; deutsche Version in: http://www.presseurop.eu/de/content/article/3593841-ein-lateinisches-reich-gegen-die-deutsche-uebermacht
94 Que l'Empire latin contre-attaque!, *Libération*, 24. 3. 2013
95 Se un impero latino prendesse forma nel cuore di Europa, *La Repubblica*, 15. 3. 2013
96 Thomas Assheuer: Gegen Deutschland?, *Die Zeit*, 11. 4. 2013
97 Jürgen Kaube: Herr Berlusconi will sich unseren Lebensstil nicht aufzwingen lassen, *Frankfurter Allgemeine Zeitung*, 16. 5. 2013
98 *Das Gespenst der Freiheit* (1974)
99 Leggewie 2012, S. 151
100 Die endlose Krise ist ein Machtinstrument, *Frankfurter Allgemeine Zeitung.net*, 24. 5. 2013
101 Gustav Seibt: Welches Herz Europas?, *Süddeutsche Zeitung*, 14. 5. 2013

GESUNDEN AM SÜDEN

1 Abulafia 2013, S. 820
2 Zitiert nach: Hans-Ulrich Gumbrecht: Spaniens Sonderweg, *Frankfurter Allgemeine Zeitung*, 1. 4. 2009
3 Thomas Urban: Plötzlich sind wir alle Spanier, *Süddeutsche Zeitung*, 8. 3. 2014

4 Abulafia 2013, S. 818
5 Abulafia 2013, S. 820
6 Ebd., S. 810
7 Zitiert nach: Schenk/Winkler 2007, S. 34
8 Leggewie 2012, S. 75
9 Richter 2009, S. 63
10 Nooteboom 1995, S. 198
11 Abulafia 2013, S. 798
12 Ebd., S. 804
13 Ebd., S. 805
14 Ebd., S. 807
15 Ebd., S. 806
16 Ebd., S. 795
17 Ebd., S. 795
18 Michael Frank: Alles für alle, *Süddeutsche Zeitung*, 1. 8. 2009
19 Abulafia 2013, S. 812
20 Michael Frank: Im Tal der Edelnudeln, *Süddeutsche Zeitung*, 24. 9. 2010
21 Abulafia 2013, S. 795
22 Leggewie 2012, S. 200
23 Gespräch mit dem Verfasser, 16. 6. 2012
24 Gespräch mit dem Verfasser, 1. 10. 2011
25 Gespräch mit dem Verfasser, München, 4. 2. 2014
26 Wo die Zitronen blühen, *Süddeutsche Zeitung*, 20. 7. 2013
27 Fuentes 1999, S. 71
28 Abulafia 2013, S. 808
29 Ebd., S. 809
30 Leggewie 2012, S. 168
31 Ebd., S. 181
32 Ebd., S. 172
33 Markus Balser: Raus aus der Wüste, *Süddeutsche Zeitung*, 11. 4. 2014
34 Leggewie 2012, S. 173
35 Ebd., S. 177
36 Ebd., S. 175
37 Ebd., S. 178
38 Investitionen nach Athen tragen, *Deutsche Welle*, 12. 4. 2014
39 Leggewie 2012, S. 180
40 Die griechische Utopie, *Frankfurter Allgemeine Zeitung*, 18. 9. 2013
41 Dimou 2012, S. 46
42 Ebd., S. 16
43 Ebd., S. 61
44 Ebd., S. 55
45 Rolf Petri, Anastasia Stourati: Raummetaphern der Rückständigkeit, in: Schenk/Winkler 2007, S. 161
46 In dem Film *Alexis Sorbas* von 1964 spielt Anthony Quinn einen listigen und nicht sehr arbeitswütigen Mazedonier, dessen knorrige Lebenskunst so ziemlich alle Griechen-Klischees der Zeit bestätigt.

47 Efi Avdela: Kulturelle Formation, in: Schenk/Winkler 2007, S. 146
48 Der unbekannte Freund, *Süddeutsche Zeitung*, 20. 7. 2013
49 Dimou 2012, S. 32
50 Ebd., S. 33
51 Die griechische Utopie, *Frankfurter Allgemeine Zeitung*, 18. 9. 2013
52 Leggewie 2012, S. 202
53 Ebd., S. 219 ff.
54 Ebd., S. 222
55 Ebd., S. 231
56 Ebd., S. 226
57 Ebd., S. 147
58 *Deutsche Presse-Agentur*: Als Deutschland die Hilfe der Griechen brauchte, *Focus Money*, 19. 9. 2011
59 Berlunes, 3. 1. 2014 auf Facebook (223 likes)
60 Diego Ruiz del Árbol: In Berlin noch fremd, in Spanien jetzt auch, *Süddeutsche Zeitung*, 11. 9. 2013
61 Zitiert nach: Letzter Aufruf für Europa, *Süddeutsche Zeitung*, 22. 10. 2013
62 Leggewie 2012, S. 133
63 Ebd., S. 138
64 Südländer im Vorstandssessel, *Frankfurter Allgemeine Zeitung*, 27. 12. 2004
65 Inge Kutter: Alles so schön kuschelig hier, *Zeit-online*, 5. 5. 2014
66 Uta Rasche: Einwanderer sind besser qualifiziert als Deutsche, *Frankfurter Allgemeine Zeitung*, 3. 6. 2014
67 E-Mail vom 17. 4. 2014
68 Leggewie 2012, S. 143
69 Ebd., S. 44
70 Ebd., S. 45
71 340 Migranten kurbeln Wirtschaft an, *tagesschau.de*, 12. 4. 2014
72 Solidarität für Flüchtlinge in der Wirtschaftskrise, *Deutschlandradio Kultur*, 19. 2. 2013
73 Christian Rath: Europapolitik ist Innenpolitik, *die tageszeitung*, 19. 6. 2012
74 http://www.dhm.de/lemo/html/kaiserreich/aussenpolitik/emser/index.html
75 http://www.spiegel.de/politik/ausland/juncker-spricht-von-kriegsgefahr-in-europa-a-887923.html
76 So beschrieben in: Matthias Krupa: Seid umschlungen!, *Zeit-online*, 5. 1. 2013
77 Die EU sollte nicht alles regulieren, *Frankfurter Rundschau*, 8. 3. 2013
78 Kordula Doerfler: Furcht vor dem Comeback, *Berliner Zeitung*, 20. 2. 2013
79 http://www.euractiv.de/europa-2020-und-reformen/artikel/merkel-wir-sind-teil-einer-europaischen-innenpolitik-005617
80 Krupa: Seid umschlungen!, *Zeit-online*, 5. 1. 2013
81 Ebd.

82 Nico Fried und Christoph Hickmann: Na warte, *Süddeutsche Zeitung*, 26. 5. 2014
83 Habermas 2012, S. 43
84 Thomas Kirchner: Eier statt Argumente, *Süddeutsche Zeitung*, 20. 5. 2014
85 Stefan Ulrich: Mit Europa siegen, *Süddeutsche Zeitung*, 27. 5. 2014
86 So sagt er es in einem Interview mit der *Zeit*: Mit Blut und Schmerz, *Zeit-online*, 3. 4. 2014
87 Habermas 2012, S. 52
88 Ebd., S. 43
89 Ebd., S. 62
90 Alexander Cammann: Der Traum von der Weltinnenpolitik, *Die Zeit*, 10. 11. 2011
91 https://www.facebook.com/berlunescom/photos/a.10150374297701677.377616.180603316676/10152161043536677/?type=1
92 Bolaffi 2014, S. 148
93 Ebd., S. 17
94 Ebd., S. 147 f.
95 Ebd., S. 9
96 Ebd., S. 136
97 Ebd., S. 134 f.
98 Ebd., S. 135
99 Gustav Seibt: Die neue Süße des deutschen Daseins, *Süddeutsche Zeitung*, 13. 7. 2013
100 Ebd.
101 Leggewie 2012, S. 70
102 Ebd., S. 12
103 Menasse 2012, S. 76
104 Berghof Glossary on Conflict Transformation, http://www.berghof-foundation.org/en/glossary/
105 Dieter Richter: Alles eine Frage der Klimazone, in: *Die Zeit*, 14. 6. 2012
106 Die griechische Utopie, *Frankfurter Allgemeine Zeitung*, 18. 9. 2013
107 Unamuno: Selbstgespräche und Konversationen, S. 239
108 Dieter Richter: Alles eine Frage der Klimazone, in: *Die Zeit*, 14. 6. 2012

Literatur

Abulafia, David: *Das Mittelmeer. Eine Biographie*, Frankfurt 2013

Barcellona, Roberto: *Viaggio del Bel Paese. Tra nostalgia e speranza*, Troina 2010

Barloewen, Constantin von, Manuel Rivera, Klaus Töpfer: *Nachhaltige Entwicklung in einer pluralen Moderne*. Lateinamerikanische Perspektiven, Berlin 2013

Bernecker, Walther L.: *Spanien Handbuch. Geschichte und Gegenwart*, Tübingen 2006

Bolaffi, Angelo: *Deutsches Herz. Das Modell Deutschland und die europäische Krise*, Stuttgart 2014

Braudel, Fernand, Georges Duby, Maurice Aymard: *Die Welt des Mittelmeers*, Frankfurt 2013

Cercas, Javier: *Anatomía de un instante*, Barcelona 2009

Chirbes, Rafael: *Am Ufer* (Roman), München 2014

Chirbes, Rafael: *Krematorium* (Roman), München 2008

Dimou, Nikos: *Über das Unglück, ein Grieche zu sein*, München 2012

Dressel, Werner: *Werkstatt der Moderne. Die Entstehungsdynamik der industriellen Revolution*, Münster 2010

Elms, Robert: *Spain. A Portrait After the General*, London 1994

Enzensberger, Hans Magnus: *Ach Europa!*, Frankfurt 1989

Enzensberger, Hans Magnus: *Der kurze Sommer der Anarchie* (Roman), Frankfurt 1977

Fuentes, Carlos: *Der vergrabene Spiegel. Die Geschichte der hispanischen Welt*, Frankfurt 1999

García de Cortázar, Fernando: *Historia de España. De Atapuerca al Estatut*, Barcelona 2007

Giardina, Roberto: *Guida per amare i tedeschi. Come abbattere il muro dei pregiudizi e scoprire la verità su un popolo simpaticamente imperfecto*, Milano 1994

Goytisolo, Juan: *Spanien und die Spanier*, München 1982

Graeber, David: *Inside Occupy. Der Revolutions-Guide*, Frankfurt 2012

Gumbrecht, Hans Ulrich: *Vom Leben und Sterben der großen Romanisten*, München 2002
Habermas, Jürgen: *Zur Verfassung Europas. Ein Essay*, Berlin 2012
Hall, Edward T.: *Beyond Culture*, New York 1989
Heine, Heinrich: *Sämtliche Werke*, Band VII, München 1964
Hessel, Stéphane: *Empört euch!*, Berlin 2011
Horden, Peregrine, Nicolas Purcell: *The Corrupting Sea. A Study of Mediterranean History*, Malden, Oxford, Carlton 2000
Horst, Eberhard: *Die Haut des Stiers. Ein Spanien-Porträt*, München 1992
Hüsch, Hanni (Hg.): *So sieht uns die Welt. Ansichten über Deutschland*, Frankfurt 2013
Hughes, Robert: *Barcelona*, New York 1993
Irving, Washington: *Cuentos de la Alhambra*, Granada 1991
Jacobs, Michael: *Between Hopes and Memories. A Spanish Journey*, London 1996
Jáuregui, José Antonio: *España vertebrada*, Barcelona 2004
Juliana, Enric: *Modesta España. Paisaje después de la austeridad*, Barcelona 2012
Kaube, Jürgen: *Max Weber. Ein Leben zwischen den Epochen*, Berlin 2014
Larra, Mariano José de: *Artículos*, Madrid 1994
Leggewie, Claus: *Zukunft im Süden. Wie die Mittelmeerunion Europa wiederbeleben kann*, Hamburg 2012
Magris, Claudio: *Donau. Biographie eines Flusses*, Wien 1988
Martín, José Luis: *Salamanca. Todo bajo el Sol*, Madrid 1988
Machiavelli, Nicolò: *Der Fürst*, Frankfurt 1990
Meier-Graefe, Julius: *Spanische Reise*, München 1984
Menasse, Robert: *Der europäische Landbote. Die Wut der Bürger und der Friede Europas*, Wien 2012
Moosmüller, Alois: *Lokale Kulturen in einer globalisierenden Welt, Münchener Beiträge zur Interkulturellen Kommunikation*, Münster, München, New York 2000
Nooteboom, Cees: *Der Umweg nach Santiago*, Frankfurt 1995
Obradovic, Dorde: *Die Zerstörung Dubrovniks*, Dubrovnik 1992
Ortega y Gasset, José: *Aufstand der Massen*, Hamburg 1956
Pasolini, Pier Paolo: *Ragazzi di Vita* (Roman), Milano 1976
Prosciutti, Ottavio: *Pagine di scrittori italiani. Ad uso degli studenti stranieri*, Perugia 1987
Richter, Dieter: *Der Süden. Geschichte einer Himmelsrichtung*, Berlin 2009

Rusconi, Gian Enrico: *Cavour und Bismarck. Zwei Staatsmänner im Spannungsfeld von Liberalismus und Cäsarismus*, München 2013
Rusconi, Gian Enrico: *Deutschland–Italien. Italien–Deutschland. Geschichte einer schwierigen Beziehung von Bismarck bis zu Berlusconi*, Paderborn 2006
Rusconi, Gian Enrico, Thomas Schlemmer, Hans Woller (Hg.): *Schleichende Entfremdung? Deutschland und Italien nach dem Fall der Mauer*, München 2008
Schenk, Frithjof Benjamin, und Martina Winkler (Hg.): *Der Süden. Neue Perspektiven auf eine europäische Geschichtsregion*, Frankfurt, 2007
Schmitt, Silke: *Max Webers Verständnis des Katholizismus. Eine werkbiographische Analyse nebst einem Diskurs über Max Webers Romaufenthalte*, Rom 2012
Schoepp, Sebastian: *Das Ende der Einsamkeit. Was die Welt von Lateinamerika lernen kann*, Frankfurt, 2011
Spanien. *Süddeutsche Monatshefte*, Leipzig und München, Juni 1917
Steinfeld, Thomas: *Der Arzt von San Michele. Axel Munthe und die Kunst, dem Leben Sinn zu geben*, München 2007
Sterne, Laurence: *Yoricks empfindsame Reise durch Frankreich und Italien*, Nördlingen 1986
Tomasi di Lampedusa, Giuseppe: *Der Leopard* (Roman), München 1987
Tremlet, Giles: *Ghosts of Spain. Travels Through a Country's Hidden Past*, London 2006
Un viaje del espiritú. Alexander von Humboldt en España, Instituto Cervantes, undatiert
Unamuno, Miguel de: *Niebla* (Roman), Madrid 1988
Unamuno, Miguel de: *Plädoyer des Müßiggangs*, Graz 2002
Unamuno, Miguel de: *Selbstgespräche und Konversationen*, Graz 1997
Weber, Max: *Die protestantische Ethik und der Geist des Kapitalismus. Vollständige Ausgabe*. Herausgegeben und eingeleitet von Dirk Kaesler, München 2013
Zapatero, José Luis Rodríguez, *El Dilema. 600 Días de Vértigo*, Barcelona 2013